OPPORTUNITY

AND

CHALLENGE :

CHINESE

ENTERPRISES'

CROSS-BORDER

MERGER & ACQUISITIONS

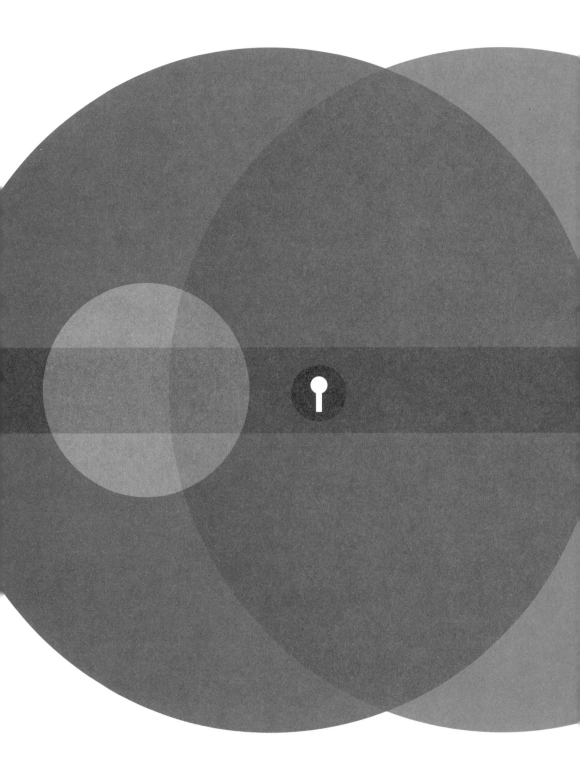

机遇与挑战：
中国企业的跨国并购

张祥　张健　著

社会科学文献出版社

SOCIAL SCIENCES ACADEMIC PRESS (CHINA)

序 言
Preface

改革开放 30 多年来，中国跨国并购从无到有、从小到大，逐渐跻身跨国并购大国的行列。我是这一历史进程的见证者、参与者。我于 1979 年赴美学习和工作，1986 年回国工作，2008 年退休。22 年间，我跑了近 100 个国家和地区，接触了大量的国内外企业。近年来，我在中国国际经济交流中心担任常务理事，经常参加学术活动，与企业界朋友们有了很多接触。

在此过程中，我发现一个重要的问题：随着中国经济实力的增强和国际地位的提高，参与跨国并购的中国企业越来越多。但由于不熟悉国际规则，不了解国外文化、政治法律环境，不少并购行为不太成功，没能很好地保护国家和企业利益，让人遗憾。

跨国并购的实践折射出当前中国"硬实力有一些，软实力差很多"的客观现实。我们参与跨国并购的需求越来越大，但高校、研究机构和企业都明显缺乏对跨国并购的研究和相关人才的培养。中国企业要想成功实施跨国并购，光有钱是不够的，还需要熟悉国际规则，充分认识国际形势，深入了解国外的政治法律环境和经济以及文化特点。对于中国这么大的一个经济体而言，软实力是极其重要的。普及跨国并购知识，大力培养跨国并购人才，也是提升国家软实力的一部分。

摆在读者面前的这本书，是我结合自己海内外学习、工作经历，对中国企业跨国并购所做的一些思考。书中分析了近些年中国企业跨国并购过程中的新形势、新情况和新问题，提出跨国并购的主要风险点，并从国家和企业两个层面，对推动中国企业跨国并购提出了一些对策和建议。书中还收录了一些跨国并购案例，希望对大家有所借鉴和启发。

在我思考和动笔时，商务部许多司局的同志和我驻外的商务处不时提供许多真实的"故事"和建议，大大增大了我演讲时的"底气"，我要认真地感谢他们。

张祥

2014 年 2 月

目　录
Contents

第三章　中国企业跨国并购类型

第四章　中国企业跨国并购实施流程

第五章　中国企业跨国并购风险分析

第九章　案例分析

第一章　中国企业跨国并购概述

本章主要明确了跨国并购的定义和特点，从中国面临的国内外经济形势入手，归纳中国企业跨国并购的特点，论述中国企业跨国并购的趋势、机遇和挑战，对如何应对提出建议。

第一节　跨国并购的概念和特点

研究跨国并购首先要准确地理解并购一词的含义，在此基础上再进一步阐述跨国并购的概念、内涵和特征等基本内容，并分析近年来跨国并购风起云涌的动因。

一　企业并购含义

企业并购是企业兼并（Merger）与收购（Acquisition）的统称，国际上习惯将两者联用——Merger & Acquisitions，其缩写形式为"M&A"，中文简译为并购。

企业兼并（Merger）根据《新大不列颠百科全书》的解释，

是指"两家或更多的独立企业或公司合并组成一家企业，通常由一家占优势的公司吸收一家或更多的公司"。

企业收购（Acquisition）是指收购企业以现金或股票、债券等有价证券的形式购买或者置换目标企业资产或股票、债权，进而获得经营管理权的经济行为。

从法律形式以及产权结构上的区别来看，兼并的最终结果是两个或两个以上的法人合并成为一个法人，而收购的最终结果并没有改变法人的数量，而是改变了被收购企业的产权归属进而影响该公司的经营管理权。然而从经济意义上来说，兼并和收购在定义上有很大一部分是重叠的，换一个角度考察，收购也可以被看成广义兼并行为的一种，收购和兼并实质上都是一种企业产权的交易，在许多企业收购和兼并的操作过程中，很难对二者进行区分，因此，学术界和实业界都习惯于将兼并和收购合在一起使用，统称为并购（M&A），本书也即论述并购这一内容。

二 跨国并购概念

跨国并购既是企业对外直接投资中的一种，又是企业并购跨越国界的一种经济现象，跨国并购的概念是从国内并购概念引申扩展而来的，其英文为 Cross – Border Mergers & Acquisitions，又称为跨境并购或国际并购，是指一国企业为了某种目的，通过一定渠道或支付手段，将外国企业的一部分甚至全部份额的资产或股份买下来，从而对后者的经营管理实施实际的或完全控制的经济行为。

实施并购行为的企业可称为并购企业，对方则称为目标企业或被并购企业，相应地跨国并购投资输出国可称为并购国或投资国，跨国并购投资接受国可称为目标国或东道国，定义中所说的渠道，包括并购企业直接向目标企业投资和通过目标国所在地的子公司进行并购两种形式；这里所指的支付手段，包括支付现金、从金融机构贷款、以股换股和发行债券等方式。

跨国并购同国内企业并购一样，包括跨国兼并和跨国收购。跨国兼并是指在当地或国外企业的资产或经营活动被融入一个新的实体或并入已经存在的企业，其最终结果是两个或两个以上的法人合并为一个法人；跨国收购指的是在已经存在的当地和外国附属企业获得占有控制权的股份，其最终结果不是改变法人的数量，而是改变被收购企业的产权或经营权归属。

跨国并购是在国内企业并购达到一定程度后的更为复杂的跨国性并购现象，是企业国内并购在开放经济中或经济全球化过程中的跨国延伸，由于跨国并购涉及两个或两个以上国家的企业及其在国际间的经营活动，因而它的内涵及其对经济发展的影响与一般的企业国内并购相比，研究起来更加复杂，现实生活中的影响也更加深远。

三 跨国并购动因

跨国公司并购作为一种复杂的经济现象，它的发生、发展有其自己独特的原因。

(一) 追求利润

利润最大化是每一个企业的生产目的，跨国公司亦不例外。并购作为一种外延扩大再生产的方式，它产生的最初动力就是源于企业家追求利润最大化的动机。通过并购，跨国公司可以提高经济的规模与产品的质量，降低产品的成本，获得更多的利润，因此，企业家总是乐此不疲地用并购的形式获得更大的利益。

（二）提高竞争力

跨国公司并购的另一动力源于竞争的巨大压力。市场经济的法则就是优胜劣汰。因此，跨国公司想尽办法降低企业的单位成本，以图获得更多取胜的机会。为了在市场上占有更大的份额，企业通过并购，实现规模经济，降低生产成本，提高竞争力。

（三）追求增长率

增长是跨国公司并购最重要的原因。从福利经济学角度讲，增长对任何企业的福利都很重要。并购为跨国公司迅速增长提供了机会，使跨国公司在世界经济浪潮中独占鳌头。

（四）获取技术

技术也是影响跨国公司并购的因素之一。技术上有优势的企业可以利用技术优势，进行并购；技术上处于劣势地位的企业也可以通过并购有优势的目标企业来提高自身的竞争能力。

（五）多样化经营

多样化经营为企业利用优良的信誉在不同的产品领域上进行扩张，并形成规模化效应提供了条件。同时，多样化经营有助于企业在不同的产品领域中扩大优势，避免因为产品结构单一而受到影响。

（六）规避政府管制

政府的政策、法规在许多方面都会影响跨国公司的并购。东道国为保护本国的幼稚产业而建立的有关限制性措施，如关税和配额等，给跨国公司的出口造成困难。但是，这些限制往往有助于跨国公司以并购形式进入东道国市场。跨国公司母国也常常依据本国的有关法律左右跨国公司并购，为其并购提供或宽松或严格的法律环境。

（七）汇率的影响

外汇汇率也从多个方面影响跨国公司并购，尤其是跨国公司国际并购。由于外汇汇率能够影响收购的实际价格、筹集资金、管理成本以及利润的返回，所以当本币对外币相对坚挺时，跨国公司并购大量发生；当本币对外币相对疲软时，外国跨国公司以并购形式进入本国市场的机会也大大提高。

（八）政治和经济的稳定性

政治和经济的稳定性是吸引跨国公司国际并购的主要因素。政治和经济的不稳定将会大幅度增加并购的风险，而这是跨国公司极不愿意看到的情形。只有在充分考虑政府干预的可能性和经济增长的乐观程度等因素之后，跨国公司才会做出反应。

（九）劳动力成本和劳动生产率的差异

劳动力成本和劳动生产率的差异也会直接引起跨国公司并购

行为。劳动力和劳动生产率是生产中的重要因素，提高劳动生产率，降低劳动力成本会给企业带来巨大的经济效益。因此，跨国公司在低廉的劳动力成本和较高的生产率刺激下，以并购形式占领市场也是相当可能的。

以上是跨国公司并购的一部分重要原因，另外还有许多其他方面的因素对跨国公司并购有直接或间接方面的影响，如股市的繁荣、跨国公司确保原材料来源、市场等。

第二节　国际国内经济形势分析

近二十年来，中国公司在走出国门、开展跨国并购方面进行了很多有益的实践。特别是近十年来，随着经济全球化，越来越多的中国公司也必须通过走向世界才能获得发展。同时，在全球金融危机的持续影响下，中国公司开展跨国并购有了良好的外部基础。

一　经济全球化的影响

在经济全球化的大潮中，跨国公司作为世界经济的重要行为主体，对经济全球化的产生和发展起着直接的推动作用。跨国公司以其卓有成效的生产有利地推动了各种生产要素的国际流动和优化组合，在专业化的基础上，实现了规模经济，带动了投入产出的提高。据联合国贸易与发展会议发布的最新统计，目前，全球共有跨国公司总数 6.3 万家，共有约 70 万家国外分公司。在过去的十年里，跨国公司国外分支机构的全球产出和销售额的增长速度，已超过世界国内生产总值和世界出口的增长速度。在市场方面，跨国公司的产值已占全球总产值的25%。

在跨国公司从微观层次上驱动世界经济全球化的进程中，并购是其配置资源、铸造一体化国际生产网络的战略手段，是推动世界经济一体化发展最深刻的表现形式。跨国公司通过并购实现交易内部化、生产过程跨国化和国际生产企业化，从而实现使世界经济跨国公司化的目的。当今跨国公司并购的发展是世界经济发展中的重大历史变迁，跨国公司通过并购来实现对全球产业结构的重新整合，使世界经济从各国国民经济的简单的排列组合变为跨国公司的排列组合。

跨国公司在推动经济全球化向前发展的同时，也受到经济全球化的深远影响。众所周知，经济全球化和逐渐开放的世界市场，一方面给跨国公司提供了更为广泛的市场容量，使其有必要和可能展开大规模的生产和销售，以实现规模经济；另一方面也使跨国公司面临全球范围内的激烈竞争，原有的市场份额及垄断格局将不可避免地面临挑战，跨国公司面临重组的压力。跨国公司为追求其全球战略与全球经营策略，要求在全球范围内实现低成本生产和最高价格销售，尽可能提高全球市场占有率。而跨国公司强强联合和并购正是实现这一目标的具体途径。跨国公司并购是资本主义生产进行国际规模集中的一种垄断形式，事实上，它更多地体现了现代资本主义积累的规律——剩余价值生产和实现的国际化、长期化、稳定化，其物质基础在于科技革命和国际分工的深化。跨国公司并购是以发达国家为主导的世界范围内的产业结构大调整，这一过程积聚了人类历史上空前的储备资源、金融技术、法律手段、政府功能。它不仅关系到发达国家经济，而且也关系到发展中国家市场和企业的发展。

二　全球金融危机蔓延的影响

2008 年以来，欧美陆续出现的债务危机对全球投资产生了重大影响。一方面，全球经济动荡导致资产价格不断走低，给中国企业海外抄底，带来绝好的出手机会。当然，另一方面，也会给投资带来不利影响，合作洽谈的时间可能会延长。总的来说，正面影响远大于负面影响。

（一）　全球经济震荡导致资产价格走低

经过 2008 年以来的金融危机的影响，不少国际跨国公司的市值已经较低，欧美的债务危机也进一步打击了企业市价。经济困境大大降低了收购方的成本，也促使跨国企业为生存而增强出售股权的意愿。

（二）　经济全球化下产业转移现象加剧

近年来，经济全球化特征越来越明显，产业转移现象加剧。大量制造业继续向中国、印度等发展中国家转移，发达国家的制造业继续萎缩，中国企业可以借此机会，收购跨国公司的技术专利，完成自身的产业升级。

（三）　后国际金融危机时期，经济复苏带来新的商机

后国际金融危机时期，要实现全球经济持续健康复苏，客观上要求资源、资金、技术和劳动力等生产要素在全球范围内进行更优配置。全球各国为应对危机出台了一系列经济刺激计划，发

达国家致力于发展新能源等新兴产业，发展中国家加大铁路、公路、桥梁等基础设施建设投入，都为中国企业走出去带来了巨大商机。

三 中国经济强劲发展的结果

在过去10年当中，中国一直在吸引世界的眼球，并推动着整个世界的发展，是世界上表现最佳的经济体。这给中国企业走出去提供了一个非常好的机会。中国经济的强势发展，提高了中国企业的可信度，提升了中国企业的国际形象。同时人民币不断升值也促使中国企业的购买力不断增强。

当前，美国经济面临政府财政性债务透支过大、失业率居高不下、房价持续下跌、金融衍生工具产生巨额债务、量化宽松政策对实业经济提振作用非常有限等一系列问题。与美国一样，欧共体和日本等世界主要经济体也都遇到债务危机等不少困难，这导致许多欧洲企业的品牌出现了严重的危机。这对于中国的企业而言，是个很好的机会。

此外，我国国内由于外汇储备很大，特别是投资美国国债的占比太大，正面临资产转型的问题。因此，中国政府也十分支持企业走出去，国际化、全球化也是中国企业获得更广阔发展空间的必由之路。目前，随着人民币的升值，中国购买力大大增加，中国人到国外去投资的能力也大大提高。另外，由于中国国内人才费用的提升，海外一些高精尖人才的费用慢慢地就变得更加低更可以为中国公司走出去所利用。从这几方面看，目前，中国企业走出去的成本也较低。

第三节　中国企业跨国并购概况与特点

中国企业跨国兼并收购，是指国内企业采取各种形式有偿接收国外企业的产权，改变对方企业法人实体的经济行为。1979年，国务院进行经济改革时明确提出："要出国办企业"，中国企业开始了真正意义上的海外投资。但真正走出去办企业是2000年以后，企业"走出去"的口号才逐步开始落实，跨国并购开始大规模发展。

一　中国企业跨国并购概况

中国企业真正意义上的境外投资始于1979年。当年的8月13日，国务院提出了15项经济改革措施，其中第13项明确提出："要出国办企业"。这是新中国成立后第一次把境外投资作为政策正式确定下来。这项政策的确立，为中国公司跨国并购的发展开辟了道路。据不完全统计，截至2012年底，中国1.6万家境内投资者在国（境）外设立对外直接投资企业近2.2万家。中国公司以并购形式向外投资占全部海外投资的一成左右。

20多年来，在走出国门、迈入国际市场、开展跨国经营方面，中国公司取得了巨大的成就。这对于我国充分利用国外资源、资金、技术、管理经验和各类信息，扩大中国对外经济交流和进行进出口贸易，促进国内经济的发展，都起到了积极的作用。中国公司在其发展壮大过程中，也大体经历了四个阶段的变化。

第一阶段：1979~1984 年。这一时期，拥有进口权的专业外贸公司及各省、市国际经济技术合作机构，在对外开放政策鼓励下，开始在以往海外业务联系的基础上尝试着进行对外投资。1979 年 11 月，北京市友谊商业服务公司与日本东京丸一株式会社在日本合资成立的"京和股份有限公司"是我国境外开办的第一家合资企业。

第二阶段：1985~1990 年。1985 年，国家外经贸部做出"只要是经济实体、有资金来源、具有一定的技术水平和业务专长、有合作对象的，均可申请到国外开设合资经营企业"的决定后，一批具有较强实力的国内大型企业及企业集团开始在国外直接投资兴办企业。这一时期，除了中国化工进出口总公司等贸易型公司外，以首都钢铁公司为代表的一批生产主导型企业的对外投资开始初具规模。

第三阶段：1991~1999 年。1992 年，中国政府明确了改革的方向是建立社会主义市场经济体制，国内许多企业纷纷在"利用两个市场、开发两个市场"的战略指导下积极探索到海外投资办厂的路子，许多地方和企业都把发展对外投资提高到加速经济发展的战略地位来认识，这使对外投资获得了迅速发展。

第四阶段：2000 年至今。2000 年 10 月，中共中央在党的十五届五中全会《中共中央关于制定国民经济和社会发展第十个五年计划的建议》中提出"实施'走出去'战略，努力在利用国内外两种资源、两个市场方面有新的突破，支持有竞争力的企业跨国经营"后，国内理论界和企业界的认识得到进一步提高，众多中国企业纷纷强化意识，树立提高国际竞争力的观念，对外投资再掀高潮。

在顺应潮流、实施"走出去"战略的过程中，中国公司积极采用新建和并购两种方式对外投资。这其中通过新建方式的对外投资占据了绝大部分，而利用并购形式的仅仅占投资总额的10%左右。尽管如此，国内一些大型企业集团自20世纪80年代以后已经越来越倾向于采用并购的方式建立海外企业，并取得了一定的规模和声势。例如，1988年首钢公司以340万美元的价格在美国购买了麦斯塔工程设计公司70%的权益；1992年其又全面收购了美国加州钢厂、秘鲁铁矿等海外企业，其中秘鲁铁矿是首钢在强手如林的情况下以2亿美元的投标价格购得的。1984年底中国国际信托投资公司开始在美国购买森林，供应国内木材市场。1986年9月与加拿大鲍尔公司合资购买并经营塞尔加纸浆工厂。1986年成立中信香港集团。1990年收购香港上市公司中信泰富公司，取得控股权，并注入中信（香港集团）已有的香港国泰航空公司、港龙航空公司及部分房地产等资产，进行重新整合。1990~1994年短短4年里，中信泰富进行了6次发行新股筹集资金、收购资产的重大行动，规模迅速扩大，其价值已从1990年的7亿港元猛增为1995年底的530亿港元，跻身于香港恒生指数33个成分股的行列，被誉为"泰富模式"。1989年中信收购香港电讯20%的股权，被《国际金融评论》评为1990年最佳融资项目。1993年，中信澳大利亚公司全资收购了在澳洲经营肉类加工出品商中名列榜首的麦多肉类联合加工厂。1996年4月中旬，美国西林公司与两家新西兰公司联合收购拥有新西兰12.5%的林地的新西兰林业公司（FCNZ），以20亿新元的价格一举中标。中信西林公司控制37.5%的股份。除此以外，中国光大（集团）总公司、中国航天工业总公司、中国石油天然气总公司、中国建筑工程公司、中国土木建筑公司、中国化工进出口总公司、中国五金矿产进出口总公司、保利集团等近年来在中国香港、美国、欧洲等地也并购了一批企业，其中有一些已经经过重新包装后上市融资，其总市值达到数百亿元。

二 中国企业跨国并购的特点

与西方国家相比，我国企业跨国并购毕竟起步较晚，并且受限于企业管理能力、内外部政策环境，在很长一段时间内，特别是在 2005 年以前，发展速度较慢、并购规模较小、非市场因素影响较多。

（一）并购活动起步晚，但发展速度较快

20 世纪初，全球性跨国公司的并购活动已形成了较大的规模。然而在我国，由于种种原因，企业真正意义上的海外投资始于 1979 年，中国企业开始通过并购扩张实力的时间则更晚。改革开放以来，中国企业变被动为主动，充分利用后发优势，奋起直追，积极开展并购活动。近 20 年的时间内，无论在国内还是在国外，中国企业都取得了巨大的成绩，其发展速度也是惊人的。以中国家电产业为例，改革初期，我国家电行业完全依赖进口。而今，我国家电产业不但能够满足本国消费者的需求，而且大量出口，部分产品甚至返销欧美等发达国家。我国家电行业也出现了许多著名的跨国性企业，如海尔、海信等。

（二）并购规模较小，项目投资主要集中于第一、第二产业

与国外跨国公司动辄上百亿美元的并购相比，中国企业跨国

并购规模在开始阶段一般比较小。这种情况的产生与中国企业的并购活动尚处于起步后的初级阶段是基本相适应的。由于我国绝大多数跨国经营企业目前远没有达到世界公认的跨国公司组织水平，并购规模较小是情理之中的事情。另外，中国企业跨国并购的范围主要集中于林业、矿业、渔业等资源开发及产品制造、加工装配等第一、第二产业。虽然第三产业中的交通运输、进出口贸易、商业服务等也有所涉及，但是只占到很小的比例。并购的投资方式也多为利用国外贷款以现汇投入或以技术、设备和材料等作价出资。

（三）早期并购目标主要是按国家指令性计划去经营选定的项目

尽管我国早已提出实行社会主义市场经济，但是中国企业现有的经营项目多数仍然不是企业生产经营活动向国内、国际市场的自然延伸，而是按照国家指令性计划去经营选定的项目。这种不适当的行为致使我国企业在境内并购时需要特别考虑许多本来应该由政府解决的社会性问题，而在境外并购企业时则经常受到东道国政府的特别"关怀"，有些项目被迫下马。再者，由于我国跨国经营的企业多数是国有企业，这使其对外投资的权利经常受到政府有关部门的限制。20多年来，我国对外经贸体制虽然进行了重大改革，但是我国大型企业集团在从事跨国并购的问题上仍然是困难重重。例如，我国相当一部分大型企业集团至今尚无海外承包工程权，没有海外投资设点权，没有海外融资权，没有派人出国的审批权，没有外汇的支配使用权等，而这些权利对于我国企业开展并购，尤其是跨国并购是非常重要的。

（四）中国企业的跨国并购多集中于发达国家和地区，其目的主要在于引进国外资金、技术和先进的管理经验

根据有关的统计资料表明，我国企业投资企业数目最多的国家及地区分别是：美国、香港、加拿大、新加坡、泰国、日本等，其中在美国、加拿大、澳大利亚三国的投资额约占海外总投资的75％。中国企业在这些发达国家和地区的并购活动比较活跃与它们本身有着良好的投资环境是分不开的。由于发达国家和地区成熟的并购法律制度、较低的政策风险以及完善的投资措施有助于我国企业实施并购，因此，发达国家的中小企业一直是我国企业青睐的目标。此外，我国政府一贯实施的通过对外投资、扩大我国影响力以便有助于我国吸引外资的政策，也使得我国企业偏重于向发达国家和地区投资。

（五）并购多采用协议并购和控股合资方式

当前，我国企业并购的方式多为协议并购和控股合资。这两种并购形式的采用有助于企业与并购目标所在地的政府建立良好的关系，减少并购的政治风险；亦有助于企业充分利用现有的生产设备，尽快收回投资，增加产出。

三　近年来跨国并购趋势特点

2005年之后，随着中国经济地位的不断提高，对世界经济的影响力与日俱增，中国企业跨国并购发展趋势开始转变，无论对于国有企业，还是民营企业，海外并购已经成为企业发展壮大的重要途径之一，并购行为呈现快速增长的趋势。2013年以来，我国境内投资者非金融类对外直接投资不仅比上年同期实现20%的增长，而且对世界各主要经济体的投资也保持两位数的增长。2013年以来，我国企业对外投资将近90%流向了商务服务业、批发和零售业、建筑业、制造业和采矿业这五大门类。除了对商务服务业和制造业的投资有所下降外，2013年我国企业对其他行业的投资增长都非常强劲。主要特点如下。

一是并购规模越来越大。近年来，在中国经济强劲增长以及国家并购重组政策的激励下，中国企业跨国并购的规模越来越大。一方面，并购总额逐年增长。2007年，中国企业海外兼并收购达到新的高点，兼并收购总额达到186.69亿美元。2009年，海外兼并收购交易达到61宗，交易金额212亿美元。2011年前11个月，跨国兼并收购案例106起，披露金额的78起兼并收购案例涉及金额234.28亿美元。另一方面，个体兼并收购案例涉及金额也逐步放开，出现了一批在国内外有影响力的兼并案例，特别是中铝、联想、中石油、中石化等企业的兼并规模在世界范围内也排在前列。其中，2011年中化集团以30.70亿美元收购挪威国家石油公司巴西peregrino油田40%的股份，是当年国际市场上金额最大的一笔收购案例。

二是并购领域日趋扩大。一直以来，中国企业跨国兼并收购以资源行业为主，无论是在数量上还是金额上都远远超过其他领域或行业的兼并收购。其中，中国石油、中国铝业、中国化工、中海油等公司开展的石油资源、矿产资源领域的跨国兼并收购一直占主导地位。在2002年和2004年完成的跨国兼并收购中，资源行业所占比例是91%和64%。2011年，中国企业完成了25起资源行业的跨国兼并收购，涉及金额达到132.81亿美元，占比

46%。当然，近年来，中国企业也积极参与充分竞争领域或行业的兼并收购，如机械制造业、服务业、家电行业、电脑硬件行业、汽车行业、通信电子行业等。2011年，中国企业完成了18起机械制造业的跨国兼并收购，涉及金额达到19.49亿美元。此外，在金融行业，中国企业也逐步开始走向世界，如工商银行收购南非标准银行、招商银行收购香港永隆银行、平安集团参股比利时富安集团等。

三是并购的对象多为欧美发达国家的企业，指向特征明显。所谓指向特征是指并购行为发生的国别方向、区域方向等。从已发生的并购案例来看，中国企业跨国并购的对象多为欧美发达国家的企业。以往的跨国并购都是以发达国家企业并购发展中国家企业为主，因为一般的认识就是发达国家的企业实力比较强，发生并购的可能性比较大。但中国的海外并购都指向了美国、欧洲、日本、韩国和加拿大等主要发达国家和地区，比如，联想就是并购了IBM PC，这一并购让国人和世界都感到震惊，原因就在于联想实施了逆向并购行为，这让西方国家认识到中国强大了的同时，也被它们怀疑中国企业并购成功的可能性。

四是多数跨国并购案例集中于资源采掘和技术密集型产业。此次中国企业的海外并购浪潮具有鲜明的产业分布特征，即多数跨国并购案例集中于资源采掘和技术密集型产业。因为中国在这两个行业具备一定的优势。比如联想并购IBM PC等。这些并购案例的收购企业都是国内家电、通信和IT等高技术行业以及油气开发等资源型企业的"领头羊"，被并购的目标企业也都同属于这些产业。而占中国制造业近半壁江山的劳动密集型产业如服装、鞋帽等还没有出现重大的跨国并购案例，原因就在于中国的劳动密集型产业大部分在做生产，而在价值链占据大比例的研发、设计、营销环节则被国际企业掌握，中国企业还不具备并购的能力。

第四节　中国企业跨国并购机遇和挑战分析

近5年来，中国企业跨国并购发展越来越快，民营企业也逐步发展成为并购主体中的重要组成部分，并购行为出现了新的趋势。同时，随着并购行为的快速发展，中国企业也碰到了很多问题，本节主要分析跨国并购过程中的机遇和挑战。

一　跨国并购新趋势

中国已经是世界三大对外投资国之一，而中国的对外投资还在进一步加速增长。近年来，中国企业加快"走出去"，投资方式不断创新，跨国并购成为对外投资新亮点，交易快速增长。

2008～2011年，中国企业以跨国并购方式实现的对外直接投资合计1063亿美元，年均增长44%。2011年，以并购方式实现的直接投资为272亿美元，占当年对外投资总额的37%，并购领域以采矿业、制造业、电力生产和供应业为主。中国企业对外投资合作由单个项目建设逐步向区域化、集群式模式稳步发展，如境外经贸合作区建设已取得阶段性进展。

据商务部统计，2011年我国境内投资者共对全球132个国家和地区的3391家境外企业进行了非金融类直接投资，累计实现直接投资600.7亿美元，同比增长1.8%。截至2011年底，我国境内投资者共在全球 178 个国家（地区）设立对外直接投资企业 1.8 万家，累计实现非金融类对外直接投资 3220 亿美元。

2012 年，我国境内投资者共对全球 141 个国家和地区的 4425 家境外企业进行了直接投资，累计实现非金融类直接投资 772.2 亿美元，同比增长 28.6%。其中对俄罗斯投资实现高速增长，达 117.8%，对美国、日本、东盟、中国香港的投资也均实现两位数的较快增长，分别为 66.4%、47.8%、52.0% 和 32.9%。从境内投资者构成来看，地方对外直接投资 281.9 亿美元，占同期对外直接投资总额的 36.5%，同比增长 38.9%。广东、山东、江苏、辽宁、浙江等位居地方对外直接投资的前列。

2013 年以来，对外投资增长更快。据商务部的统计，2013 年 1～8 月，中国境内投资者共对全球 156 个国家和地区的 3583 家境外企业进行了直接投资，累计实现非金融类直接投资 565 亿美元，同比增长 18.5%。1～8 月，中国内地对中国香港、东盟、欧盟、澳大利亚、美国、俄罗斯、日本 7 个主要经济体的投资达到 391.1 亿美元，占同期中国对外直接投资总额的 69.2%，同比增长 3%。除对中国香港和日本的投资分别下降 11.4% 和 25% 外，对美国、欧盟、澳大利亚、俄罗斯、东盟的投资分别实现了 260.3%、109.3%、85.1%、36.4% 和 24.2% 的高速增长。1～8 月，中国地方企业对外直接投资 186.9 亿美元，同比增长 21.6%，占同期对外直接投资总额的 33.1%，高于全国增速 3.1 个百分点，其中广东、山东、江苏位列前三。近九成的投资流向商务服务业、采矿业、批发和零售业、建筑业和制造业五大门类。

从上述情况我们可以看出，一是跨国并购方式以横向并购为主。通过对近年来中国企业跨国并购案例研究发现，几乎所有并购的收购方与被收购方所从事行业都是一致或高度相关的，纵向并购和混合并购较少。二是并购的主体、对象日趋多样。首先，国内参与的主体多样化。中国企业在"走出去"之初，一直是国有大型企业占主导地位，随着国内市场的充分竞争和逐步饱和，以及民营经济实力的逐步壮大，中国民营企业开始积极参与跨国兼并收购，并购范围和金额呈现不断扩大趋势。例如，华为公司收购美国 3com 公司、中国吉利汽车收购 Volvo 汽车、三一重工收购德国普茨迈斯特公司，都是近年来的经典收购案例。其次，兼并收购的对象也多样化。随着中国对海外资源行业需求的增加，跨国兼并收购开始向非洲、亚洲、拉美等发展中国家及地区倾斜，在上述地区的兼并收购案例和金额逐步增多。三是并购领域更为广泛。2011 年以并购方式实现的直接投资 222 亿美元，占我国同期对外投资总额的 37%。并购领域主要涉及采矿业、制造业、电力生产和供应业、交通运输业、批发零售业等。四是地方投资活跃。2011 年地方对外直接投资 203 亿美元，占同期对外直接投资总额的 33.4%，同比增长 24.4%，远高于全国增幅。其中中部地区同比增长 64.1%，是对外投资发展最快的地区；其次为西部地区，同比增长 42.9%。浙江、山东、江苏、广东、上海等位居地方投资的前列。

二　中国企业跨国并购碰到的问题

（一）融资渠道狭窄

在我国资本市场和金融机构不发达的情况下，现金或其他资产并购方式长期存在，跨国并购需要强有力的资金支持。一般通过母国的外汇汇出来实施跨国并购的资金不到整个跨国并购金额的 10%，90% 以上的并购资金是通过发行股票、债券、以股换股、抵押贷款、信用贷款等融资手段筹集的。在我国企业的跨国并购中，主要以现金收购为主，并购活动中的融资效率十分低下。

（二）政府政策支持乏力

纵观世界各国并购行为的发展，其企业并购行为都有政府强有力的政策支持作为坚强后盾。而我国海外并购的政府政策服务方面，一方面，信息服务不到位，企业无法从政府得到足够的信息资源支持，只能通过个体获得相关并购信息，效率十分低下，成本也很高。另一方面，当前我国有关海外并购的管理体制，主要强调的是事前审批，且审批体制不统一，审批手续烦琐，审批内容简单等，有关企业国内并购行为的政策供给都不能满足实际需要。

（三）高素质跨国并购人才缺乏

我国企业中懂得跨国并购的人员总体素质偏低，是影响我国企业跨国并购的主要问题之一。我国企业规模小，跨国经营经验缺乏，人员素质很难适应现代跨国经营要求，很难选派到通晓外语、熟悉国际惯例、有良好经营策略胆识的高级管理人才，这将直接影响到并购后企业的经营管理状况，事关整个跨国并购的成败。

（四）中介机构不规范、不专业

跨国并购需要许多中介机构提供服务，而目前我国尚无专业性的跨国并购咨询服务机构。比如，投资银行在企业并购活动中的主要功能是作为中介人为并购企业和被并购企业提供咨询、策划及相应的融资服务；律师事务所则为企业跨国并购提供东道国有关法律、政策等方面的服务。而目前，我国虽已形成了包括信托投资公司、证券公司、财务公司在内的投资银行格局，但其规模普遍较小，难以为跨国并购提供高质量的服务。此外，我国目前的律师事务所尤其缺乏通晓外语、精通外国法律的涉外律师，使得我国企业的跨国并购活动难以顺利进行。

（五）缺乏并购后的整合能力

企业并购在西方工业化国家已有一个半世纪的历史，事实上西方工业化国家的企业并购浪潮，最初仅在国内涌起，只是到了后来才突破国界，成为跨国并购。迄今为止的全球五次并购浪潮，前三次属于国内并购，只有最近两次，才带有跨国并购的强烈特征。这个演进过程意味着西方大部分企业是在经历了频繁的国内并购之后才涉足跨国并购的。相比较而言，目前中国尚未掀起国内企业的并购浪潮，企业普遍缺乏整合并购企业的经验，并购后的整合能力欠缺。

三 如何应对挑战

那么在目前的情况下，我国企业进行跨国并购应该更多地看到各种推动因素后面所隐含的风险，认真分析跨国并购行为对企业的好处和弊端，采取谨慎的政策。

首先，要分析并购的成本和收益。我国企业的国际竞争优势在于低成本劳动力；而欧美企业属于资金密集、劳动力短缺型经济，我国企业到发达国家投资或并购一个资本密集类的产业，投资回报率一定会比较低。对于企业投资战略来讲，这样的并购从回报率来看是不合算的。而且我国企业收购的外国企业大多已经在经营上存在困难，我国企业不得不为这些外国企业的品牌效应、市场渠道、技术核心付出超额的成本。

其次，企业文化的冲突不可忽视。我国企业为获得跨国市场或先进技术所选择的并购对象都是一些老牌企业，这些企业往往具有深厚的企业文化，整合企业文化的成本很高，要想获得并购的协同效益十分困难，这也是国际上许多并购案例失败的主要原因。

再次，正确看待外在宏观形势。目前全球经济发展放缓，的确使许多企业的股价下跌，但选择出售自己的企业往往是在发展前景上不容乐观，因此低成本绝不能成为选择并购对象的主导因素。跨国并购是一项高度风险、高度系统、高度专业的活动，要成功进行大规模的跨国兼并，宏观上要有战略思路支撑、政策支撑、外汇支撑等，微观上要有详细的目标考察、谈判能力以及事后的整合能力，必须摒弃那种因为外在条件优惠就盲目扩张的机会主义行为。

又次，注意控制管理者的并购冲动。因为管理者往往是并购活动的主要推动者和参与者，但是并购风险的最终承担者却是主要股东。管理者出于对自身的信任和建立业绩的冲动往往会做出比股东更冒险的决定。经验证明，管理者的过度自信是导致并购发生和结果不佳的重要原因。

最后，要注意设立并购止损线。虽然所有的海外并购都开始于美好的预期，但当并购成本超出预期或预期目标不能实现，止损出局无疑是最佳选择。但是目前有实力进行海外并购的我国企业大多是国有企业，其并购往往会被赋予很多非市场化的因素，即使并购之后整合未成，为了某些非市场化因素的"门面"，我国企业往往不能及时承认失败、停止亏损。从这一点来说，设立止损线并严格执行，是我国企业尤其是国有企业进行海外并购之前必做的功课。

四　案例分析

海外营业收入超过 30% 是一家企业
具有国际经营能力的标志

21 世纪以来，中国企业在不断发展壮大的过程中，加快了"走出去"的步伐，海外发展突飞猛进。据统计，2012 年我国境内投资者共对全球 141 个国家和地区的 4425 家境外企业进行了直接投资，累计实现非金融类直接投资 772.2 亿美元，同比增长 28.6%；中国企业海外并购案例数和并购总额再创新高，平均增长了 1.8% 和 6.1%。

大企业是国家经济实力的重要体现，也是代表国家参与国际经济竞争的核心力量。但无论是位居榜单前列的中石化、中石油、国家电网，还是其他大企业，它们的影响力基本限于国内，都不是真正意义上的跨国企业。

海外营业收入超过 30% 是一家企业具有国际经营能力的标

志，但达到这一水准的中国企业目前只有25家，并且这些企业大多都是以贸易和中间产品为主，缺乏国际化经营的能力。据统计，2013年中国100大跨国公司的平均跨国指数只有13.98%，不仅远低于2013年世界100大跨国公司的61.06%，而且远低于2013年发展中国家100大跨国公司的37.91%。

　　将中国企业500强和美国企业500强进行纵向对比后发现，2013年中国企业500强的营业收入、资产总额增速都高于2013年美国企业500强，但资产净利率、净资产收益率、收入利润率明显低于美国企业，这说明两国大企业的规模差距在缩小，但经营质量差距却在拉大。

第二章 中国企业跨国并购
动因与理论分析

近年来，中国企业大规模地走出国门，进行跨国并购，既有企业自身发展的需要，也有从国家从自身战略层面考虑推出的结果。本章主要从国家层面和企业层面两个方面，分析中国企业开展跨国并购的动因，更好地、更深入地帮助大家了解中国企业跨国并购飞速发展的真实原因。同时，本章从不同层面介绍了截至目前国际上通行的并购理论，为跨国并购的发展找到理论基础。

第一节　国家层面动因分析

通过跨国并购的方式进行跨国经营是中国企业一项崭新的实践，是经济全球化时代企业扩张的重要途径，也是世界性巨型企业成长的必由之路。对于逐渐实现跨国经营的我国企业而言，其进行跨国并购的动因是在经济全球化背景下重新部署资源，协调企业与市场、企业与企业关系的理性反应，并通过并购来构建长远的竞争优势。具体说来，我国企业进行跨国并购，从国家层面上看主要有以下动因。

一　经济全球化的推动

经济全球化浪潮加速了生产要素在全球范围内的自由流动和优化配置，推动产业结构全球性转移和调整，因而极大地促进了世界经济的繁荣和发展。在全球经济化过程中，中国企业的对外直接投资和跨国公司的形成就是全球化的产物，中国企业要利用全球化的机会，利用其低成本制造技术、质量控制等巧妙地进入跨国公司全球生产体系，通过跨国并购寻求更加有利的投资区位和资源优势。

二　实施低成本并购，引进关键设备和高新技术

美国金融危机导致流动性短缺状况，不仅波及金融体系，还逐渐波及实体经济。资金约束成为欧美企业普遍面临的难题，尤其是欧美的中小企业。为了维持正常的生产经营活动，防止资金链断裂，这些企业很可能会通过股权转让来解决资金短缺，这对于我国缺乏资源以及缺乏先进技术的企业来讲，迎来了一个低成本并购的好时机。中国企业手里有相对丰裕的资金，但核心技术、品牌、高层次的管理和科技人才的缺乏是我国企业的"软肋"，通过股权投资参股或购买世界一流企业，可以使我国企业有机会分享其技术品牌和市场带来的利益，也可以从中学到高层次的管理经验，获得更多的科技人才。

三 人民币总体升值，降低收购国外资产的成本

对企业来讲，在本国货币升值的情况下，国外资产相对价格降低，此时进行海外并购可降低并购成本，这一点从日元升值时日本企业的大举海外并购案例可以看到。从 20 世纪 80 年代后期开始，日元大幅度升值，最高位达到 1∶70，而日元升值使日本金融资产迅速膨胀，进行海外收购的成本大减，尤其是以美元计算的美国资产几年之内"便宜"得不可思议。日本企业开始对全球尤其是美国开始渗透，从采掘业、制造业、地产业甚至到文化产业无一不见到日本企业的踪影。日本索尼公司收购了美国的"象征"——洛克菲勒大厦 51% 的股份和美国的"灵魂"——哥伦比亚电影公司。到 1990 年日本拥有夏威夷 80% 以上的豪华酒店和洛杉矶市中心 40% 以上的商业地产。对于中国企业来讲，人民币升值增强了中国企业海外并购的支付能力，降低了并购的成本，在此时并购一些具有战略性的资产，中国企业会增强其竞争能力。2006 年人民币累计对美元升值 3.4%，2007 年人民币累计对美元升值 6.1%。相应地中国企业的海外并购也在加速，2005 年海外并购总额为 65 亿美元，2006 年为 82.5 亿美元，而 2007 年超过 200 亿美元，增长速度从 27% 增长到 142%。2008 年人民币对美元升值趋势虽然有所缓解，但中国企业海外并购的势头并没有减弱，全年海外并购总额达到 400 多亿美元。

四 缓解外汇过高压力，开拓对外投资新途径

近年来中国外汇储备规模快速增长，目前已近 3 万亿美元。

从国民经济核算恒等式中居民消费（C）、企业投资（I）、政府投资（G）三个角度考虑配置外汇资源，中国的外汇储备主要由政府投资（G）购买美国国债和其他等价物，未来投资主体一定要向居民用汇与企业用汇转变，"藏汇于民"和"央企国际化"是化解外汇储备过高矛盾的两大重要渠道。当前，应积极推动外汇储备结构调整，提升产业投资的比重，将外汇储备贷给大型央企，增强企业的资金实力，鼓励其在国外并购更多的实业公司股权、资源开采权，从而提高国家战略资源储备。2010 年末，国家外汇储备余额为 28473 亿美元，同比增长 18.7%。年末人民币汇率为 1 美元兑 6.6227 元人民币。拥有庞大的外汇储备，会使跨国公司有实力获取资源和拓展市场，进行并购。

五　规避贸易壁垒

在国际贸易中，贸易保护历来存在。为了保护本国企业的发展，各个国家都会或多或少设置一些贸易壁垒来限制国外企业的进入。主要表现为：进口配额限制、反倾销调查和知识产权保护三个方面。以反倾销调查为例，加入世界贸易组织以后，作为出口大国的中国已经成为了遭受反倾销调查最多的国家。美国甚至对中国彩电征收高达 20% ~ 25% 的反倾销税，使得中国企业出口成本大幅度增加，产品价格优势被破坏。中国商品以其自身所具有的竞争优势——物美价廉，而大量进入国际市场。在加入WTO 后的时期，这一趋势更加强劲，以至于到处都称中国为"世界工厂"。面对汹涌而来的中国商品，外国政府在本国利益集团的压力下，及对"国家安全"的敏感反应下，频繁对中国产品开始设限，动用反倾销、技术壁垒等诸多手段限制中国产品进口。在某些产品领域更是征收高额的惩罚性关税，完全关闭了这些产品进入当地市场的大门。尤其是随着金融危机的一再蔓延，全球经济陷入衰退，各国为了保护本国经济以图尽快从困境中走出，纷纷采取各种贸易保护措施，面对此种状况中国企业不得不另辟蹊径寻求海外并购以规避风险。

同时，中国经济的快速增长使得一些行业出现严重的产能过剩，投资趋于饱和。在国内市场容量日益缩小的情况下，将视角转向国外，积极开拓国际市场成为中国企业的必然选择。而海外并购就是开拓国际市场的有效方式之一。它通过并购国外同行企业，利用外国公司的销售渠道、品牌影响，能迅速进入一个行业，同时能巧妙地规避东道国对外国商品的贸易壁垒。

六　获取战略性资源

如今对资源的竞争越来越成为影响经济发展的重要因素，我国是战略性资源相对贫乏的国家，资源的总量较大，但人均占有的资源很少。近年来，随着我国经济的发展，国内资源短缺的问题越来越严重，我国资源、能源对外依存度不断加大，2003 年我国原油的对外依存度达 35%，铁矿石达 36.2%，氧化铝达 47.55%，天然橡胶达 68.24%。2004 年我国原油进口 1.2 亿吨，铁矿石进口 2.1 亿吨，均占国内消费量的 40%；氧化铝进口 587 万吨，占国内消费量的 50%。根据有关部门的预测，未来 20 年内，中国工业化进程所需的石油、天然气将至少出现上亿吨的供给缺口，在我国已探明的 45 种矿产中，能够满足 2010 年国内需求的只有 21 种，到 2020 年，则仅剩下 6 种。这些企业如果仅仅在国内进行竞争，将难以获得足够的资源支持，更何况随着战略性资源在全球范围内日渐稀缺，竞争日益激烈，中国、美国、日本三方在俄罗斯东西线输油管线建设上的纷争就是很好的例子，而 2005 年初澳大利亚 BHP Billiton 公司和巴西 CVRD 公司宣布铁矿石涨价 71.5%，令中国钢铁企业承受了巨大的成本压力，可见依靠传统的贸易方式来获取战略性资源的风险会越来越大，而通过跨国并购直接参与当地的资源生产与开发，然后回输国内是保障中国资源长期、有效和稳定供应的有效途径。并购资源丰富国家的重要资源企业，既可以减缓资源价格的上涨，也能减少资源进口对企业发展的制约，因此，对资源的渴求驱动着大型国有企业在全球范围内寻求并购，获取战略性资源成为中国大型国有能源开发企业跨国并购的主要动机。特别是像中石化、中石油、中海油这样的大型生产企业集团更是频频参与海外并购，2005年，中石油以 41.8 亿美元竞标哈萨克斯坦 PK 石油公司成功，获得了哈萨克斯坦境内约 700 万吨的原油年产量和大量石油储备；中海油以 185 亿美元的高价竞标优尼科石油公司，看重的是其在墨西哥湾和东南亚地区的油气储备，虽然由于美国国内政治因素的影响导致本次并购失败，但是其所体现出来的中国石油公司参与国际资源开发的决心却是不可动摇的。

第二节　企业层面动因分析

根据跨国并购理论，西方跨国公司在并购之前大都已经具备了自己独特的垄断优势，当这些垄断优势足以抵消跨国经营的各种风险之后才会并购目标公司。而我国现阶段的并购却是反其道而行之，这是由于我国企业自身的条件和实力有限，其跨国并购活动还处于初级阶段，技术、品牌和管理经验是中国企业目前相对短缺的要素，而通过跨国并购可以获取上述战略要素，并不断积累和发展自己的独特优势，因此，现阶段开拓国际市场，获取国外的先进技术、品牌和管理经验就成为了中国企业跨国并购的主要动因。

一　开拓国际市场

随着中国市场在全球市场份额中占有的比例越来越大，跨国公司更多地将非核心的生产、营销、物流、研发乃至非主要的框架设计活动都放到中国。国内企业依靠廉价劳动力生产的比较优势日渐削弱，在资金、技术、管理方面的缺陷日渐凸显出来，在此情况下，国内单一市场已经不足以支撑中国企业进一步成长，面临生存和发展两方面的压力，这促使我国企业必须走向国际市场，谋求更大的生存和发展空间，而跨国并购则是有效的途径之一。通过跨国并购的方式，并购企业可以利用目标企业在当地的分销渠道和营销网络，以及被收购企业同当地客户和供应商多年来所建立的信用关系，迅速在当地市场上占有一席之地，并顺便把其他子公司引入该市场，从而可以开拓国际市场。

例如新中基实业并购普罗旺斯食品，让新疆番茄进军法国市场；海尔并购美泰，看重的就是美泰在北美的客户和销售渠道；温州民营企业飞雕电器以550万欧元收购意大利ELIOS 90%的股权也是为了进入欧美市场。

另外，在当前贸易保护主义有所抬头的形势下，我国企业通过跨国并购可以绕过国外贸易壁垒，获得海外市场。目前，中国已经建立了相当完整的工业体系，生产制造能力很强，比如家电、纺织、服装等行业，产品明显供过于求，中国商品以其自身所具有的竞争优势——物美价廉，而大量进入国际市场。加入WTO后这一趋势更加强劲，为了缓解中国出口产品对本国所造成的巨大的就业压力，许多国家或地区实施了非关税壁垒的限制或反倾销调查。自2001年加入WTO以来，中国遭受的反倾销调查数一直位居WTO各成员国的首位，而中国本土企业的胜诉率只有35.5%。在非关税壁垒方面，出口产品也受到了多种压力，欧盟和美国对中国的电器产品设置技术标准，限制进口，对中国的鞋靴、玩具等实施进口配额限制。面对这种不利的形势，跨国并购成为开拓海外市场的重要途径，企业希望并购海外相关企业，使原来的出口商品实现本土化生产和销售，进而规避贸易壁垒，稳定扩大市场。

2002年9月，TCL国际控股有限公司收购德国施奈德电气集团主要资产，金额约820万欧元。此次收购帮助TCL集团绕过欧洲对中国彩电的贸易壁垒，使其获得了欧洲市场高达2亿欧元的销售额和多于41万台彩电的市场份额，超过了欧盟给予中国7家家电企业40万台配额的总和。借助施奈德的品牌效应、遍布世界的销售渠道和强大的技术力量，有利于TCL集团进一步开拓欧洲乃至世界市场的业务。

二　获取国外先进技术

与自然资源相似，中国经济发展也面临着技术瓶颈。由于企业自主研发能力低下，目前国内技术供应远远无法满足国民经济快速发展的需要。目前，中国的国际专利申请数量仍然明显落后于发达国家，占世界的比重不足 2%。而技术研发需要大量的资金和人力的投入，尤其是技术更新速度加快、产品生命周期变短，研发投入的风险很大。另外，如果我国企业采用直接购买技术的方式，则一方面由于发达国家对高技术的输出严格控制，未必能购买到所需的核心技术；另一方面对方的报价可能过高。而跨国并购企业则可以在购买企业的同时购买对方的技术，又能获得对方的技术人员，为企业的后续技术开发提供一个良好的平台，于是对具有丰富的研发能力和技术专利的外国企业的并购就是许多想获得技术优势的中国企业所采取的首选方式。例如，上海电气并购日本秋山印刷后，保留下其所有专利和大多数技术人员，使我国相关印刷技术跨越 15 年踏入国际先进行列。2005 年 7 月南京汽车公司斥巨资收购英国罗孚汽车也是一个国内企业通过并购手段获取国外生产技术的例子。通过并购罗孚汽车，南汽不仅获得了罗孚车型的设计图纸和部分发动机工艺设备，而且拥有了罗孚公司开发的一些专利技术，提升了南汽自身的设计能力。

企业自主研发不仅需要大量的资金，而且普遍周期较长，在如今竞争日趋激烈的市场条件下，企业极容易因此而错失难得的市场机会。相比之下，通过海外并购来获取企业发展所需要的技术，则具有更好的时效性，尤其是当该项技术对企业发展极其重要而又被申请专利的情况下，企业只有通过并购的方式才能最直接最有效地实现对技术的获取。而且，技术一直是阻碍中国企业发展的一项重要因素，由于 R&D 费用的投入不足、技术人才的缺乏等原因，企业在发展过程中往往会遇到因技术而造成的瓶颈，特别是在我国加入世界贸易组织之后，国门进一步打开，更多的企业渴望进入世界舞台来实现自己更高层次的发展，而此时，由于技术不够成熟而带来的问题就日益凸显，由于核心技术的缺乏，中国企业被国外企业索取高额的专利费的例子已经屡见不鲜。企业为了改变自己的不利地位，常常将国外拥有高新技术的企业作为自己的并购对象，以此来快速获得核心技术及相关人才。

2003 年，TCL 集团出资并购法国汤姆逊公司，这是中国企业第一次兼并世界 500 强企业。当时，TCL 集团的掌门人李东生认为，汤姆逊公司具有技术、品牌和欧美渠道，TCL 集团可以利用这些优势在欧美市场上规避反倾销和专利费的困扰。

三　获取国外企业知名品牌

品牌是企业竞争力的核心要素之一，也是企业形象之所聚。虽然我国具有世界规模的生产能力，但是在品牌的国际化方面仍远远落后于发达国家。因此，如何在国外建立自己的品牌影响是中国企业在海外持续发展的重要因素。如今全球市场竞争越来越激烈，现有的产品相互间可替代性强，要在一个全新市场上完全采用白手起家的方式建立全新的品牌，需要冒很大的风险，并且成本大、耗时长，因此许多跨国公司在进入新的市场时经常采用收购当地知名品牌的方式抢占当地市场，然后逐渐推出自己的产品，最终实现在陌生市场上建立自己品牌的目的。

并购不仅可以在短期内让企业获得东道国品牌，而且通过宣传并购事件本身也可以扩大公司影响。2003 年 11 月，TCL 集团国际控股公司出资 33000 万美元收购了电子产品巨头法国汤姆逊公司的彩电及 DVD 业务，其战略目的之一就是借助汤姆逊在品牌和营销方面的强大实力，在欧洲市场推广"Thomson"品牌，在北美市场主打"RCA"产品，并视不同的市场需求推广双方拥有的其他品牌。并购后，TCL利用其现成的品牌和网络迅速拓展了欧洲和北美市场。

和技术研发一样，知名品牌的建立也需要大量人力、物力和财力的投入，想要在海外市场上建立品牌就更不可能在短时间内一蹴而就。尤其是在高度发达和成熟的欧美市场，新品牌的建立极其困难，高额的广告费和营销费用会使得企业的经营成本大大增加。然而在品牌这种无形资产越来越能够给企业带来丰厚回报的今天，构建良好的品牌已经成为了许多企业的战略目标，无论是国内市场还是国际市场，品牌能够给企业带来的超额利益都是值得企业追求的。而通过海外并购的方式，企业既可以依靠目标企业的品牌效应实现国外市场的突破，还可以绕过贸易壁垒，利用目标企业原有的销售渠道，开辟海外市场。

2004年联想斥资12.5亿美元收购IBM的全部PC业务。收购完成后占全球PC市场份额第9位的联想一跃成为全球第3大PC企业，仅次于惠普和戴尔公司。联想之所以斥巨资完成此次并购，主要是看中了IBM的品牌和技术优势，并购完成后联想将有望获得产品、品牌、技术运营等方面的巨大协同效应。联想借助于继续使用IBM和THINK品牌的权利，可以迅速在市场上形成全球认知的品牌形象，从而获得更加多元化的客户基础和庞大的营销渠道网络。

四 获取跨国企业先进管理经验

我国企业跨国并购的一个重要动因是获取外国先进的管理经

验与方法，以便尽快形成我国企业的核心能力。对于我国有实力的本土企业来说，缺乏全球化的管理经验和相应的人才是其全球化进程中的软肋，而管理经验的获得和相应人才的培养是个日积月累的过程，这一软肋大大阻碍了我国企业国际化的发展速度。在海外并购的同时利用对方原有的人力资源，则可在一定程度上弥补这一不足。联想在收购 IBM 的个人电脑业务的同时收购了对方的人力资源也是出于这一目的。并购前的联想只有不足 5%的利润来源于中国以外，而 IBM 的个人电脑业务分布于全球一百多个国家和地区，因而联想在并购该部门的同时并购了该部门的员工，新联想的高层中也保留了该部门许多富有全球化经营经验的管理层。

五　构建全球营销网络

通过海外并购的方式，企业可以直接获取目标公司已有的营销渠道，省去自己从零开始构建营销网络的巨大成本，减小企业的运营风险，为企业进一步的发展提供基础。尤其是在银行业，受"客户追随战略"的影响，当自己的客户走出国门，开始跨国经营的时候，自己也需要在相应的国家设点，继续为客户服务，否则，这些原有客户将会流失到自己的竞争对手一方。如何以最小的成本来实现企业最大的利益，是所有企业都不得不考虑的问题，因此是建立自己的分支机构，还是通过并购来在当地开展业务，就成了银行需要仔细权衡的问题。

2007 年，中国工商银行董事长姜建清在第一届国际金融市场投资分析年会上表示"由于次贷危机的影响，国外大型银行的流动性面临危机，信用评级在下降，竞争对手在减少，使现在成为国内银行海外并购的好时机"。事实上，中国工商银行继收购澳门诚兴银行和印尼 HALIM 银行后，当年又斥资 54.6 亿美元收购南非标准银行 20% 股份，从而将并购触角延伸到非洲地区。中国银行麾下中银香港也于同年斥资 39.5 亿港元入股东亚银行，占 4.94% 的股权。由此可见，银行在发展海外业务的时候，更多地选择用并购这种方式来构建自己的营销网络，获取当地市场。

六 案例分析

我国企业跨国并购正当时

2013 年，中国企业并购潮风起云涌，并购势头更加猛烈，很多收购对象都是全球一流企业。在美国经济持续低迷、欧债危机不断发酵的背景下，中国企业的并购潮进一步影响了中国乃至世界经济走势。而且，中国企业跨国并购的环境日益宽松。

一般来说，我国企业通过跨国并购获取核心技术和知识产权的概率仍然很低。原因一，核心技术和知识产权是发达国家或者跨国公司取得竞争优势进而获取超额利润的主要来源，不会轻易让出；原因二，我国企业本身在技术和管理方面差距较大，对核心技术和知识产权的认知、整合和利用能力不足。但是，随着世界经济结构调整和企业竞争能力的提升，我国企业正面临着良好机遇，使其更多地通过并购获取核心技术和知识产权成为可能。

首先，在世界经济持续低迷、经济结构深度调整的背景下，国外传统优势企业因财务困境而进行整体出售。近年来，我国企业收购了很多全球传统的优势企业。比如，三一重工收购世界混凝土巨头德国普茨迈斯特股份有限公司；光明集团收购英国著名品牌食品企业唯他麦 60% 的股权；海尔集团收购新西兰家电巨头 Fisher&Paykel Appliances 等。这些国外传统优势企业拥有的技术和研发能力是我国企业走向世界一流企业过程中必不可少的。

其次，世界资产价格下降降低了并购成本。在世界经济结构调整中，企业出售资产溢价不高甚至折价，为我国企业并购提供了议价空间。比如全球胶片业昔日霸主伊士曼柯达公司于 2012 年申请实施破产保护，并通过"非战略性知识产权货币化"解决债务问题，使我国华为公司有机会以参加财团收购的形式保护自身免受相关影像专利的侵权诉讼。据 MDB Capital Group 估计，柯达公司拍卖的这部分专利可以带来超过 20 亿美元的收入，最后只以 5.25 亿美元的价格成交。

最后，新兴产业领域并购机遇增多。世界新兴产业研发投资经历了扩张的过程，但是在经济持续低迷的压力下，新兴产业领域并购机会增多。2012 年，我国民营清洁能源企业汉能控股集团收购德国 Q - Cells 薄膜子公司 Solibro，并于 2013 年初完成对美国 MiaSole 公司的并购，从而使汉能获得全球转化率最高的铜铟镓硒（CIGS）技术，成为规模上、技术上皆领先全球的薄膜太阳能企业。2012 年，天顺风能收购全球最大的风机制造商 Vestas 旗下丹麦 Varde 风塔工厂全部经营性资产。2012 年，金风科技全资收购欧洲领先风电开发商沃尔克斯风能（美国）公司位于美国蒙大拿州的马瑟尔谢尔风电场项目。在经济增长放缓的条件下，大量待破产的中小科技研发型企业不断产生，为我国企业获取核心技术和知识产权创造了机遇。

此外，世界各国为刺激经济复苏，纷纷制定了更为宽松的外国直接投资政策，如提高或消除外国直接投资上限，简化审批程序等，在一定程度上改善了并购环境。

第三节　跨国并购理论介绍

企业跨国并购理论的发展与实务的发生有紧密联系。以大规模的兼并收购为背景，经济学家从多个角度对企业并购活动进行了诠释，进而形成了多种理论，这些理论从多个方面说明了企业并购的动力、方法、过程、形式和效应。本节从宏观和微观两个方面重点介绍相关理论。

一　对外直接投资（FDI）理论

FDI 理论是在传统国际贸易和国际分工理论的基础上发展起来的，其主体部分是解释和说明企业对外直接投资动因的学说。FDI 理论的主流是西方发达国家跨国公司理论，后来随着发展中国家对外直接投资的兴起，还出现了其他反映发展中国家对外直接投资的非主流适用性理论。

（一）发达国家的主流 FDI 理论

FDI 理论的主流是西方发达国家跨国公司理论，以美国麻省理工学院教授斯蒂芬·海默于 1960 年提出的垄断优势理论为起源，主要包括维农的产品生命周期理论、小岛清的边际产业转移论、巴克利和卡森的市场内部化理论和邓宁的国际生产折衷理论等。

1. 垄断优势理论

垄断优势理论是由斯蒂芬·海默提出，后经金德尔伯格等人发展起来的。该理论认为，市场的不完全性使跨国公司拥有垄断优势，这种垄断优势是跨国公司对外直接投资的决定因素。跨国公司的垄断优势具体表现在五个方面：一是技术优势，包括生产秘密、管理组织技能和市场技能；二是工业组织优势，主要包括规模经济优势、范围经济优势及市场垄断优势；三是易于利用过剩的管理资源的优势；四是易于得到廉价资本和投资多样化的优势；五是易于得到的特殊原材料的优势。正是存在垄断优势，跨国公司才能克服海外投资的附加成本，抵消东道国当地企业的优势，确保海外投资活动有利可图。垄断优势理论是最早关于 FDI 的理论分析，它在很大程度上改变了跨国公司研究的理论基础和研究方向，并为后来的跨国直接投资研究提供了重要的理论参考，但是该理论主要是静态的经验性分析，缺乏动态和抽象的分析，而且不能解释并不具有绝对优势的中小企业和发展中国家跨国公司的对外直接投资行为。

2. 产品生命周期理论

1966 年维农提出了产品生命周期论，该理论认为，拥有知识资产优势、具有新产品创新能力的企业，总是力图维持企业的技术优势地位，以便享有新产品的创新利益。但是，新技术不可能被长期垄断，产品通常要依次经过创新期、增长期、成熟期和衰退期四个连续阶段。在创新期，一般首先集中在国内生产方面，以降低成本和维护垄断地位；在增长期，为了避免贸易壁垒，接近消费市场和减少运输成本和关税支出，厂商开始对发达国家投资；在成熟期，本国市场已趋于饱和，其他发达国家同类产品出口急剧增长，厂商开始在发展中国家进行直接投资，并从发展中国家进口该产品供国内消费。维农在 20 世纪 70 年代又对其学说进行了多次修正，其要点是引入"国际寡占行为”的概念来进一步解释跨国公司的对外直接投资行为。在这一修正的观点中，产品的生命周期被重新定义为三个新的阶段：以创新为基础的寡占阶段、成熟的寡占阶段和老化的寡占阶段。维农的产品生命周期理论是建立在垄断优势理论基础上的一个跨国公司理论的重要分支，该理论将时间因素和动态分析引入跨国公司研究，将产品不同生命阶段各国比较优势的动态演变看成是跨国直接投资的动因，能较好地解释技术创新国家企业的对外直接投资行为。但是随着国际直接投资形式的多样化，也表现出一定的局限性，它不能解释企业直接在国外开发新产品并且跨国组织生产的现象，对发展中国家的对外直接投资也无法做出完美的解释。

3. 边际产业转移论

该理论是日本学者小岛清以日本对外直接投资的实践为背景，依据国际贸易比较成本理论提出来的。他认为，当生产资本可以在国际范围内自由流动时，FDI 应遵循比较优势原则，投资企业的区域选择有以下两种：一是通过选择靠近最终消费者或能使企业绕过贸易壁垒的区位，实现市场准入；二是获得较低生产成本和技术方面的资源。企业因此在世界不同的国家进行投资活动，以获得不同的比较优势。该理论主要强调了企业活动中不同阶段生产、研发和销售的国际分配，其核心内容是：一国应该从已经或即将处于比较劣势的产业开始对外直接投资，并依次进行。小岛清的“边际产业转移论”比较适应日本经济发展的阶段性特征，符合 20 世纪六七十年代日本对外直接投资的实践，较好地说明了日本企业对外直接投资的动因和战略，以及美国贸易条件恶化、出口量减少的原因。但边际产业转移理论无法解释发展中国家的对外直接投资，同时也掩盖了发达国家向外转移落后产业对发展中国家产业结构和贸易条件所产生的消极作用。

4. 市场内部化理论

内部化理论是解释跨国公司海外直接投资动机及决定因素的另一重要主流理论，由英国的巴克利、卡森和加拿大的拉格曼在 1976 年提出。他们认为，市场是不完全的，中间产品市场更是如此，其中知识产品尤为突出，而且企业的经营活动是相互依赖并通过中间产品联系在一起的。因此要通过外部市场交易就会产生时间滞后和交易成本，为了避免过高的市场交易成本，企业自然会以内部组织管理代替外部市场交易。跨越国界的内部化导致对外直接投资，并且内部化的决策是以内部化的收益与内部化成本的边际均衡为条件的。内部化理论与垄断优势理论不同，后者主要强调跨国公司所特有的知识产权优势，而前者更注重的是强调企业通过内部组织体系以较低的成本在内部转移该优势的能力，而这种能力才是企业对外投资的真正动因。内部化理论把交易成本分析引入跨国公司分析，显示了其广阔的发展前景。但是该理论没有解释对外直接投资产生的方向，也不适用于解释较小规模企业在一个或两个国家的对外直接投资活动。

5. 国际生产折衷理论——OIL 优势理论

约翰·邓宁教授在 1977 年发表的《贸易、经济活动的区位与多国企业：折衷理论探索》中提出该理论，其核心是一个企业要从事对外直接投资必须同时具有三种优势，即所有权优势（O）、内部化优势（I）、区位优势（L），也就是 OIL 优势。所有权优势是指一国企业拥有的大于外国企业的优势，主要包括技术优势、企业规模优势、组织管理优势和金融优势等；内部化优势是指企业在通过对外直接投资将其资产所有权内部化过程中所拥有的优势，企业最终是选择资产内部化还是资产外部化取决于利益的比较；区位优势是指可供投资的地区在某些方面较国内优越，主要包括劳动力成本、市场需求、自然资源、运输成本、关税和非关税壁垒、政府对外国投资的政策等方面的优势。邓宁认为，如果企业仅拥有一定的所有权优势，则只能进行对外技术转让；如果企业拥有所有权优势和内部化优势，则选择出口贸易是较好的方式；如果企业同时拥有所有权优势、内部化优势和区位优势，则发展对外直接投资是参与国际经济的最好形式。国际生产折衷理论综合了垄断优势理论、区位优势论以及内部化理论，是对外直接投资理论的集大成者，对各种投资理论具有高度的兼容性和概括性，具有较强的适用性。但是该理论没有认识到各种优势之间往往具有一定的相关性，因而是不容易准确划分的，此外该理论本身更多地表现为一种分类方式，而并不具有动态性的特点。

（二）发展中国家对外直接投资理论

20 世纪 80 年代以来，发展中国家跨国直接投资开始兴起，并得到迅速的发展，而主流对外直接投资理论无法很好地解释发展中国家跨国发展的动因，在这种情况下，发展中国家对外直接投资理论逐步形成和发展起来，其影响也越来越大，比较有代表性的是小规模技术理论、技术创新产业升级理论和技术地方化理论。这些理论为发展中国家开展跨国经营指出了一条可能的道路，也为中国企业开展跨国并购奠定了理论基础。

1. 小规模技术理论

美国哈佛大学教授刘易斯·威尔斯提出了发展中国家跨国公司的小规模技术理论。他认为，发展中国家技术相对落后，在对外直接投资中难以依靠绝对的竞争优势，其跨国企业的竞争优势主要来自低生产成本，这与其母国的市场特征密切相关，发展中国家企业跨国投资的竞争优势主要表现在以下几方面。

（1）为小规模市场服务的小规模技术优势。低收入国家制成品市场的普遍特征是有限的需求，这样，大规模生产技术无法从这种小市场需求中获得规模效益，而许多发展中国家正是开发了满足小市场需求的生产技术而获得竞争优势，这种小规模技术特征往往是劳动密集型的生产，有很大的灵活性，适合小批量生产。这些企业一般在开始时总是引进工业国的技术，然后加以改造创新，使之逐步适应当地小规模生产的要求。

（2）当地采购和特殊产品的竞争优势。发展中国家企业为了减少因进口技术而带来的特殊投入的需要，便寻求当地的投入来替代，一旦这些企业学会利用本地的原材料和零部件来代替特殊的投入，它们就可以把这些专门知识运用到面临同样问题的其他发展中国家，也就产生了发展中国家的对外投资。

（3）本民族产品的海外生产优势。发展中国家对外投资的一个明显特征是其鲜明的民族文化特点，许多海外投资主要是为服务于海外同一种族团体的需要而建立的。如华人社团在食品加工、餐饮、新闻出版等方面的需求，带动了一部分东亚、东南亚国家和地区的海外投资，而这些民族产品的生产往往利用当地资源，在生产成本上占有优势。

（4）低价营销优势。低价产品营销战略也被认为是发展中国家对外投资企业赢得市场的另一个重要手段。发达国家跨国公司的产品营销战略往往投入大量广告费用，树立产品形象，以创造名牌产品效应；而发展中国家跨国公司则花费较少的广告支出，采取低价营销战略，在威尔斯的调查中，发展中国家跨国公司推销产品的广告费用大大低于发达国家的同行公司。

小规模技术理论为经济落后的发展中国家发展对外直接投资提供了一个理论依据。但是，这一理论的局限性也相当明显，它不能解释发展中国家的一些高技术企业的对外投资，也无法解释发展中国家对外投资总量不断增长的现象。然而，该理论对于我国那些技术不够先进、经营范围和生产规模不够庞大的中小企业在步入国际舞台的初期，怎样参与国际竞争并且在国际市场上争得一席之地是颇有启发的。世界市场是多元化、多层次的，我国的中小企业参与跨国投资不仅有利于实现其经营战略和长远发展目标，而且企业的创新活动将大大增强其参与国际竞争的能力。

2. 技术地方化理论

英国经济学家拉奥在对印度跨国公司的竞争优势和投资动机进行了深入研究之后，提出了关于第三世界的跨国投资理论——技术地方化理论。该理论认为，发展中国家的企业不仅能够简单地模仿先进技术，同时也能对外国技术的局部环节进行大幅度调整，这种技术地方化的过程使发展中国家跨国公司具有竞争优势。拉奥认为，导致发展中国家企业能够形成和发展自己的"特有优势"的因素有以下几点。

（1）在发展中国家，技术、知识当地化是在不同于发达国家的环境下进行的，这种新的环境往往与一国的要素价格及其质量相联系。

（2）发展中国家生产的产品适合于它们自身的经济条件和需求。发展中国家企业通过对进口技术和产品进行一定的改造，使它们的产品能够更好地满足当地或邻国市场的需要，这种创新活动能够形成竞争优势。

（3）发展中国家跨国公司在创新活动中所产生的技术优势在小规模生产条件下具有更高的经济效益。

（4）发展中国家企业能够开发出与发达国家跨国公司名牌产品不同的消费品，当国内市场较大、消费者的品位和购买能力有很大差别时，来自发展中国家的产品具有较强的竞争力。技术地方化理论把对发展中国家跨国企业研究的注意力引向微观层次，以证明落后国家企业能够以比较优势参与国际竞争。该理论认识到了发展中国家企业在改进技术方面所具有的创新价值，以及发展中国家企业在改进和开发适应市场的技术方面的独特优势，这对于我国企业，特别是中小型企业如何利用自身优势参与海外投资具有现实指导作用。

3. 技术创新产业升级理论

英国里丁大学的经济学家坎特威尔和他的学生托兰惕诺提出了发展中国家技术创新产业升级理论。他们认为，从历史上看，技术积累对一国经济发展的促进作用在发达国家和在发展中国家没有什么本质上的差别，技术创新仍然是一国产业、企业发展的根本动力，与发达国家相比，发展中国家企业的技术创新表现出不同的特性。发达国家企业的技术创新表现为大量的研究与开发，投入处于尖端的高科技领域，引导技术发展的潮流。而发展中国家企业的技术创新并没有很强的研究与开发能力，主要是利用特有的学习经验和组织能力，掌握和开发现有的生产技术。该理论对传统的"技术"概念做了两方面的改进：①学习和掌握新技术的过程就是技术创新，因为在此过程中需要大量的学习和消化工作，这些工作所带来的创新效应会物化在技术人员和工人身上；②学习和掌握新技术的同时，或多或少地会根据本国或客户的需要做出修改，这也构成了技术进步。

同时，他们认为发展中国家跨国公司对外直接投资受其国内产业结构和内生技术创新能力的影响。在产业分布上，首先是以自然资源开发为主的纵向一体化生产活动，然后是进口替代和出口导向为主的横向一体化生产活动；从海外经营的地理分布上看，发展中国家企业在很大程度上受"心理距离"的影响，遵循周边国家→发展中国家→发达国家的渐进发展轨道。随着工业化程度的提高，一些新兴工业化国家和地区的产业结构发生了明显变化，技术能力也得到迅速提高，在对外投资方面开始从事高科技领域的生产和开发活动。该理论从技术累积论出发，比较全面地解释了 20 世纪 80 年代以后发展中国家，特别是新兴工业化国家和地区对外直接投资的现象，因而受到了西方经济理论界的高度评价。对我国企业的海外投资现象，也有一定的解释力。

二　企业并购理论

一百多年来的企业并购实践推动了企业并购理论的产生和发展，西方并购理论的不同流派从不同的角度对并购现象作了分析和解释，有些分析和解释对跨国并购现象也具有一定的适用性。目前西方较流行的解释企业并购的理论，即跨国并购与纯粹的国内并购共有的理论有规模经济理论、市场势力理论、交易费用理论、效率理论、经理阶层扩张动机论、代理理论、价值低估理论等。

1. 规模经济理论

规模经济理论是指在一定时期里，随着企业生产和经营规模的扩大，单位成本逐渐下降，从而获得较多利润。企业并购对规模经济产生直接影响，通过并购对企业的资产进行补充和调整，达到最佳规模经济的要求，使其经营成本最小化。

企业并购可以从内在和外在两个层次上提高规模收益：一是内在的规模经济，即工厂规模经济。通过兼并其他企业，将它们纳入同一工厂中，并购企业可以减少生产过程中的中间环节，降低操作成本和运输成本，充分利用其生产能力，从而有效地解决专业化引起的各生产流程的分离。二是外在的规模经济，即企业规模经济。表现为并购将各个企业置于统一的领导之下，使企业的整体领导实力增强。这一理论的前提是产业中的确存在规模经济而且兼并之前没有在规模经济的水平上营运。

规模经济理论从微观经济结构和市场结构分析的角度，解释了并购的动因。这种对并购动因的解释不仅适用于国内并购，也在一定程度上适用于跨国并购。由于跨国并购使跨国公司的规模和生产能力得以扩大，当企业的规模达到规模经济状态时，可以使工厂的生产成本最小。同时，伴随跨国并购行为，企业规模扩大，可以把处在不同地区但在生产阶段上具有技术紧密联系的企业纳入同一企业的生产过程；更进一步地，把属于同一企业经营范围的经济活动整合到一起，可以在公司资源利用上求得协同效应，降低平均成本，从而实现利润最大化。沃尔夫于 1975 年和 1977 年对美国工业部门大企业的海外分支机构的资产进行了研究，从非生产性活动的规模经济，如集中化的研究开发、大规模销售网络来解释跨国公司并购现象。

2. 市场势力理论

该理论认为企业并购的收益是企业集中度提高的结果，它还会导致共谋和垄断。所以并购的动因可以用企业试图提高市场占有率，减少竞争对手，并获得某种市场力量来解释。企业通过并购可以有效降低进入新行业的障碍，利用目标企业的所有资源，实现企业低成本、低风险的扩张，同时由于市场竞争对手的减少，优势企业可以增加对市场的控制能力。一般而言，下列三种情况可能导致以增强市场势力为目的的并购活动。

（1）在需求下降，生产能力过剩，削价竞争，且遭受外来势力的强烈渗透和冲击下，企业间通过合并组成大规模联合企业，对抗外来竞争。

（2）由于法律变得更为严格，企业之间通过并购包括合谋以取得合理化的比较有利的地位。

（3）国际市场竞争使国内市场壁垒等成为非法，通过并购可以使一些非法的做法"内部化"，以继续控制市场。

市场势力理论对国内并购有很强的解释性，同时也在一定程度上解释了跨国并购，该理论认为，通过跨国并购活动，可以有效地降低进入国外市场的壁垒，通过利用目标企业的经营要素，实现企业低成本、低风险的国际扩张；另外，跨国并购可以减少公司国外市场的竞争对手，提高市场占有率，增强对市场的控制能力，当这种能力达到一定程度时，并购企业可以获得垄断利润。

3. 效率理论

该理论认为企业并购活动能够给社会收益带来一个潜在的增量，而且对交易的参与者来说能够提高各自的效率。这一理论包含两个要点：一是企业并购活动的发生有利于改进管理层的经营业绩；二是企业并购将导致某种形式的协同效应，即所谓"1＋1＞2"的效应（并购后企业的总体效益要大于两个独立企业效益的算术和，同时也能增加社会福利）。企业并购后的协同效应可分为以下几个方面。

（1）经营协同效应论。它是指由于经济上的规模经济、范围经济或互补性，企业实施并购后会增大收益或减少成本。经营协同或经营经济可通过横向、纵向或混合并购获得，由于企业间存在生产要素和企业职能的互补性，使两个或两个以上的企业合并为一家企业时，可以共同利用对方优势而产生较好的整合效应。

（2）管理协同效应论。以威廉姆森和克莱茵等为代表的经济学家，于1975年提出企业管理效率的高低是企业并购的主要动力。如果A企业的管理效率优于B企业，而且A企业具有剩余管理资源，则A企业并购B企业后，一方面可将B企业的效率提高到A企业的水平，另一方面A企业释放了多余的管理能力，从而提高了整个经济效率。

（3）财务协同效应论。通过并购使公司从边际利润低的生产活动向边际利润高的生产活动转移，从而构成提高公司资本分配效率的条件，也节约了与外部融资相联系的交易费用。

效率理论不仅适用于国内并购，也适用于跨国并购，但是其同样不能完整地解释如何补偿跨国并购的风险问题，因此也不具有一般性。此外，财务协同效应隐含着企业的规模已经很大的假设，因此也无法对中小企业跨国并购进行解释。

4. 交易费用理论

科斯早在 1937 年就在《企业的性质》一文中提出了企业均衡规模和市场交易内部化的思想，开创了交易费用理论的研究。交易费用是指市场主体在进行交易时产生的费用。交易费用包括：①寻找合适的价格的费用；②为形成契约而展开讨价还价的费用；③履行契约与对违约进行惩治的费用。交易费用的存在意味着当企业在组织内部交易的费用低于公开市场交易存在的费用时，企业就会自己来从事这些交易，使之内部化。企业可以通过并购的方式来完成市场交易的内部化，降低交易费用，并因此扩大企业的范围。

科斯的这一思想最初只是用来说明企业在一国范围内的规模和范围的扩张，但是，放在跨国的环境下，也有一定的适用性，能在一定程度上解释跨国并购发生的原因。Hennart 和 Park（1993）运用交易费用理论来分析跨国公司的新建投资与并购选择。他们把交易费用作为工具，分析指出当跨国企业具有技术优势、管理优势时，跨国并购投资会增加交易费用，从而不利于并购进入；如果跨国公司在进行非相关性行业扩张时，选择并购则可以减少风险，降低交易费用。巴克利和卡森（1998）利用交易费用这一工具，运用成本 - 收益法，进一步从东道国宏观环境、产业环境和企业内部因素等导致的交易费用方面，全面分析了跨国公司市场进入战略行为。尽管如此，交易内部化理论对跨国并购的使用性是有限的，该理论主要是从跨国企业的主观方面来寻找其 FDI 的动因和基础，而较少从国际经济环境的角度来分析问题。

5. 代理理论

詹森（Jenson）和梅克林（Meckling）（1976）在其论文中，系统地阐述了代理问题的含义。当管理者只拥有公司一部分股份时，便会产生管理者利用管理特权追求私人利益的代理问题。法玛（Fama）和詹森（Jenson）（1980，1983）认为这种代理问题可以通过一些组织和市场方面的机制得到有效控制，如公司的决策体系将决策管理从决策控制中分离出来，以限制代理个人决策的效力，或者通过期权和奖金与经营业绩相联系等，避免其损害股东的利益。Jensen（1986）著名的自由现金流量假说认为，通过高的杠杆率增加债务，可以迫使成熟企业中过多的自由现金流被用于偿还债务。定期偿债约束了经理人，减少了经理人支配自由现金的权力。同时，支付债务、破产的压力也会迫使管理层提高效率，高负债因此成为降低管理层代理成本的控制手段。当所有这些机制不足以控制代理问题时，公司接管市场为这一问题的解决提供了最后一道外部控制手段（曼尼，1965）。因此，代理理论认为并购的动机是为了解决代理问题。相反，管理主义（穆勒，1969）和自大学说（罗尔，1986）认为并购不能解决代理问题。管理主义认为，基于管理者的报酬是企业规模报酬的函数这一假设，管理者只是通过并购来扩大企业规模从而实现提高自身报酬的动机。自大学说则认为经理阶层由于野心、自大或过分骄傲而在评估并购机会时往往会犯盲目乐观的错误。

该理论从经理阶层的主观方面来分析并购产生的动因，尽管未能对国内并购动因和跨国并购动因做出完整的解释，但是，对

53

国内并购和跨国并购的主观动因都是适用的。然而，基于跨国并购的跨国性，其发生的原因与国际因素具有更大的相关性。各种国际因素的制约使得经理层的扩张动机在跨国并购中所起的作用比较有限，因此代理人理论对跨国并购动因的解释有很大的局限性。跨国并购不能仅从企业内部分析动因，也应从外部的国际因素去分析。

6. 价值低估理论

价值低估理论（Under Valuation）又称为价值差异假说，最早由 Hanah. L. 和 Kay. J. （1977）提出。该理论认为，并购的动因主要是目标公司的价值被低估。造成目标企业价值低估的原因主要有三个：一是管理层无法使公司的经营能力得以充分发挥；二是并购方有内幕信息，他们获得内幕信息的方式多种多样，如果并购方拥有市场公开信息时，并购方对目标公司的估值可能高于目标公司的市值；三是资产的市场价值与其重置成本之间的差异。詹姆斯·托宾用 Q 比率来反映公司并购发生的可能性，其中 Q 为企业股票的市场价值与实物资产的重置价格的比值，当 Q > 1 时，并购发生的可能性很小，当 Q < 1 时，形成并购的可能性则很大。价值低估理论既适用于国内并购，也可用来考察跨国并购。Gonzalez、Vasconcellos 和 Kish 等学者发表了《跨国并购：价值低估假说》，证明了目标公司价值低估是跨国并购的主要原因之一。他们采用 1981～1990 年被外资并购的美国 76 家企业为样本，并利用 Q 比率研究价值低估学说对跨国并购的适用性，结果表明 Q 比率同该企业并购的可能性存在负相关关系，即 Q 比率越低，企业就越有可能被并购。Harris 和 Ravenscraft 也指出当外币升值时，外资通过并购进入东道国市场，获得价值低估的

资产，实现低成本扩张。亚洲金融危机后发生在韩国、马来西亚、印度尼西亚等国的跨国并购大量增加，外资利用东道国的货币贬值，大肆低价收购目标企业，获得价值低估的资产。价值低估理论揭示了企业合并所需的经济条件，但是并没有对企业合并的真实原因做出深刻的分析。有研究证明价值比率或价值低估可能并不总是企业并购所考虑的条件，采用单一的价值低估理论很难对当今的并购行为做出合理的解释。

第三章　中国企业跨国并购类型

随着并购行为的活跃，近年来中国企业参与国际市场上的并购活动类型越来越多，本章主要从并购的行业关系、交易结构、支付方式、并购目的等方面分析研究中国企业跨国并购的类型。

第一节　横向、 纵向和混合并购

一　概述

按跨国并购双方的行业关系，跨国并购可以分为横向跨国并购、纵向跨国并购和混合跨国并购。

横向跨国并购是指两个以上国家生产或销售相同或相似产品的企业之间的并购。其目的是扩大世界市场的份额，增加企业的国际竞争力，直至获得世界垄断地位，以攫取高额垄断利润。在横向跨国并购中，由于并购双方有相同的行业背景和经历，所以比较容易实现并购整合。横向跨国并购是跨国并购中经常采用的形式。

纵向跨国并购是指两个以上国家处于生产同一或相似产品但又处于不同生产阶段的企业之间的并购。其目的通常是稳定和扩大原材料的供应来源或产品的销售渠道，从而减少竞争对手的原材料供应或产品的销售。并购双方一般是原材料供应者或产品购买者，所以对彼此的生产状况比较熟悉，并购后容易整合。

混合跨国并购是指两个以上国家处于不同行业的企业之间的并购。其目的是为了实现全球发展战略和多元化经营战略，减少单一行业经营的风险，增强企业在世界市场上的整体竞争实力。

二　三种并购方式的差异

混合并购与横向并购、纵向并购这三种形式的并购都可以增加企业对市场的控制能力，但比较而言，横向并购的效果最为明显，纵向并购次之，而混合并购的影响主要是间接的。企业市场权力扩大有可能引起垄断，因此，各国反托拉斯法对出于垄断目的的并购活动都加以严格的管制，但问题是有时很难确切地说企业进行并购就是为了垄断，并购的各种后果往往是混合在一体的。

横向并购、纵向并购、混合并购的不同点在于并购双方产品与产业的联系以及并购的目的不同。横向并购是对生产或经营同一产品的同行业企业进行的并购，目的在于扩大企业经营规模。纵向并购是对生产工艺或经营方式上有前后关联的企业进行的并购，其主要目的在于组织专业化生产和实现产销一体化。混合并购即对无直接生产或经营联系的企业进行的并购，目的是达到资源互补、优化组合、扩大市场活动范围、分散风险。

从目前中国企业跨国并购结果来看，横向并购最多，纵向并购次之，混和并购最少。这主要是我国企业目前的发展阶段造成的，以获取目标企业的技术、市场、品牌为主要并购目的，只有横向并购才能最大可能地发挥规模优势。

三　对混和并购的建议

混合并购形成的多元化与专业化一样同为企业的经营策略与手段之一。多元化与专业化并非对立的两极，企业的成功与多元化和专业化并无直接的联系，关键在于企业对自身的能力、产业和市场的深刻理解与准确定位。在现实中，进行混合并购后导致成功或失败的案例都不胜枚举。在是否采用混合并购及其带来的多元化战略时，要着重考虑以下两方面。

第一方面，企业能否采用多元化的战略，最直接地取决于企业是否有相当的剩余资源。

企业资源包括资金、技术、市场、人才、管理能力等。所谓剩余资源是指企业在保证主营业务经营与市场占有份额和企业发展战略不受影响的情况下，资源还有所富余。一般来说，企业不拥有或拥有不多的剩余资源，应优先保证原有战略的可持续实施，即专业化企业应优先拓展专业化的深度（技术核心能力）和广度（市场份额），多元化的企业则要巩固现有的市场地位。只有当剩余资源达到相当程度时，企业才有基础通过混合并购实施多元化战略。海尔集团所奉行的"东方亮了再亮西方"的战略正是这一思想的充分体现。海尔"十年磨一剑"，把自己最熟悉的行业做大、做好、做强，在有了剩余资源的基础上，再进入别的产品领域的经营。

第二方面，混合并购要有所建树，必须时刻紧扣企业的核心竞争力。

以资源为基础的竞争优势理论——核心竞争力战略理论认为，企业经营战略的关键在于培养和发展能使企业在未来市场中居于有利地位的核心竞争力。企业并购行为也应围绕这一战略展开。核心竞争力是指能够创造独特的客户价值的专门技能或技术，是企业竞争力中最为基本的、使整个企业具有长期稳定的竞争优势，使企业可以获得长期稳定的高于平均利润水平收益的竞争力。如索尼公司的核心竞争力是产品创新能力，特别是小型化能力，它以此抢先夺得喜新者的市场；松下公司的核心竞争力是质量与价格的协调能力，松下不求新只求以模仿后的适当价位吸引市场；科龙公司的核心竞争力是无缺陷能力，即在产品各个环节消灭错误可能，如他们发现火车运输中有野蛮装卸现象，就专门派人护送列车运输全过程。

第二节　股权收购与资产收购

一　概述

从收购的方式来看，并购可分为股权收购和资产收购两种。

股权收购（Acquisition of Stock），是指主并公司直接或是间接购买目标公司部分或是全部的股权，认购所发行的新股，或是征求委托书以主导该公司的经营权，使目标公司成为收购者的转投资事业，而主并公司需承受目标公司一切的权利与义务、资产和负债。

资产收购（Acquisition of Assets），是指收购者只依靠自己的需要而购买目标公司部分或是全部的资产，属于一般的资产买卖行为，因此不需要承受被收购公司的债务。

二　两种收购方式的区别

（一）负债风险差异

股权收购后，收购公司成为目标公司控股股东，收购公司仅在出资范围内承担责任，目标公司的原有债务仍然由目标公司承担，但因为目标公司的原有债务对今后股东的收益有着巨大的影响，因此在股权收购之前，收购公司必须调查清楚目标公司的债务状况。目标公司的或有债务在收购时往往难以预料，因此，股权收购存在一定的负债风险。

而在资产收购中，资产的债权债务状况一般比较清晰，除了一些法定责任，如环境保护、职工安置外，基本不存在或有负债的问题。因此，收购公司只要关注资产本身的债权债务情况就基本可以控制收购风险。

（二）主体和客体不同

股权收购的主体是收购公司和目标公司的股东，客体是目标公司的股权。而资产收购的主体是收购公司和目标公司，客体是目标公司的资产。

（三）税收差异

在股权收购中，纳税义务人是收购公司和目标公司股东，而与目标公司无关。除了合同印花税，根据《关于企业股权投资业务若干所得税问题的通知》的规定，目标公司股东可能因股权转让所得而缴纳所得税。

资产收购中，纳税义务人是收购公司和目标公司本身。根据目标资产的不同，纳税义务人需要缴纳不同的税种，主要有增值税、营业税、所得税、契税和印花税等。

（四）政府审批差异

股权收购因目标企业性质的不同，政府监管的宽严程度区别很大。对于不涉及国有股权、上市公司股权收购的，审批部门只有负责外经贸的部门及其地方授权部门，审批要点主要是外商投资是否符合我国利用外资的政策、是否可以享受或继续享受外商投资企业的有关优惠待遇。对于涉及国有股权的，审批部门还包括负责国有股权管理的部门及其地方授权部门，审批要点是股权转让价格公平、国有资产不会流失。对于涉及上市公司股权的，审批部门还包括中国证券监督管理委员会，审批要点是上市公司仍符合上市条件、不会损害其他股东利益、履行信息披露义务等。

对于资产收购，目标企业性质不同，政府监管的宽严程度也不同。对于目标企业是外商投资企业的，我国尚无明确法律法规规定外商投资企业资产转让需要审批机关的审批，但是因为外商投资企业设立时，项目建议书和可行性研究报告需要经过审批，而项目建议书和可行性研究报告中对经营规模和范围都有明确的说明。

（五）第三方权益影响差异

股权收购中，影响最大的是目标公司的其他股东。根据《公司法》，对于股权转让必须有过半数的股东同意并且其他股东有优先受让权。此外，根据我国《合资企业法》的规定，"合营一方向第三者转让其全部或者部分股权的，须经合营他方同意"，因此股权收购可能会受制于目标公司其他股东。

资产收购中，影响最大的是对该资产享有某种权利的人，如担保人、抵押权人、商标权人、专利权人、租赁权人。对于这些财产的转让，必须得到相关权利人的同意，或者必须履行对相关权利人的义务。

此外，在股权收购和资产收购中，都可能因收购相对方（目标公司股东或目标公司）的债权人认为转让价格大大低于公允价格，而依据《合同法》中规定的撤销权，主张转让合同无效，导致收购失败。因此，债权人的同意对公司收购行为非常重要。

通常，中国企业对外并购主要是采用股权收购，可以完全取得目标公司的控制权。资产收购很多时候用于财务性投资方面，而中国公司目前很少对外进行财务性投资。

三 股权收购的主要方式

收购股权是购买目标公司的股份。收购者成为被收购公司的股东，可以行使股东的相应的权利，但须承担法律、法规所规定的责任。有鉴于此，在这种股份买卖协议签订以前，收购者必须对该公司债务调查清楚，收购后若有未列举的债务，可要求补偿。具体的操作方法是：收购者应要求将部分收购价款以定期存单形式放在律师事务所，以备收购后新增的债务补偿用在收购股权的买卖中。负债问题有时确实很难把握，因为有些结果有待于未来不确定事件发生或发生后，才能得到证实，称为"或有负债"。

股权收购是指购买目标公司股份的一种投资方式。它通过购买目标公司股东的股份，或者收购目标公司发行在外的股份，或向目标公司的股东发行收购方的股份，换取其持有的目标公司股份（又称吸收合并）。前一种方式的收购使资金流并入目标公司的股东账户；而后一种方式的收购不产生现金流（还可合理避税）。收购方购买目标公司一定比例的股权，从而获得经营控制权，称为接受该企业。而来取得经营控制权的收购称为投资。收购的目的是获得控制权，而投资的目的则可能是看准了此项投资未来有较高的回报率，也可能是为了加强双方的合作关系或是为了今后进入某个产业领域作准备，还有可能是为了获得目标公司的无形资产（商誉、人才、销售网络）。

股权收购的风险主要是因租税争讼、侵权行为等可能造成的损失，以及对他人的债务提供担保而可能造成损失的赔偿。或有负债发生的可能性有多大，在整个收购过程中是很难估算的。此外，债权问题有时也很难把握，能否回收，可能发生多少坏账，无法判断。因此，收购股权的风险大多存在于收购资产的买卖中会不会发生或有负债，收购中只要重视每项资产的清点，使其与契约上所列相符。收购资产当事双方在买卖完成以后有续存的法律责任，收购公司无须承担被收购公司的债务（除整体收购外）。一般地说，企业资产出售的是全部资产或部分资产，如果被收购企业将其全部的资产出售，该企业就无法经营，只能被迫解散。

四　股权收购中的国际通行条款

由于股权收购为国际并购的主要方式，国际并购在商务实践中也形成了通行的商业惯例和条款以充分保护收购方的利益（尤其是在增资收购中），降低收购风险，从而实现并购重组、优化资源配置的目的。该等条款主要有以下几项。

（1）引入资金的使用条款。收购方在合同中明确列示收购资金使用方向，以保证其投入的收购资金不会被目标公司滥用。目标公司必须经过收购方批准方可决策和实施一些事项。为此，目标公司还必须定期向收购方提供重要的财务和业务信息。

（2）原有股东的股权转让限制和收购方的优先购买权和平等出售权条款。股权转让限制，也称股权锁定，主要是限制公司原有股东减持公司股份，目的是保证收购方能够先于公司原有股东变现。这在为有上市目的或以上市为条件的国际并购中比较常见。

（3）反稀释条款——买入期权与新股优先认购权。在买入期权，为给予收购方以特定的价格在特定的时间内购买一种股票、债券、商品或其他金融工具的权力（但并非义务）。在公司收购中，通常是指当企业首次公开发行（IPO）时，可转换证券就自动转换为普通股，附带的限制性条款也随之消除，这实际上是向企业家提供了买回控制权的期权。除了首次公开发行自动转换外，双方常约定在企业达到一定业绩要求后，也可以自动转换。优先权是指给予公司现有普通股股东在未来股票发行时享有购买股票的优先权。

（4）治理安排——提名董事及董事会（审计与提名委员会）席位数。收购方在取得目标公司的股份后，为达到公司并购的目的，往往需要按照持股比例、收购协议和目标公司章程的规定改革目标公司的董事会，更换董事会能够使得收购人尽快控制目标公司的决策，实现自己的收购战略意图。

第三节　直接收购与间接收购

一　概述

从是否通过中介机构进行划分，企业并购可以分为直接收购和间接收购。

直接收购，是指收购公司直接向目标公司提出并购要求，双方经过磋商，达成协议，从而完成收购活动。如果收购公司对目标公司的部分所有权有要求，目标公司可能会允许收购公司取得目标公司的新发行的股票；如果是全部产权的要求，双方可以通过协商，确定所有权的转移方式。由于在直接收购的条件下，双方可以密切配合，因此相对成本较低，成功的可能性较大。

间接收购，是指收购公司直接在证券市场上收购目标公司的股票，从而控制目标公司。由于间接收购方式很容易引起股价的剧烈上涨，同时可能会引起目标公司的激烈反应，因此会提高收购的成本，增加收购的难度。

二 间接并购的优势

从并购企业和目标企业是否接触来看，实际上，直接收购指的是中国企业直接以自己的身份到境外并购东道国的企业。而间接并购指的是中国企业先到第三国，一般是"离岸法域"注册成立一个特殊目的公司（SPV，亦即离岸公司），使之充当中间控股公司的角色，然后通过该离岸控股公司收购东道国的企业。通过离岸公司进行间接收购的最大好处在于其可以规避并购目标所在国的政策与法律管制（如反倾销措施、配额限制等贸易壁垒），隔离直接收购所带来的法律与经营风险和降低收购成本以及获得收购资金的调度自由。也正因如此，其已成为现今国际并购中的通行之道。通过离岸控股公司进行并购，建立起目标企业与中国企业的隔离层，最大的好处就是可以规避目标企业所在国家法律和政策的限制而实现收购目标。中国企业作为收购方因此不仅可免受目标企业所在国家或地区法律的直接管制，在目标企业出现法律和经营风险时，也可由作为独立法人的离岸公司作为中国企业与目标企业的风险隔离层承担该风险，而避免使作为最终投资者的中国企业直接承担该等风险。而且，由于离岸公司保密性良好，通过离岸公司进行并购无疑可以较好地掩饰中国企业的身份。离岸法域通常没有外汇管制，中国企业可以充分享有调度外汇资金的自由以满足灵活并购的需要。再者，离岸公司因为税率低甚至免税，因此利用离岸公司进行并购可以大大降低并购成本。而如果企业还有进一步上市融资的目标，离岸公司更可最佳满足这一目标。

此外，以离岸控股公司方式进行的国际并购还具有以下优点：方便地进行资产剥离，避免因一次认购目标公司股票而造成收购成本过高的压力或征求小股东同意的协商成本，规避承担债务与或有债务的风险，以及方便地进行换股收购、管理层收购（MBO）和反收购等。

其实，以间接方式进行并购对中国企业而言并非新鲜事物，早在 1988 年 7 月，通过在美国注册独资公司宾州首钢机械设备公司，首钢花 340 万美元成功收购美国麦斯塔工程公司 70% 的股份。首钢并不亲自出面，而是设立一家美国本土的"壳公司"并让其出面，很聪明地规避了美国人的政治敏锐性和法律屏障。就其具体方式而言，我国企业也可以先投资成为境外私募基金的股东，然后通过这些私募基金进行境外收购，这就可减少被收购方国家舆论的敌意，也可以进行一系列财务融资。考虑到眼下中国企业跨国收购频频受阻的状况，充分运用离岸公司进行跨国收购已是当务之急。直接并购也称协议收购，指并购企业根据自己的战略规划直接向目标企业提出所有权要求，或者目标企业因经营不善以及遇到难以克服的困难而向并购企业主动提出转让所有权，并经双方磋商达成协议，完成所有权的转移。间接并购是指并购企业在没有向目标企业发出并购请求的情况下，通过在证券市场收购目标企业的股票取得对目标企业的控制权。与直接并购相比，间接并购受法律规定的制约较大，成功的概率也相对小一些。

对于中国企业来说，跨国并购刚刚起步，绝大多数都是通过直接收购进行。但是近年来，部分发达国家对于中国企业的收购出现越来越多的抵触情绪，而间接收购可以在一定程度上解决这些问题。当然未来，随着中国企业参与跨国收购越来越多，经验更加丰富，采用直接收购的行为会有所增加。

第四节　现金收购与换股收购

一　概述

从收购的支付方式手段来看，并购可分为现金收购和换股收购。

现金收购是指收购公司支付一定数量的现金，以取得目标企业的所有权。一般而言，凡不涉及发行新股的收购都可视为现金收购，即使是兼并公司通过发行某种形式的票据而完成的收购，也视为现金收购。

换股并购是收购方向目标公司的股东发行股票，由目标公司的股东将其所持有的目标公司的股票作为对价交付给收购方，并从收购方处取得其所发行的股票。

二　换股收购与现金收购方式的比较

前些年，由于我国企业并购规模小、资本市场尚不完善等因素，企业交易主要以现金方式为主。但近年来，通过国际证券市场进行的间接并购正在逐步增加，部分并购案的融资技巧达到了较高水准。向国际潮流靠拢，换股收购在中国企业的收购中也日益常见。所谓换股收购，即以股票作为并购的支付手段，这可以极大地减轻收购的对价现金支付的压力。根据换股方式的不同又可以分为增资换股、库藏股换股、母公司与子公司交叉换股等。换股并购不仅比现金并购方式节约交易成本，而且在财务上可合理避税和产生股票预期增长效应。但对中国企业而言还是在近年的跨国并购中才逐渐开始使用。其很大原因在于，原《公司法》对外投资比例有限制、不允许股权作为出资以及新股发行间隔期必须在 12 个月以上，而 2005 年 10 月 27 日修订通过的《公司法》取消了该等限制，这使得中国企业在进行跨国并购时以换股方式来进行变得较为可行。由于较彻底地摆脱了并购支付对价资金规模的限制，这使得换股并购的规模几乎不受限制。而且，由于目标公司的股东并不因此而丧失其股东地位，只是其股份比重被降低而不再占控股地位而已。而且，换股并购可以取得税收方面的好处。换股并购即是收购者将本身股票当作价金付给目标公司股东。而且，从税收角度看，换股收购更为经济因而也更受被收购方欢迎。如果支付方式为现金，则被收购方通常须在当年度就申报所得进行纳税；而若以股票支付，被收购方唯有在出售时，方需对利得加以课税，因而在税收上对卖方较有利。但其不利地方在于由于需要新发行股份，因此可能涉及较烦复的内部批准和外部审批手续。

三 换股并购的优势

（一）换股并购使得收购不受并购规模的限制

现金收购通常有"以大吃小"的特征，而换股并购可以在一定程度上摆脱并购中资金规模的限制，因此它可以适用于任何规模的并购。但由于股价的波动使收购成本难以确定，换股方案不得不经常调整，因此，这种方式常用于善意收购。

（二）换股并购通常会改变并购双方的股权结构

现金支付方式不会改变并购方原有股东在新合并公司的股权结构；而换股并购由于并购时增发了新股，所以并购双方股东在新合并公司的股权结构将发生变化，一些大股东的地位可能会被削弱，甚至会由于合并失去原有的控制权。同时，并购通过影响每股收益的高低而对公司股权价值产生影响。

（三）换股并购避免了短期大量现金流出的压力，降低了收购风险

这种并购融资方式为日后的经营创造了宽松的环境，而被并购方则也得到了具有长期增值潜力的并购方的优质股票。另外，在跨国并购中采用换股方式，在两国的国际收支平衡表上可以相互冲销，不涉及巨额现金的国际流动。

（四）换股并购可以取得税收方面的好处

换股并购即是收购者将本身股票当作价金付给目标公司股东。从税收角度看，收购方支付股票应该比现金更受卖方欢迎。一般若是现金，则必须在当年度就申报所得进行纳税；而若以股票支付，卖方唯有在出售时，方需对利得加以课税，因而在税收上对卖方较有利。

（五）换股并购会受到各国证券法规的限制

由于采用换股并购，涉及发行新股、库藏股等问题，因此审

批手续比较烦琐，耗费时间比较长，从而会给竞争对手提供机会，目标企业也会有时间布置反收购措施。

四　支付方式的选择

从国外并购市场来看，要约收购采用现金支付的比例要远高于兼并。原因主要是：第一，降低收购难度。要约收购通常都是直接向股东发出收购邀请而没有征求目标公司管理层的同意，支付现金容易诱使股东接受要约而防止管理层抵制的潜在威胁。第二，法律程序简单。在美国，要约收购如果采用现金支付，只需按照《威廉姆斯法案》的规定向证券交易委员会（SEC）履行报告义务，在等待期结束后就可以从事收购。而如果通过发行股票进行支付，发行注册申请必须按照《1933 年证券法》的要求经 SEC 的审核同意才行，这会显著延迟收购进程而给管理层抵制留下可乘之机。

对 1978～1988 年美国两大证券交易所上市公司 846 起收购事件的分析可以发现，446 起要约收购中，现金支付的高达 430 家，股票支付仅有 6 起，其余是混合支付。而近 400 起兼并中，股票支付占了 61%，混合支付占了 25%，仅有 56 起是现金支付。

不同支付方式对股东收益影响不同，现金收购和股票收购可以通过以下几种机制影响并购双方的股东收益。

一是信息效应。首先，由于拥有本公司价值的私人信息，收购公司的管理层在本企业股票被高估时倾向采用股票收购，而在被低估时倾向采用现金收购，当公司经营业绩不佳时倾向于股票支付。其次，现金或债务收购能约束管理层有效利用公司的现有资源，而股票收购无法起到这种作用。再次，对于收购者而言，采用现金收购表明其现有资产可以产生较大的现金流量，内部融资比外部融资更为有利，收购者有能力充分利用目标企业拥有的或由收购所形成的投资机会。最后，现金收购还可能反映了收购者拥有目标公司潜在价值的秘密信息。因此，市场通常会把现金收购解读为好消息，而把股票收购当作坏消息。同时，当发行股票从事收购时，会产生财富从股东向债权人转移的再分配效应。

二是现金收购和股票收购完成交易的速度不同，从而导致了交易成本的差异。在美国，如果采取股票收购方式，必须在交易开始前获得证券交易委员会（SEC）的同意，因而会向市场泄露信息，增加竞争对手和交易成功的难度。在现金收购中，收购成本固定，而股票收购中，收购成本受交易完成后收购方股价的影响，因此，当收购方对目标方的价值出现高估时，股票收购具有成本转移效应，目标公司股东承担了一部分高估的成本。

三是现金收购和股票收购的税收待遇不同。若收购方使用其股票作为支付手段，目标公司股东的纳税就会被延迟，并且资本利得税代替了普通税。现金收购通常对目标方股东征税，这要求收购方付出更高的收购价格，以弥补纳税上的不利，但收购者可以享受因资产增加而增加折旧避税额的好处。当然，税收因素不足以解释目标公司现金支付的收益高于股票支付。Franks，Harris和Mayer（1988）发现，美国在实行资本所得税前，现金要约的收益同样高于换股要约。

第五节　战略性收购和财务性收购

一　概述

以收购的目的为标准来看，分为财务性收购和战略性收购。

战略性收购（Strategic Acquisitions）是相对于财务性收购（Financially Driven Acquisitions）而言的，主要是指通过建立企业主营业务的竞争优势来增加企业价值的产权交易活动。

财务性收购也可以增加企业的价值，但财务性收购的目标企业不一定与收购企业的主营业务有关，只是为了日后获得资本收益。

二　两种方式的比较

20 世纪 80 年代，财务性收购赖以盛行的 3 个特定的市场条件是：一是 80 年代初的严重衰退和股市的低迷，使得股票价格大大低于其内在价值；二是大量的垃圾债券和其他高杠杆工具为并购提供了融资方式；三是相当多的企业信用级别恶化，长期资金的来源和成本限制了企业并购的融资。

20 世纪 80 年代的并购浪潮以某种特殊的并购形式为特点，即高收益债券筹资的杠杆收购处于主导地位。美国是全球并购的主战场，在并购最高峰的 1988 年创下 3520 亿美元并购交易额的记录，其中杠杆收购交易额为 940 亿美元。狂热的杠杆收购带来大量的后遗症。1990 年 7 月美国经济衰退刚刚开始，倒闭事件就已经攀升。很多倒闭事件是由于 80 年代的杠杆收购和大量垃圾债务负担所致。过高的收购溢价和高杠杆债务工具的使用导致了垃圾债券的拖欠，进而导致了大量债资收购企业的破产。

1980～1988年，垃圾债的年平均拖欠率为2.5%，而这一比率在1991年上升到9.7%。20世纪80年代平均70%的垃圾债发行收入用于杠杆收购，而在以后的年代里依靠发债进行收购的行为悄然停止。对战略性收购者而言，杠杆收购的减少使得目标企业有了正常的价格。

资本市场上某一方面的过度行为必然导致另一个方面的反作用。20世纪80年代的过度债务融资对下一个时期的企业并购活动带来巨大的影响。20世纪90年代初，80年代特定的资本市场条件已经不复存在。财务性收购家们在80年代曾经大量使用的杠杆收购、管理层收购、敌意收购、垃圾债券融资等技术已经不再流行，大量当年杠杆收购的买家已纷纷倒闭，并购市场上财务性收购交易逐渐消退，以企业管理人员为主导的战略性收购逐渐兴起。

1991年股票市场和垃圾债市场开始恢复，一些在20世纪80年代杠杆收购兴盛时期离市的公司又重新上市，通过发行普通股来偿还债务。1990～1993年，新发行的垃圾债逐年上升，依次为14亿美元、100亿美元、380亿美元和540亿美元。然而，这一时期垃圾债的发行收入主要用于再融资和业务扩张，而不是用于杠杆收购。

麦肯锡咨询公司曾对发生在1990年以前的150起交易额超过5亿美元的并购事件的效果进行统计处理，方法是使用实现交易3年之后股票价值与行业指数的比值。结果显示，只有17%的并购显著提高了股东的价值，33%的稍微提高了股东的价值，

20%的损害了部分的股东价值，30%的严重损害了股东的价值。并购失败的普遍性原因是：目标企业选择不当；收购成本过高；并购后整合不力。

1994年以来，新的一轮并购浪潮开始，目前仍在继续。如果说20世纪80年代并购浪潮的特征是财务性收购，此次并购浪潮的特征是战略性收购。随着战略性收购的兴起和股价的上涨，1993年美国的并购交易额又回升到2750亿美元，1994年上升到3485亿美元，1995年更上升到5190亿美元，1996年达到6588亿美元，1997年高达9570亿美元。截至1998年4月13日，当年并购交易额已有4410亿美元。

战略性收购在21世纪末将继续处于主导地位。交换普通股成为近些年来企业并购最主要的方式，这预示着股票市场的复兴，尤其是一级发行市场的复兴。尽管杠杆收购导致1985～1991年的新股发行明显减少，但1992年开始的大量股票回购活跃了市场。在杠杆收购中离市的公司重新上市，大量的公司通过发行新股替代了高成本的垃圾债。美国1992年的新股发行额达到720亿美元。1993年，新股发行额上升到1020亿美元。

第四章　中国企业跨国并购实施流程

　　为了方便讨论我国企业跨国并购的运作风险，我们将并购过程分为三个阶段，即准备与策划阶段、交易实施阶段与并购整合阶段。这三个阶段并不存在绝对界限，而是相互联系、相互依存，形成企业跨国并购的完整过程。

　　企业并购是风险较高的商业资产运作行为，良好的并购将极大地提升资产质量，提高企业的竞争力，带来可观的经济收益，使企业步入健康可持续发展的轨道。而不良的并购或并购中操作不当则会使当事人陷入泥潭而难以自拔。因此，跨国并购的每一步均应慎重从事。

第一节　并购准备与策划阶段

　　准备与策划阶段包括企业制定跨国并购的战略决策，组建并购团队，展开外围的市场调查，确定并购的目标企业。

一　并购战略的形成和实现方式的选择

对于企业而言，并购战略规划是确定和权衡企业优势和劣势的过程。并购的过程旨在选择那些收购后能增加优势、弥补劣势的产业和企业。在该过程之中，并购者所要求的机遇和目标必须符合其确定的并购战略目标。制定并形成并购战略可以避免未经深思熟虑的轻率决定，降低漫无目的的分析所产生的成本。在进入新领域之前，战略制定者必须预测所要进入行业的发展前景以及兼并对其原有经营的适合程度。战略形成的过程需要做出选择，将所有机遇与其他可能的选择一起排列比较，做出最适合企业发展目标的选择。

并购战略旨在设定并购目的并制定该目的的实现途径，主要包括以下几个方面。

（1）准确自我定位，对公司目前的实际状况有准确的自我评估。在并购过程中，并购方的实力对于并购的成功有着很大的影响，因为在并购中收购方通常要向外支付大量的现金，这必须以企业的实力和良好的现金流量为支撑，否则企业就要大规模举债，造成本身财务状况的恶化，企业很容易因为沉重的利息负担或者到期不能归还本金而导致破产，这种情况在并购中经常出现。所以，企业要进行准确的自我定位分析，主要包括并购方经营能力评价、并购方财务评价，以及筹资能力分析。

（2）梳理公司战略，以明确收购的目的。并购战略的形成需要全面考虑行业的特点和长期发展趋势、并购的机会和竞争态势、企业的战略规划及自身发展的需要、企业的交易执行能力、后续整合与运营管理能力等。

（3）调查了解政府的态度。政府是法律政策的制定者，其对跨国并购的态度，对并购的进行影响很大。了解政府态度可从两方面入手：一方面，应了解我国政府对于海外企业并购的政策环境及相关配套制度；另一方面，应考察目标国的政治法律环境。有些国家的法律法规对外资并购有一定的限制。

二　目标企业的选择与确定

可以说选定什么样的目标企业与并购企业的经营发展战略密切相关，不同的经营发展战略，决定了企业的并购动因。在选择目标企业时，企业必须清楚进行跨国并购的动机，是获取战略性资源、获取关键技术还是规避贸易壁垒、打入国际市场。如果说并购就好似一桩婚姻，那么，选择并购的目标企业就好比物色结婚对象。如果说配偶的选择将决定婚姻的质量和人生的幸福，那么，并购行为的成功也将在很大程度上取决于并购对象之间的匹配程度。

同时，目标企业的选择也决定了并购后整合的难易程度，甚至是并购成败的主要原因和决定因素，所以控制企业海外并购风险的前提是选择恰当的目标企业。当前要着重从以下几个方面选择目标企业。

一是从双方经营战略上的互补性方面。管理大师德鲁克认为，只有并购方彻底考虑了它能够为所要购买的目标企业做出什么贡献，而不是目标企业能为并购方做出什么贡献时，收购才会成功。也就是说要控制并购风险，必须是双方的优势能互补。一般企业都希望通过并购弥补自己在战略上的某些劣势，充分发挥自身的优势，并从中获益。但事实证明，并购方不仅要从目标企业中获得好处，而且也要考虑能给目标企业带去什么，即双方在经营战略上是否具有互补性，这是并购能否成功的一个关键的因素。1998年5月发生的戴姆勒－奔驰与克莱斯勒合并案，之所以能获得成功，有各方面的因素，但有一个前提条件就是并购双方战略上的互补性。首先，双方在生产和销售领域能形成有效的互补。在市场份额上，克莱斯勒销售额的93%集中在北美，其他地区只有7%，对北美市场的依赖性很强，而合并正好可以使其开拓欧洲市场。戴姆勒－奔驰公司在北美市场的销售额占其总销售额的21%，大部分局限在欧洲市场，与克莱斯勒的合并能满足公司发展北美市场的需要。两家公司合并，能在市场上形成互补，增强国际市场的开拓能力，提高国际地位。其次在产品线方面，双方产品的互补性也很强，克莱斯勒的强项是中低档小型汽车、越野吉普和微型厢式汽车，而戴姆勒－奔驰的强势产品则是享誉全球的奔驰豪华小汽车。两家公司的合并将给新公司带来一个进入新的汽车市场的大好时机。总之，双方合并，可以在采购、营销、技术合作及零部件互换方面开展协作，实现降低营销成本、提高技术研究与开发、发展生产、促进销售，从而扩大全球市场份额、提高全球竞争力。戴姆勒－奔驰与克莱斯勒合并案的成功，充分说明了控制企业并购风险的关键在于并购双方在经营战略上具有互补性。

所以，要控制并购风险，首先要考虑的是与目标企业在经营战略上的互补性。通过并购，目标企业能带给我们多大的战略优势？而我们又能给它们带去什么益处？尤其是正面临亏损的"瘦狗"业务，使企业扭亏并重获新生，这是关键。

　　二是从双方经营业务的相关性方面。企业间生产经营范围相同或相近，意味着在实施跨国并购之后，并购企业不需要对目标企业进行大的调整和改造便能很快地对之进行有效的管理和控制。一般来说，如果被并购企业的经营范围和操作方法与本企业相似，即业务相关程度高，那么对之实行兼并之后，本企业供、产、销渠道必然会增加，既可以扩大经营规模，又有利于降低并购成本，还可产生经营协同效应。这从大多数国内外并购成功的企业案例中都可以看到，如英国石油公司（BP）收购阿莫科案。当时 BP 是英国最大的公司，也是世界第三大石油企业，仅次于壳牌和埃克森，核心业务主要包括勘探、石油和化工，拥有世界领先的聚乙烯技术，阿莫科则是北美最大的天然气资源公司。BP 收购阿莫科可以迅速扩大规模，可以利用阿莫科在美国的油品零售渠道，扩大销售量，使下游业务实现更高增长；双方的合并，可以加强化工业务的市场势力，增加化工业务专有技术的拥有量，实现技术优势互补。双方业务上的相关性，使双方的合并最大限度地节省勘探与开发成本，降低风险，迅速加强了天然气业务的实力，从而进入世界超级石油企业，缩小与壳牌和埃克森的差距。

　　当然并购双方在经营业务上是否必须具有相关性，还要看并购的目的。如果并购的目的在于扩大出口市场份额，则目标企业必须与并购企业的业务高度相关；如果并购的目的在于协同效应，则目标企业必须与并购企业的业务具有适应性；如果企业并购的目的在于通过多元化经营减少企业风险，则目标企业的经营领域与并购企业的经营领域相关程度越低越好，甚至可以是非相关业务的并购。但多元化的国际经营风险很大，且并购后的整合很困难，并购往往走向失败。

当然，一些发达国家的企业，由于其具有丰富的跨国经营经验与较强的多业务管理能力，借助海外并购进入新领域取得了成功。但我国企业这两方面的能力都欠缺，因此，我国企业的海外并购目前应围绕自己的主营业务进行，选择业务相同或相关性较高的企业作为目标公司，即并购双方在经营业务上最好具有相关性，采用横向并购方式，从而降低并购风险，增强并购整合程度，减少并购难度。

三是从并购整合的可融合性方面。并购将给目标企业带来震动，它将导致目标企业自身的丧失以及管理人员的变更，它还将影响目标企业原有的企业文化及所有者的利益。如果目标企业的可融合性强，善于合作，将有利于并购过程的顺利完成和并购后的管理；反之，如果目标企业管理层与员工对并购持不合作态度，则并购成功的可能性很小，即使达成并购，也很难实现预期的并购效果。所以在选择目标企业时，也要事先考虑并购后的整合问题，特别应注意如何解决由于文化的冲突而导致的管理冲突、由于人事的变动而导致的企业员工与人才的流失等问题，否则，并购将会失败。国内外并购的案例也证明了这一点。如前所述的BP收购阿莫科的案例，除业务上的相关性之外，其并购成功的重要原因之一，就是英美公司文化的一致性。英美公司均推崇个人价值的发挥，在体制上确保不同业务单位的独立运作，同时普遍认可公司内部高级管理人员和普通员工间收入的巨大差距。双方在经营管理、文化上的一致性使其很快实现了一体化经营，达到并购的预期效果。

因此，目标企业的可融合性是决定并购成功的重点。在选择目标企业时，要对目标企业进行认真调查，全面、真实掌握目标企业的情况，分析其在文化、管理、人事、财务等方面与自身的可融合性，特别是文化的整合。由于目前我国企业并购目标多是国外成熟企业，这些企业对自身文化认同度很高而难以放弃。所以，为了降低文化的冲突程度，最好考虑双方文化的吸收能力，建立一种共同的文化，而不是以并购方的文化去同化甚至代替目标企业的文化。只有可融性强的企业才应成为目标公司。这样，才有利于并购的最终成功。

四是具有一定发展潜力的目标企业。一般来讲，企业价值与其赢利能力和成长潜力成正比，与企业运营风险成反比。由于不同行业具有不同的赢利能力和成长空间，行业风险也不尽相同，其市场价值也很不一样。企业跨国并购应选择发展潜力大的目标企业。国内外的并购案例也充分证明了这一点：目标企业如果具有一定的发展潜力，市场价值较大，且具有高成长性，则并购成功的可能性也较大。

目标企业发展潜力不大，尤其是正面临亏损的"瘦狗"业务，企业在并购时，或许看到的是较低的购买价格，从而低价并购以降低并购成本，但企业忽视了购买对象的价值，导致之后的整合成本增加，并购风险增大。目前，中国企业的海外并购目标多是那些已经在该产业领域没有任何竞争优势的企业，更多的是为了甩包袱才决定出售的企业。这样的企业，要么是管理上出了问题，要么在技术创新上乏力，要么在成本制造上不具有优势，或者经营业绩不佳导致亏损或面临倒闭。并购这些企业，继续经营的风险较大。如 TCL 2002 年收购的德国电视机制造商施耐德电子公司，当时已经宣布破产；2003 年并购的阿尔卡特手机部门，2001 年、2002 年、2003 年净亏损分别为 4 亿欧元、1972 万欧元和 7440 万欧元；2004 年与 TCL 合并法国汤姆逊公司彩电及 DVD 业务，2003 年在彩电业务中亏损了 1 亿欧元。TCL 以 820 万欧元的低价收购施奈德公司以后，错误地以为以施奈德做品牌就能打进欧洲市场。但实际上，施奈德品牌代表的是一个款式过时、技术落后的形象，已陷入破产并无可救药。很明显，在选择并购对象时，TCL 没有选取有发展前景而且有实实在在造血能力的企业，又加上市场巨变，使 TCL 没有时间赚取足够的利润来弥补并购的巨额成本。到 2006 年上半年，欧洲平板电视销售额已占彩电市场总销售额的 79%。面对剧变，TCL 在欧洲市场却无法迅速调整其产品结构，2006 年上半年便亏损 7.63 亿元人民币。TCL、联想、明基，都是近年中国企业走向国际舞台的代表，它们的一个共同特征是，并购了知名跨国公司的亏损业务，希望通过对方的品牌、技术、渠道，借船出海，实现国际化的大步跨越。但这些企业所并购的跨国公司的业务和品牌，都是跨国公司的“非核心业务”，或者是已经没有任何竞争力的业务。也就是说，中国企业买的大多是跨国公司自己认为已经“没落”的业务，它们买的是这些跨国公司的“过去”。而重整破产企业又使中国投资人“心有余而力不足”。所以，选择具有一定发展潜力的目标企业是控制海外并购风险的前提条件。

特别是对于中国企业来说，在收购和整合国外企业时，往往对于并购目标所在市场的消费者、竞争对手、分销渠道结构和政策环境鲜有深刻认知，更应多多积累相关知识和经验，避免“跨国经营冲动”。

三 中介机构的选择

由于海外并购所涉及的内容包括法律、会计各个方面，而律师事务所和会计师事务所等相关中介机构能够提供专业法律、会计服务，从整体上进行风险防范，针对不同企业量身提供咨询意见。在选择目标企业方面，咨询中介公司的意见，对于正确选择目标企业，规避法律和财务方面的风险是非常有必要的，能避免由于决策失误产生不必要的损失。

企业并购过程需要中介机构的介入，主要基于企业并购本身的以下几个特点。

第一，企业的并购要付出较高的信息费用。没有任何两个企业是相同的。每一个企业产权交易，都是一次独特的交易，都需要为之专门收集信息，因而相关的信息费用很高。

第二，企业质量的影响因素多而复杂。企业的物理边界模糊，影响其质量的因素复杂。一个企业在全世界的销售网络，会影响对一个企业的评估结果。企业的赢利能力不仅和企业的产品结构有关，也和企业的市场营销有关；不仅和企业的技术力量有关，也和企业的组织制度有关；不仅和企业家的素质有关，也和企业中通行的习惯有关。不对这些相关的信息进行把握，就不可能正确地判断企业的质量，也就不可以做出并购企业的正确决策。

第三，并购企业涉及的政策法规、权利义务关系复杂。购买一个企业的产权意味着继承了该企业现有的权利和义务，这些权利和义务对企业产权的定价有着重要的影响。一个经营中的企业存在的权利和义务是短时间内不可能了解清楚的。掌握这些信息，又大大增加了分析与确定目标企业的难度和成本。

　　任何一个并购企业，只要不是专门从事这一项活动，就缺少对另一个企业的经营、管理、财务、法律和组织制度信息的评估收集和评估判断的经验，而且缺少专门的人员进行相关工作。在此背景下，专门为并购活动服务的中介机构的存在，就起到了降低信息成本的作用。这些中介机构包括但不限于律师事务所、投资顾问公司、管理咨询公司、会计师事务所等。它们在对企业的法律上权利义务关系的清理、经营管理绩效的估价、组织制度的判断和财务状况的审查等方面，有专门的人才、规范的程序、特定的处理技术，以及长期的经验，因而能以较低的成本为并购企业提供服务，有效地促进了并购活动的开展。

　　此外，中介机构还能够提供中立的、公正的判断。在并购过程中，交易双方都会有较强的主观倾向，有可能阻碍并购交易的达成。这时，中介机构相对更为客观。

　　跨国并购中涉及的主要中介机构如下：

　　①律师事务所：涉及并购的法律框架及合法操作程序，规避法律风险；

　　②财务顾问：为并购提供财务方案和建议；

　　③会计师事务所、评估事务所：为企业提供资产核算、资产评估、税收筹划等方面的专业服务；

　　④咨询机构：主要是商业尽职调查，侧重于目标企业的市场前景的调查；

　　⑤其他中介机构，如公关公司等。

四　展开尽职调查

　　所谓尽职调查就是，在企业股票上市和企业收购过程中，基于监管方或并购方的委托，第三方专业机构运用专业手段与分析方法，对企业的历史数据和文档、管理人员的背景、市场风险、管理风险、技术风险和资金风险做全面而深入的调查与审核活动。

（一）尽职调查的范围

1. 了解被并购公司的组织和产权结构

如目标公司及其附属机构的组织结构和产权结构、规章制度、历次董事会和股东会的会议记录、股东名单和已签发的股票数量、未售出的股票数量、股票的处置或收购的协议等。

2. 了解被并购公司的资产情况

了解目标公司及其附属机构合法拥有或租赁拥有的不动产情况，包括每一幅不动产的所有权、方位、使用情况，被抵押和保险的情况；如租赁拥有，则包括其租赁期限、续签条件、租赁义务等；所有存货的细目表，包括存货的规格、存放地点和数量等。

3. 了解被并购公司的债务和义务

目标公司和附属机构所欠债务清单、所有的证券交易文件、信用凭单、抵押文件、信托书、保证书、分期付款购货合同、资金拆借协议、信用证、有条件的赔偿义务文件和其他涉及目标公司和附属机构收购的问题、其他目标公司和附属机构有全部或部分责任等的有关文件。

4. 了解被并购公司的经营情况

（1）目标公司及其附属机构对外签订的所有协议，包括合资合作协议、战略联盟协议、管理协议、咨询协议、研究和开发协议等。

（2）一定时期内所有的已购资产的供货商的情况清单、购货合同和供货合同。

（3）所有有关市场开拓、销售、特许经营、分拨、委托、代理、代表的协议以及独立销售商或分包商的名单。

（4）为开发和实施市场开拓计划或战略而准备的业务计划、销售预测、价格政策、价格趋势等文件。

（5）目标公司在国内或地区内主要竞争者的名单。

5. 了解被并购公司的财务数据

（1）所有审计或未审计过的目标公司财务报表，包括资产平衡表、收入报表、独立会计师对这些报表所出的报告。

（2）来自审计师对目标公司管理的建议和报告此目标公司与审计师之间往来的函件。

（3）销售、货物销售成本、市场开拓、新产品研究与开发的详细情况。

（4）过去5年主要经营情况和账目变化的审查。

6. 了解被并购公司的税务状况

目标公司税务顾问（包括负责人）的姓名、地址、联络方式；目标公司制作的或关于目标公司及其附属机构有关税收返还的文件，最新的税务当局的审计报告和税务代理机构的审查报告和其他相关的函件等。

7. 了解被并购公司的管理层和雇员情况

目标公司及其附属机构的结构情况和主要雇员的个人经历，所有雇员及其聘用合同，工会或集体谈判合同，所有涉及现雇主或原雇主与雇员所签的关于保守目标公司机密、知识产权转让、非竞争条款的协议文件，公司经营管理者和关键人员以及他们的年薪和待遇情况。

8. 了解被并购公司的法律纠纷情况

正在进行的或已受到威胁的诉讼，仲裁或政府调查（包括国内或国外）情况清单，包括当事人、损害赔偿情况、诉讼类型、保险金额、保险公司的态度；所有的诉讼、仲裁、政府调查的有关文件；所有由法院、仲裁委员会、政府机构做出的、对目标公司及其附属机构有约束力的判决、裁决、命令、禁令、执行令的清单。

9. 了解被并购公司的保险情况

所有的保险合同、保险证明和保险单。

10. 了解被并购公司的知识产权

所有由目标公司及其附属机构拥有或使用的商标、服务标识、商号、版权、专利和其他知识产权。

11. 了解被并购公司的环境问题

有关目标公司及其附属机构过去或现在面临的环境问题的内部报告。

（二）尽职调查工作流程

1. 双方组建尽职调查团队

通常在规模较小的交易中，卖方只需要自行协助买方获得和审查相关文件资料即可。但如果面临一项大型的涉及多家潜在买方的并购活动，卖方则有必要先指定一家投资银行或委托律师来负责整个并购过程的协调和谈判工作。

在大型的尽职调查中，买方通常应指定一个由律师、会计师和财务分析师等专家组成的尽职调查小组。如果是跨国并购，那么调查小组里通常还会加入来自目标公司所在地和买方所在地的执业律师。作为支持，卖方应委派其自己的雇员和调查小组一起实施调查，更要维持一个有序的系统，以确保整个尽职调查过程协调一致并始终专注于买方订立的目标。

2. 签署并购意向书和保密协议

在尽职调查前约定保密义务，是对卖方利益最基本的保障。并购交易中的尽职调查有时会将卖方推入一个两难境地：潜在的买方往往都是同行，甚至是直接的竞争对手，在通过尽职调查全面、细致、整体地了解卖方的情况后，双方还是有最终达不成的协议的风险。而且，对方有可能借并购之名窃取商业秘密，在尽职调查之后直接或间接地利用这些信息，而造成对卖方不利的结果。

签署并购意向书和保密协议是进行尽职调查前的必要程序。实践中更实际的做法是：卖方向买方提交企业情况说明，并就其真实完整性做出担保。在此基础上，双方订立并购意向书，约定自意向书签署后至并购交易履行完毕前，买方可进行尽职调查，以核实企业的实际情况是否与卖方所陈述一致，倘若有重大不符，则可按照事先约定好的标准调整交易价格。

并购意向书主要用于约定交易的基本条件和原则、交易的基本内容、为促成交易参与各方应做工作具体安排、排他性安排以及保密条款（或另行单独签署保密协议）等，这在追究对方的缔约过失责任和侵权责任时具有证据作用。双方可以约定，意向书不具有法律约束力，但通常会保留约定排他性条款、保密条款等具有法律约束力。

在保密协议中双方需要承诺，为促成交易将相互提供相关资料和信息，约定保密信息的范围和种类、保密责任的具体内容和免责情形、泄密或不正当使用保密信息的违约责任等。应当承担保密义务的人，不仅有律师、会计师等具体执行尽职调查的专业人员，更主要的是接触这些信息的买受人。如果买受人也是一个企业的话，那么该企业的董事会成员、经理等成员，都应签署保密协议。

3. 约定尽职调查的内容

当开始一项尽职调查时，买方必须明确其尽职调查的目标，并向调查小组清楚地解释尽职调查中的关键点，双方律师再根据这些明确尽职调查过程中什么层次的资料和信息是重要的，确定尽职调查的过程应注重买方所要达到的目标，从中找出相关法律事项。这一过程将明确可能影响交易价格的各种因素。在此之上，双方再约定具体对哪些事项进行调查，共同起草有关调查项目的目录或尽职调查清单，以便卖方提供有关材料。

4. 设置资料提供的程序规则

双方指定一间用来放置相关资料的"数据室"，由卖方（或由目标企业在卖方的指导下）把所有相关资料收集在一起并准备资料索引。同时，双方协商建立一套程序，让买方能够有机会提出有关目标企业的其他问题，并能获得数据室中可披露文件的复印件。如今，国际并购交易中尽职调查工作的数据化、网络化的程度正在日益提高，一些企业也已开始将其文件资料建成数据库并上传至互联网，授权尽职调查人员使用。

5. 设计制作尽职调查清单和问卷表

设计制作尽职调查清单和问卷表，是律师要求提供目标企业信息资料最常用的方式。尤其是在一些规模较小的交易中，卖方可能不会设立数据库并建立相关程序和规则，而是根据实际情况，按照买方的要求提供资料。在这种情况下，律师通过详细的尽职调查清单和问卷表索要有关资料了解相关信息，就成为调查最主要的手段。

尽职调查清单是律师根据调查的需要设计制作的，并应根据具体并购目的、交易内容和性质的不同而有所侧重，但一般来说，最基本的尽职调查清单应要求目标企业提供多方面的文件资料。

律师还应将需了解的情况设计成尽职调查问卷表，由目标公司予以回答。询问调查有助于了解目标公司的整体情况或发现意想不到的有用的线索。在具体工作中，如果律师对有关事项有疑问，应当以书面形式提出，同时也应当要求对方以书面形式做出有关回答。

尽职调查清单的结尾部分应注明，可能根据业务的进展随时向目标企业发出补充的文件清单或要求。经委托方确认后，律师将设计制作好的法律尽职调查清单和问卷表发至目标企业，在收回目标企业提供的资料后，核对复印件与原件，由双方代表签字确认，并应取得目标企业及其管理层出具的说明书，表明其提供文件和资料内容属实且无重大遗漏。

6. 对收集的信息进行研究判断、核查验证

除了通过调查清单和问卷表系统了解目标企业的情况外，买方还可以通过对固定资产、在建工程、存货等进行现场勘查，以及收集、整理并分析公开披露信息等方式对目标企业进行调查。

更缜密的工作思路和方法是，根据目标企业的审计报告或财

务报表中所列示的项目逐一核实。律师对尽职调查所获取的全部资料和信息，应反复地研究判断，进行相应核查验证。在核查验证过程中，应当制作工作笔录，并尽可能地取得目标企业对工作笔录的书面确认，如果遇到对方不愿签字确认的情况，则应在笔录上予以特别说明，注明具体日期；对资料不全、情况不详的情况，应要求对方做出声明和保证。

律师在调查中发现的问题，应及时向委托方报告与沟通，而不能一味地等到最后才在报告书中一并书面提出，以免延误解决问题的时机。对收到的资料，律师经过研究判断，如果认为需进一步了解，应再次起草尽职调查清单或问卷表，如此循环，直至查明情况为止。律师应该对所有文件资料进行整理和归档，并制作工作底稿，作为日后重要的工作依据。

7. 对目标企业进行外部调查

目标企业的配合是律师尽职调查迅速、高效的关键。而法律尽职调查的另一个重要环节是，结合上述的系统内部调查，对目标企业进行详尽的外部调查。从外资并购中国企业的实践来看，通常从目标企业当地登记或管理机关获取目标企业的工商、规划、土地使用权、房产产权、环保、税务、劳动保障等信息；而当地政府（包括相关职能部门）是极为重要的信息来源，从当地政府可以了解到有无可以影响目标公司资产和经营的远近期政府计划、管理政策的调整等情况；向目标企业债权人和债务人调查，不仅可以使买方直接、完整地掌握目标公司重大债权、债务状况，还能了解目标公司最真实的社会信用情况。一个训练有素、具备良好分析力和判断力的律师，往往能够将各种调查方法同时灵活运用，在对比分析中从不同的渠道发现问题，并找到线索，直至彻底了解目标企业的情况。

8. 撰写法律尽职调查报告

此前所有的调查工作形成的结论，将被汇集成提交给委托方的一份准确、完整、翔实的法律尽职调查报告。法律尽职调查报告应准确和完整地反映尽职调查中发现的实质性法律事项及其所依据的信息，并将调查中发现的主要问题一一列明，说明问题的性质、可能造成的影响与可行的解决方案，尤其要对此次并购可能形成障碍的问题进行特别分析，并提出周详的解决方案。最后，在上述基础之上，对目标企业做出整体法律评价，对该并购交易方案和文件架构设计提出总体意见和建议。

第二节　并购实施

并购交易实施阶段包括对目标企业的详细调查、并购的可行性分析、目标企业的价值评估、并购所需资金的筹措、出价方式的确定以及并购谈判、签订协议等过程。

一　并购方进行详细调查

确定了目标企业，达成并购意向后，必须对前述调查再进行详尽的调查和核实。通过这一阶段更为细致和全面的调查，可以了解目标企业的真实情况。在跨国并购的流程中，并购协议是一套近乎完整的并购法律合同，包括了整个交易行为的法律框架并涉及交易各个方面和时间段、双方详细的权利和义务约定，但是并购风险无法仅仅通过合同约束来完全避免，这就需要在交易过程中进行周密详细的调查。如果并购前不进行详细调查，就会增加并购风险，在缺少充分信息的情况下可能导致财务上的重大损失，直接影响到并购企业今后的发展。不过，即使并购方进行了并购的详细调查和可行性分析，由于调查收集的信息质量不高，对信息产生误解，缺少认真细致的计划，责任不明或相互之间缺乏协调等，也可能使并购失败。一般情况下，详细调查有两个阶段。

第一阶段是审计评估阶段。即买方与目标企业进行实际接触，取得目标企业较详细的资料，作进一步的分析评估。如与收购对象互有合作意向，则可与其经营者见面，并要求提供详细的内部报表资料，审核目标企业的财务报表，核实目标企业的资产与负债，在有关专家的审查下尽快对并购对象做出较为准确的评估。

第二阶段是展开外围调查与目标企业内部调查，即在买方与目标企业达成总体协议之后，进一步扩大调查范围，核实其供应商、销售商及内部管理人员对企业的陈述，深入目标企业及其客户中了解企业的经营情况，从外部掌握有关诉讼、争议的真相，详细分析可能导致风险的资料，有时还要求被并购方律师出具证实交易真实、合法的法律意见书，以及详尽分析本企业和目标企业双方文化的性质及强弱，采用结构性、系统性的评估方法，掌握并购的风险和价值。

经过对目标企业的详细调查，了解目标企业的价值后，一个完整的并购交易方案包括：价值的认定，并购后公司的股权比例设置，交易对价的支持方式，融资方案的设计或有风险补偿的法律约定等。交易方案直接影响交易双方的利益，也是双方谈判的焦点。交易方案设计得不合理或吸引力不够，最后会导致并购功亏一篑。

二 确定并购企业价值与交易价格

确定并购价格最主要的因素是企业价值，而不是资产价值，并且这个价格是一个区间，不是一个固定的价格。并购中企业价值的评估方法多种多样，但归纳起来一般有三种，即成本法、市场法、收益法等三大类。

（一）重置成本法

重置成本法是指通过评估企业资产价值和核实企业负债，来确定企业净资产，以此为基础来确定企业价值的方法。重置成本法的优点是充分考虑了资产的损耗，在不易计算资产未来收益或难以取得市场参照物的情况下可广泛应用。主要包括重置成本法和净资产倍率法。

（二）市场法

市场法也称市场价格比较法、现行市价法，是指通过市场调查，将被评估企业的股权与最近售出的相同或类似股权的近期交易价格进行直接比较或类比分析，调整差异后确定被评估企业价值的方法。应用该方法需要有较为成熟、活跃的股权交易市场。

市盈率法是典型的市场法的应用。

市盈率法（price earning ratio）＝市价、每股净利润

收购价格（股本价值）＝每股价格×总股本＝预计（或实际）

每股净利润×市盈率×总股本

（三）收益法

收益法是指通过估算企业或某项资产未来预期收益来确定企业价值或资产价值，或按照适当的折现率折算成现值来确定企业或资产价值的方法。收益法的优点是真实和较科学地反映企业未来的赢利价值，与投资决策相结合，更容易被买卖双方接受。其缺点在于未来收益预测难度大，主观性较强。主要包括：投资回报率法、投资回收期法、内部收益率法（IRR）、现金流量法（净现值法 NPV）。

三　确定融资安排

对跨国并购来说，确定合理的融资安排对于并购后的整合至关重要。合理的融资安排可以降低并购主体和目标企业的运行风险，并能够避免目标企业运行不良对并购主体的影响。

（一）收购股权的融资安排——增量融资为主，存量融资为辅

1. 收购企业融资渠道

包括：自有资金、银行借款、发行企业债券、发行股票、过渡贷款。

其中过渡贷款，又称过桥贷款是指将贷款和高利率债券结合的一种方法，就是由承销商提供的及时性短期贷款，通常只涉及一个债权人，其目的常常是获取以贷款换取后期发行债券的权利。

案例介绍：2005 年 2 月 27 日，优尼科邀请中海油作为"友好收购"的候选公司之一，提供了初步资料。中海油公司报价

185 亿美元，其资金来源有中海油自有资金 30 亿美元；中国海洋石油总公司提供长期次级债形式贷款 45 亿美元，提供 25 亿美元的次级过桥融资；中国工商银行提供过桥贷款 60 亿美元；高盛、摩根大通提供过桥贷款 30 亿美元。2005 年 8 月 2 日，中海油宣布撤回对优尼科的收购要约。

2. 资金需要量的确定

主要包括以下几方面。

①被收购企业资产或股权的买价。

②用非现金方式支付的金额，如股票或股权支付的买价、行政划拨、企业租赁。

③分期付款方式支付。

④支付的中介费用，如支付给注册会计师、资产评估师、咨询机构及律师的费用。

⑤相关税金。

（二）企业生产经营融资安排——存量融资为主，增量融资为辅

1. 被并购企业融资渠道

①销售收入。

②资产变现：应收账款，短期投资，长期投资，机器设备、备品备件，原材料，土地、厂房建筑物等。

③固定资产售后回租。

④银行借款。

⑤信托。

2. 资金需要量的确定

①被收购后企业正常生产经营需要的流动资金。

②职工安置补偿资金。

③到期债务，包括银行借款、应付账款、应付票据。

④由于诉讼案件败诉而支付的资金。

四　开展商务谈判

上述工作完成后，就是双方进行谈判、磋商，就目标企业价值评估方法、收购条件、支付价格、员工安置、风险分担等条款达成一致，进而签订合同。谈判、磋商阶段在某种意义上可以看成是买卖双方进行智力较量的过程、买卖双方讨价还价的过程。协议过程在整个并购过程中起着至关重要的作用，决定并购交易的成败。在谈判、签约的过程中，交易双方对有关并购信息的掌握是不对称的。用通俗的话来说，目标企业很清楚自己在卖什么东西，其真实价值是多少，而买方却不太确定买到的是什么，究竟值多少钱。所以在协商过程中，买方应尽可能去了解卖方，以判断该项交易的价值是否合理。在该过程中目标企业应当运用相当艺术的谈判技巧，争取在讨价还价过程中占优势地位，使谈判在不致破裂的情况下，尽可能地朝着有利于自己的方向发展。并购双方都同意并购，且被并购方的情况已核查清楚，接下来就是比较复杂的谈判问题。

（一）商务谈判的主要内容

谈判主要涉及并购的形式（是收购股权，还是资产或者整个公司）。交易价格、支付方式与期限、交接时间与方式、人员的处理、有关手续的办理与配合、整个并购活动进程的安排、各方应做的工作与义务等重大问题，是对这一问题的具体细化，也是对意向书内容的进一步具体化。具体细化后的问题要落实在合同条款中，形成待批准签订的合同文本。

近年来，大家对一些兼并收购案例进行分析的时候，经常发现，兼并成交价格往往并不是业界事先对目标企业估算好的价值，而是"谈判价"。所以我们常常会从报纸杂志上看到所谓"贱卖"、"低价收购"、"便宜"的字眼。这种情况说明了价格在兼并收购谈判中的重要性。并购商务谈判主要有三个特点：一是以经济利益为基本目的。我国企业跨国兼并收购的目的是获得目标企业的资产，因此，谈判是以实现我方经济利益为核心原则，任何行为都要遵守这一原则。二是以价值谈判为核心。兼并收购的商务谈判就是通过各种方式降低收购价格，顺利完成收购。三是注重合同条款的严密性和准确性。收购行为能否最后顺利完成，对合同条款的商务谈判顺利与否非常重要。

结合上述兼并收购中商务谈判的特点，我国企业在谈判中要把握以下原则：一是明确谈判目标。首要目标是达成兼并收购交易。二是确定谈判价格。三是商定合同条款。

（二）如何更好地开展并购商务谈判

一是培养兼并收购商务谈判的人才。广泛的知识和综合技能是完成谈判任务的必备条件，谈判小组成员应包括熟悉国际法律、财务、税务及价值评估的专业人士。虽然买卖双方的高管人员也可能拥有充分的知识和能力去接受或拒绝一项交易，但是他们必须认识到自己只是谈判进程中的角色之一。高管层需要充分理解谈判团队中每个成员的角色定位，并坚持这一角色所赋予的使命。

二是重点把握兼并收购中的价格谈判。在谈判的初期阶段，不必急于讨论收购价格问题，可以先从探讨一些非财务的基本问题或个人问题入手，例如企业未来的发展计划、卖方关键人物在新公司的角色等，在买卖双方之间建立起基本的信任关系，同时也对新公司的经营能力做出比较明确的预期。

当进入价格讨论程序时，请记住一句格言："卖方的价格，买方的条款。"收购价格所代表的价值并不是一成不变的，它可以深受交易条款影响。例如交易中的现金比例、交易结构（股票/资产/现金）、不参加竞争的限制性条款、卖方人员的雇佣或咨询合同、卖方并购融资、抵押物及证券协议等条款。

由于以上这些条款的存在，实际上并购价格并不等于买方支付的并购价值。因此，比较常见的情况是：如果买方能够达到或接近卖方的心理价位，卖方也能够比较灵活地考虑买方提出的条款。

如果买卖双方都不同意对方的价格，首先，应各自重新评价进行交易的利弊，包括对各自股东的价值和竞争地位的影响。这一分析将帮助双方重新审视成功交易的谈判价格区间。其次，双方可以重新考虑采用哪一种交易结构可能带来更有利的税收结果，例如单一税收与双重征税的成本不同，双方要将着眼点放在买方的税后净成本与卖方的税后净收入方面，而不要仅专注于实际的买卖价格，这样将有助于缩小双方的价格差距，使双方关注真实的成本与回报。

买卖双方需要认识到大家共同的目标是达成一个互利的交

易。当双方已经充分了解企业价值，深入探讨分析了交易结构和条款之后，最终的谈判协议将反映双方的共同需要。买方需要一个风险与回报率相匹配的收购价格，并能够以合理的资源为收购融资；卖方需要转让所有权，实现一定的个人目标，考虑税后所得的公平性、递延支付的流动性和确定性，以及要求买方在雇用原企业员工方面做出一定的保证。

买卖双方还需要认识到政府税收也参与了交易，也在影响双方的利益。另外，企业通常是复杂的个体，不确定性很大。例如卖方现有或过去的行为造成的未知和或有债务，有可能在买方不知情的情况下突然出现，令买方遭受意想不到的困扰和损失。因此，在并购协议中需要明确并合理地表现这些不确定性。

并购谈判中买方或卖方的成功，还取决于是否能够从对方的角度理解交易。这种理解包括明确对方财务状况、战略发展目标、个人交易动机、谈判预期变化、风险敏感性、竞争挑战、资本限制、现金流需求等。一方面双方在交易前建立理解和信任，有利于进行更加有效的沟通；另一方面知己知彼，才能更多地掌握谈判桌上的主动权。

三是做好兼并收购商务谈判工作的过程管理。对于收购方而言，收购目标企业的价值就在于通过收购取得协同效应和综合收益，也就是取得战略投资价值。但是一般来说，收购方应该从公平市值为起点开始谈判。在进入谈判程序前，收购方高管人员必须为谈判小组设立价格上限——谈判小组可以向卖方承诺的最高价格。这样做一方面是为了抑制谈判小组成员"希望做成这笔交易"的心理或者某些个人感情因素在谈判过程中产生负面影响；另一方面是为了引导谈判小组成员关注于收购价值，而不是赢得交易。

在并购案例中，最终达成的收购价格高于企业公平市值的情况普遍存在，这部分溢价经常被称为"控制权溢价"，但是这种说法具有一定的误导性。这部分溢价虽然表面上是收购方为了取得控制权支付的，而实际上是为了取得协同效应支付的，支付溢价的基础在于竞争因素、行业合并的趋势、规模经济需要、买卖双方的动机等，控制权只不过是收购方取得协同效应必须具备的权力。

收购价格比公平市值越高，交易为收购方创造的价值就越少，对收购方也就越没有吸引力。如果收购价格接近于战略投资价值，那么将迫使收购方在并购完成后必须取得几乎所有预期的协同效应，容许买方在未来经营过程中犯错误的空间非常小。因此，当卖方要价太高时，买方最好的选择就是拒绝这笔交易，转而寻找具有更大价值潜力的企业。

（三）案例分析

案例一：目前，我国企业跨国兼并收购太过直接了，"现在中国是有资金，但是我们也不能太横冲直撞了。一直以来西方对中国都存在不良印象，我们自己去谈，很多时候会遭遇生意以外的问题：比如民族情绪、政府阻碍。可能一个欧洲公司并购一家美国公司没什么，但是一家中国公司并购一家美国公司就会引起轩然大波。在这个时候我们可以考虑换个思路，和一些金融机构，比如一些国际大投行合作，以委托理财的形式寻求一个代理。然后由这些国外的法人公司出面进行谈判，这样就可以减少许多不必要的阻碍"。

　　案例二：我国企业在跨国兼并收购中的商务谈判中经常重点不明。其实这也不能怪谈判团队。这是我们一直以来在思维上存在的误区。我们的谈判重点主要落在了眼睛看得见、手摸得到的成果上，主要落脚点还是做大而不是做强。我们出去并购一家企业，主要是看这个企业收购之后能够带来多少的直接效益，然而重点并不在这里。有时我们谈判的重中之重应该落在知识产权上。设备可以买，品牌可以创，这些都是短期内就可以收效的。但是一个企业的灵魂，能够支持其长期发展的则是自主知识产权。举例来说，一个新开发的药品，我们可以拿到使用权，大概是 3000 万元到 4000 万元，然而这个药的知识产权则是这个基础的 10 倍。我们在谈判中，一定要将知识产权列为必谈项目，不能单纯地去替其他国家收包袱。

五　签署决议

　　收购合同是公司收购交易的法律表现形式，收购方与被收购方经过谈判，将交易的重要事项和双方当事人的权利义务做出明确的规定，通过收购合同的签订和履行完成公司收购的交易行为。

　　因此，签订收购合同是中国企业跨国并购实施阶段的一个重要环节。由于涉及诸多法律问题，实践中一般需要聘请在公司收购方面有专长且经验丰富的律师起草收购合同。同时，在实施跨国收购时，对收购合同的主要条款应当在法律上做详尽的分析评判。

　　在收购合同中，应当对被收购公司在交接前的债务做出处理。首先，由收购双方共同认可的会计师事务所对被收购公司的债权债务进行全面审查，以确定被收购公司未清偿债务的全部情况。在处理债务问题时，应当全部审查被收购方与第三人之间订立但尚未履行完毕的合同，特别是供货购货合同、货款借款合同、抵押担保合同、土地房屋设备租赁合同、技术转让合同、雇佣合同、合资合作合同、代理合同以及水电供应合同等，收购方可以要求被收购方提供全部未履行完毕的合同清单及每一合同的复印件，以便收购方进行审查。

收购合同的生效，除了需要双方正当合法授权代表的签署之外，尚需满足其他一些条件。这些条件主要包括：收购双方所在国政府批准，收购双方董事会或股东大会批准，工会组织的批准，产权交易机构的确认，公证机关的公证等。

跨国收购合同是一个具有涉外因素的合同，很多时候要涉及外国法的适用。根据与合同有最密切联系原则，跨国收购合同的准据法应是被收购公司所在地的国家法律，因为该合同履行地、收购标的所在地都在该国内。由于国际商事仲裁在解决跨国经济争议方面与法院诉讼相比有许多优点，因而仲裁成为解决跨国经济争议最受欢迎的一种方式。而收购合同之仲裁条款又是产生纠纷后国际仲裁的法律依据，但对于仲裁地，可以选择收购方或被收购方所在国，也可以选择第三国。仲裁程序中使用的语言，最好选择收购合同文本所使用的语言。

在公司收购完成后，收购方如发现有未偿债务和其他严重事件影响了被收购公司的地位；或者被收购方违反了其陈述和保证，给收购方造成了损失的，收购方有权要求被收购方予以赔偿。

实践中普遍采用的做法是开立一个完成一定条件后才能支付

的账户，由双方共同指定一个代理人（通常由产权转让机构或公证机关充任），由该代理人控制账户。在被收购公司交接时，收购方将一部分价款存入该账户，不全部支付给对方，交接后若发现有未偿债务或其他瑕疵，或被收购方的陈述和保证不真实、不准确而给收购方造成了损失，则收购方可以从该账户的款项中获得赔偿；若在一定期间内未发现上述情况，该代理人则允许被收购方提取那部分款项。

还有另一种做法是提存价款，即收购双方约定将一部分收购价款存入一银行账户，并规定只有在收购双方签署书面文件向银行发出指令时，银行才向被收购方付款。银行在其中的作用只是在技术上审查双方签字的真实性，一旦认定是真实的签字指示，银行就付款给被收购方。这样，如果交接后发现了对收购方不利的情况，收购方则会不同意签署付款指示，被收购方无法提走余款，收购方可由此获得赔偿。

对于中国企业来说，跨国兼并收购涉及目标企业所在国的社会、法律、经济环境，与我国均有很大差异，合同的谈判和签署更为重要。

（一）兼并收购合同的主要条款

跨国兼并收购合同文本一般由三个部分组成：基本情况介绍、主文和附件。基本情况介绍主要写明兼并收购当事人的各种基本情况，主要包括公司名称、地址、法定代表人姓名、国籍、名词释义等。主文是合同的核心部分，主要包括以下几个内容：陈述条款、保证条款、保密条款、先决条件条款、转让对价及支付方式条款、交割条款、补偿条款、争议解决条款、法律适用条款等。附件主要包括财务审计报告、资产评估报告、土地转让协议、国家批准文件、资产负债清单等。

（二）主要条款内容

1. 陈述条款和保证条款

陈述条款主要要求双方在签署合同过程中本着诚实信用履行如实告知的义务，防止欺诈并购行为的出现。

并购方要求目标公司陈述的主要内容如下：

①目标公司的主体合法；

②转让的股权或者资产合法和真实，以及目标公司对其所转让的股权或者资产拥有的权利范围及限制；

③目标公司的资产情况；

④与目标公司有关的环境保护问题；

⑤目标公司的投保情况；

⑥与目标公司有关的合同内容；

⑦目标公司的负债情况；

⑧目标公司的生产经营现状；

⑨目标公司内部的人员情况；

⑩目标公司纳税情况和法律纠纷情况。

目标公司也会要求兼并收购方做出如下内容的陈述：

①并购方主体的合法；

②并购方的兼并收购动机；

③兼并收购的资金数量来源或者说明支付能力；

④并购方目前具有的经营资质；

⑤并购方的商业信誉和管理能力；

⑥并购方的财务状况和经济实力。

保证条款指并购双方相互承诺将尽力促进合同的签署以及促进兼并活动顺利完成的一种信誉保证。

（1）并购方需做出的保证。

保证积极促进董事会（股东大会）做出顺利通过并购合同的决议；保证及时支付资金或者其他约定可作为支付方式的财产；保证并购过程中，及时通知对方任何影响并购顺利进行的事项。

（2）出让方/目标公司需做出的保证。

保证积极促进董事会（股东大会）做出顺利通过并购合同的决议；在对方支付对价后，及时完成目标公司的交割以及其他相关交付手续；保证尽力发挥本土优势，积极配合并促成并购合同的审批通过；保证并购过程中，及时通知对方任何影响并购顺利进行的事项。

（3）交割前保证事项。

由出让方/目标公司做出交割前保证，确保目标公司的资产、运营状况基本与并购方在签署合同时所确认的状况相符。包括：保证妥善保管财产、账簿、文件等资料；保证不擅自签署对目标公司经营发展有重大影响的合同；保证不无偿转让、私自转移目标公司的资产；保证不以明显不合理的价格进行交易；对现有的债务，目标公司保证不提供额外担保，或提前清偿；保证不做出有损目标公司形象、影响声誉的行为。

2. 先决条件条款

先决条件是指只有这些条件成熟后，合同才能生效的特定条件。先决条件条款是并购合同能够实际履行的前提，只有在所有先决条件的条款守备以后，目标公司才能进行资产或股权的转让，兼并收购方才能支付对价。

（1）并购所需要的各种审批。包括行业准入审批、反垄断审批和其他需要的审批。

（2）交易双方董事会（股东大会）通过并购合同。

（3）兼并收购方融资过程需要的各种审批。

（4）第三方许可。比如目标公司的债权人、合作人、供应商、特许权许可方等。

3. 交割条款

出让方与收购方通常在并购合同中约定交割的先决条件和交割条款，只有满足预定的先决条件，才能进行交割。否则退出交易，解决合同。

交割行为主要包括交付文件、支付对价、所有权转移。

4. 补偿条款

主要包括：出让方隐瞒公司信息而抬高目标公司的资产价格；出让方签署合同后实施隐瞒、欺诈；交易双方在签署合同后违约；第三方针对目标公司提出索赔造成买方的损失等。

5. 争议解决条款

并购双方在合同中约定发生争议的解决方式和方法。

在合同文本起草和谈判过程中，要注意以下原则：一是注重法律依据。合同文本要尽量符合双方所在国的法律。二是追求条件平衡。合同文本中的条款要尽量平衡，不能对任何一方提出苛刻要求。三是条文明确严谨。跨国兼并收购的合同文本一般都会有中文和英文两份，要确保两份合同文本的内容一致，不能出现理解上的偏差。四是以我方为主起草。原则上合同文本应由收购方为主起草。

第三节　并购整合阶段

无论并购企业的目的是改善和扩大经营，还是为了套利出售，并购者都有一个共同的目的，即力争获得最大化的利润。并购合同的签订还只是一个开始，三分并购，七分整合，并购后的整合才是整个并购过程中的核心内容。根据贝恩管理咨询公司的一项关于并购失败的调查研究表明：从全球范围内企业并购的失败案例分析，80%左右直接或间接地因为企业并购之后的整合。从这个意义上说，并购者取得目标企业的控制权只是走完了第一步，如何进行并购整合，提高并购企业的经营绩效，以期达到利润最大化的目的，是摆在并购者面前的艰巨任务。

一　并购整合准则

（一）确定战略意图

和前期的并购一样，整合阶段也需有明确方向。战略意图将战略远景规划转化为整合指导方针，它应该清晰表达公司的愿景：如何创造价值，如何组织变革和达到整合的目的，以及实现目标的关键计划等方面得到全体管理层的认可。

（二）发挥利益相关者的积极性

整合涉及的利益相关者的多样化需求应该得到重视和有效管理。整合应调动多方利益相关者的积极性。

我们建议，可以通过以下方法来获知利益相关者潜在的关注和需求，例如，在早期建立特定的交流方式来解决他们关心的主要问题。工作围绕利益相关者进行，去了解对方需要花多少时间才能消化多少的信息，其认可的动机是什么。选择给利益相关者传递什么样的信息，传送信息的最佳时机，传递信息的最佳渠道以及负责传递的人员。留意利益相关者间可能出现的相关影响及相关依赖的情况，在新情况发生时随时更新沟通计划。

（三）确定一个公司的目标

新公司为企业短期和长期的发展建立了整合的组织、流程和基础设施计划。业务管理包括：维持现有业务，获取协同效应，整合最优方法以及尝试全新市场。组织结构需要从双方机构同时推举领导层，创造并推广新的架构，在企业家精神与结构和控制间寻求平衡。新公司最终的组织结构、业务管理模式和流程应在交易结束前确定。

（四）获取价值

确定并获取合适的短期/中期协同效应，通过达成明确的"认可"以及建立与利润表的连接来实现协同效应。确认和实现协同效应的五个步骤包括：初步总结协同效应的假定，确定更多的商机，获得关键基础数据，确认架设和协同效应规模，建立达成协同效应的基础设施以及计划执行与跟踪。

（五）充满活力的团队

确保人尽其用，充分调动员工的积极性，制定系统的人员管理流程至关重要。

（六）平稳过渡

确定平稳实现变革的方法，对于每一次重大转型，应建立稳定的管理计划以及解决问题的机制。

（七）执行管理

在实施过程中维持好的发展势头，并进行跟踪、监测、调整。明确第一天的任务并在整个实施过程中监测和跟踪所有的整合工作。

（八）文化整合

应当采用系统方法来有效管理跨文化整合的挑战。跨文化整合步骤如下：①选择有激情的、灵活的领导团队；②建立对于收购所在国文化的感知和理解；③在被收购公司内部现场办公来积极促进员工们对"其他文化"的体验；④对被收购公司做系统的研究，包括文化感知、价值观、恐惧和期望；⑤确定整合方法、优先事项和沟通计划；⑥实施整合，确保尽可能多地"面对面"互动；⑦训练对危机的快速反应，统一思想，培养士气；⑧经常评估以调整沟通和执行。

博斯公司独有的"组织 DNA"工具可以被用来帮助中国企业解决文化整合方面的问题。

（九）加强沟通

中国企业应采取正确沟通方式，并在整合过程中传递一致的消息。成功的沟通将在新的组织内部起到重要的协调作用。沟通方式包括以下几方面：诚恳沟通，利害关系方可以很容易察觉花言巧语，而且需要沟通、沟通、再沟通。沟通还需要运用多种渠道，包括如路演、信函、会议等正式渠道，也包括如员工私下讨论等非正式沟通。另外要从困难的会谈中学习——了解主管和下属沟通的强大力量，利用持续不断的员工沟通来了解整合的愿景与员工想法之间的实际差距（这个差距将影响员工的个人决定），对不同群体的利益相关者传递相同的信息。

（十）严格的项目管理

项目管理工作流程在帮助管理层协调整合方面至关重要。制定完整的整合计划、明确的目标和时间表对于项目管理是必不可少的。

二 并购整合的模式

并购后应在战略上尽快完成全球市场布局，形成核心竞争力。重组生产线、供应链，采购合并，实现规模效应，降低成本。特别是应该尽快进行人力资源的整合，研究证明，如果一年内的整合工作不见实效，那么成功的可能性就会大为降低。

1. 慢速整合模式

该模式实质上是慎重并购，先进行业务上的接触，觉得合适了再决定并购，整合方案在考察期就提前制定。

"并购师傅"鲁冠求的"文火炖肥羊"模式很注意控制节奏，万向集团的并购整合都是历时数年。万向集团有时采用"控制型整合"，先由集团培育，待目标公司成熟后，上市公司收购它的部分股权，双方磨合，关系融洽之后上市公司再对它增资，最后在双方可以无缝衔接后，上市公司将目标公司彻底融入自己体内，目标公司注销。有时采用"协同型整合"，跨领域的投资追求的是资本利益最大化，采用协同型整合的策略，即成为目标公司的第二大股东，并依托原来的大股东与管理层去发展。跨行业并购的后期整合，面对截然不同的企业文化、经营策略和人力架构，成功率较同业并购低很多。两种模式的本质都属于慢速整合。

2. 快速整合模式

适合于相对简单或规模较小的并购案例。中国机床产业、明基、华立、京东方、网通、格林科尔等对外国相关企业的并购，由于主要是以技术导向型为主，被并购企业规模也相对较小，并购后的整合比较容易，如果预先有较好的整合方案设计，并购交易后很快就可以开始整合。

格林科尔并购外国小企业的主要目的是利用其技术，在中国复制出类似的工厂，从而将国外先进技术与国内廉价加工成本相结合，通过跨国并购获得先进技术的成本要远远小于技术引进。

3. 中速整合模式

对应于较复杂的跨国并购和整合，整合涉及品牌、渠道、供应链重组、组织、文化与人力资源等方面，往往属供应链导向型整合。由于整合涉及内容较多、难度较大，需要一定的时间，风险较大，如果并购前没有较好的整合计划，可能就会失败。联想计划用 3 年完成对 IBM PC 业务的整合，头 18 个月主要针对采购、渠道等环节，管理层起用 IBM 原有人才，文化的整合停留在加强沟通、改用英语为官方语言、跨文化培训等，由于缺乏跨国管理经验和人才，尚不敢进行深层次整合。

在自身的企业文化不处于强势的时候，并不急于去整合被收购方的文化，而是允许并存。这样可降低并购的整合风险，并学习对方文化中的优点，开放的文化可以激励已有的经理队伍和吸引新人加入。

三 并购整合的具体内容

并购整合包括经营业务、管理制度以及人事方面。理论上讲，并购会对企业产生经营管理上的协同效应。所谓协同效应，是指通过收购能使企业生产经营活动效率提高，从而产生收益。这种效应主要表现在生产协同、经营协同、财务协同、人才技术协同等方面。只有通过有效整合才能产生协同效应，提高企业的经营绩效。所以在并购后，企业应当从战略的高度来重视和搞好整合规划。

一是制订一套完善的整合计划。企业应通过组建专门的整合协调中心，按整合计划领导各业务和职能部门的整合工作，确保整合工作的有效性。

二是管理整合。企业并购意味着企业管理模式的变革，根据变化了的内外环境对原有管理模式进行调整和创新，是海外并购后面临的一项长期任务。因此充分吸取双方成功的管理经验，制定新的管理制度，形成新的管理方法乃大势所趋。

三是实现文化融合。不同企业有不同的企业文化，而企业文化的差异会造成彼此间的摩擦，了解本企业与目标企业潜在的文化差异和冲突，结合中国企业的现实状况与海外文化的差异，吸收不同文化底蕴中的精髓部分，通过整合方案的有效实施来创立公司共同的一种新型企业文化。

四是人力资源整合。并购完成之后，马上面临的就是运营，因此留住人才、稳定人才是人力资源整合的首要问题。应加强与员工的沟通，建立信任和适当的激励机制，留住对公司未来发展有关键作用的管理人员、技术人员、熟练工人为我所用。积极制定各项稳定人心的政策，出台一些实质性的激励措施，如员工认股等，充分考虑员工的利益，使员工减轻心理压力适应新的环境，为企业效力。同时，应严格管理考核，淘汰不称职的人员，做一些必要的人事调整。

五是资产的处置。并购重组后，被并购方的资产要与并购方的资产一道，实行一体化经营。这就要求被并购企业的资产现状与并购企业的资产（主要指设备）相协调、相配合，以期产生协同效应。重组并购后，并购双方资产的协调程度与并购前双方的业务范围关联度相关。判断并购双方资产尤其是设备的协调程度如何，主要是看它们之间在用途、性能、功能、科技水平、规格等方面是否一致、是否可替代。在确定的经营目标和发展战略下，被并购方的资产中，只有能为并购后的生产经营过程中的产品生产、技术开发、新产品开发、市场销售、管理方式等提供服务的那部分资产，才可视为适用资产。对适用资产，并购企业进行保留和利用，对不适用资产，则可根据具体情况由并购方降价收购或由被并购方自行处理，促使资源优化配置，减少资源的浪费和闲置。资产处置作为整合过程中的重要环节，必须以效益大于成本为基本条件。在具体的资产处置中，有些资产尽管目前仍具有一定的使用价值，但是如果这些资产技术落后、功能效率低、使用寿命长或者是与并购企业现有的资产设备不相容时，应该立即出售。

六是经营渠道的保护。并购后很容易造成的不利局面就是和被并购企业原有客户关系的恶化。客户是企业的衣食父母，如果它们对企业产品供应的持续性及质量、价格、服务等发生改变和产生怀疑就很可能给竞争者以可乘之机，这样原有客户就有可能被竞争者夺走。因此企业并购后应当立即发函给主要客户，阐明并购后将实施的经营政策，并且努力向客户证明企业的产品和服务将比原来更好。对主要客户还可以考虑提供更优惠的条件，使客户对企业充满信心。

总之，整合的目标是将目标公司完全融入新公司，最大限度地发挥协同效应。具体的整合内容将在以后几章中详细阐述。

第五章　中国企业跨国并购风险分析

　　近年来，在中国企业跨国兼并收购飞速发展的同时，也面临着很多风险，这些风险主要是企业并购中存在的各种不确定因素。从中国企业方面看，这些不确定因素既可能是显性的，也可能是隐性的；既可能存在于企业实施并购活动前，也可能存在于企业实施并购活动过程中，还可能存在于企业并购完成后的经营管理整合过程中。迄今为止，超过2/3的国际并购案以失败而告终。事实证明，并购企业一旦不能迅速适应新的政治、经济、法律和文化环境的特性，无法迅速调整使命战略、领导风格、管理文化，势必会出现水土不服现象，最终摆脱不了失败的命运。

　　这些风险包括国际政治风险、兼并战略风险、法律风险、信息风险、财务风险等。以石油行业为例，根据中国石油和化学工业联合会的统计数据，截至2010年底，我国三大石油公司海外投资的油田及工程项目总计144个，投资金额累计约700亿美元。而中国石油大学2010年的一份研究报告显示，受各种复杂风险因素的影响，我国三大石油公司在海外的亏损项目达到 2/3。另据埃森哲对 2008 年 1 月至 2010 年 6 月间中国企业 120 起海外并购案例进行的统计，并购共计涉及金额超过 6000 亿元。依照国际并购规律，全球范围内超过一半以上的并购案例最终会在漫长的整合期内产生亏损，因此我国企业在未来几年内将可能产生约 3000 亿元的投资成本亏损，风险巨大。本章针对中国企业的特点，着重分析跨国兼并收购中可能出现的风险，并提出对策。

第一节　政治风险

由于社会制度的不同，西方主要发达国家对于中国企业的兼并收购一直持有敌视态度。目前对于国内的大型国有企业来说，跨国兼并收购中，面临的第一风险就是国际政治风险，也可以说是国别风险。这个风险在跨国兼并收购西方发达国家的能源型企业、高科技企业的时候，最为突出。西方发达国家利用"国家安全论"，阻挡中国企业海外扩张的步伐。由国别风险导致失败的例子比比皆是。

一　政治风险概述

政治风险是企业跨国并购风险的一种，它是指由于双方政府行为而可能对跨国并购各环节产生负面影响的不确定性构成了中国企业跨国并购的政治风险。政治风险一般来说是利益集团（或政府）为了达到某种政治手段而采取的行动，因此它区别于一般市场风险，具有更大的不确定性和不可控性。

二　政治风险的表现形式

中国企业跨国并购遭遇的政治风险表现形式主要有以下三种。

一是立法限制。当今，世界各国对跨国并购进行干预的共同特征是并购干预法制化，即通过立法确定并购审查的宗旨、原则、执法机构和执法程序，使政府对跨国并购的干预和审查合法化、透明化。在美国、英国、德国、法国等西方发达国家，都制定了一整套对跨国并购进行审查的法律制度、程序和标准。这些国家通过具体的、灵活的、可操作的方法来保证有效竞争的出现，尽可能避免对并购企业造成不必要的损失，从而提高跨国并购的效率。

二是行业禁止。以美国为例，为了防止关乎国家经济命脉的某些特殊行业被外国公司或者外国政府所掌控，美国政府在一些特殊行业中实施禁止或者限制跨国并购的政策。这些行业囊括航空、通信、海运、原子能、金融等领域。例如，在航空领域，美国法律规定，外国公司对美国航空公司的收购必须要得到美国交通部的审批，外国公司收购美国航空公司股份的比例不得超过25%，且航空公司董事会成员中美国籍的董事比例不得低于2/3。

三是国家安全审查。这也是维护国家安全最主要、最直接的方式。仍以美国为例，相关法律规定一般并购案的审查期限定为30日，若有异议且并购交易方未与外国投资委员会达成协议或涉及外国政府控制的并购案，则必须再进行45日的深度调查，深度调查完成后，总统还有权在15日内进行进一步审查。审查程序的延长和复杂化，无疑会延误跨国并购的良好时机，加大外资并购的交易成本，增加跨国并购的政治风险，延缓外国企业跨国并购的步伐。就国家安全审查范围来说，进一步扩大了审查范围，与美国国家安全相关的核心基础设施、核心技术及能源等领域的并购成为审查的主要内容。同时，还对国有外资企业在美国的并购进行了严格的限制。

三　案例分析

（一）华为收购英国著名电信供应商马可尼公司的失败案例

1. 案例回放

2005 年，华为拟以 12 亿美元收购英国著名电信设备制造商马可尼公司，并发出收购要约。马可尼是英国老牌设备制造商。自 2001 年濒临破产后，该公司一直在缓慢地复苏，其间亏损、裁员负面新闻不断。作为中国最大的电信设备制造商之一的华为，最近两年利用低成本优势进行海外扩张，占领了中东、非洲和东欧等地区发展中国家不少市场。但最后，爱立信公司收购了马可尼公司。

据来自欧洲和美国的消息称，马可尼淘汰中国华为是受美国压力所致。代表马可尼大部分雇员的工会负责人指出，马可尼是美国智能团体的重要供应商。我们相信，国家安全因素导致中国华为出局。智能团体指的是收集、组织和报告关于世界或者国家安全信息的政府、公众机构和私人机构。在美国，智能团体包括中央情报局（CIA）、国家安全局（NSA）和美国联邦调查局（FBI）等。而马可尼一直是美国国防情报局（DIA）的通信设备供应商。

美国相关人士提出，华为在伊拉克设计和搭建的光纤网络已经控制了当时巴格达的空军防护体系。2002 年，印度政府还曾指责过华为，称试图通过提供高科技监控设备支持阿富汗塔利班政府。

2. 案例启示

企业通过跨国兼并收购实现国际化非常正常，但是在实施过程中如何减少风险、扫除障碍也需要不断地学习和体会。如在华为收购马可尼的案例中，华为可充分考虑到目前西方发达国家对此类行业兼并收购的防范心理，可在初期采取合资或者合作的方式，逐步进入，降低收购的国际政治风险。

（二）中海油公司收购优尼科公司的失败案例

1. 案例回放

2005 年初，美国第九大石油公司优尼科经营困难，不得不挂牌出售。中海油公司宣布参与收购优尼科的角逐，发出以现金收购优尼科全部流通股的要约，总价 185 亿美元。由于中海油收购要约价高于竞争对手——美国第二大石油公司雪佛龙竞价约 10 亿美元，对于优尼科的股东来说显然价值更为优越，有希望获得收购成功。但此时，美国国内产生了各种怀疑和反对的声音，认为中海油的收购行为与中国政府密切相关，如果收购成功将影响美国的国家安全。两位共和党议员敦促布什总统运用 1988 年通过的一项联邦法律赋予总统的权利，命令美国外国投资委员会（CIFUS）对中海油可能进行的收购展开彻底调查。随后，41 名美国国会议员又联名要求布什总统终止中海油的收购。

时任 CIFUS 的负责人、美国财政部部长斯诺连续表示，美国政府将从国家安全角度出发，对中海油收购优尼科一案进行审查。与此同时，实力雄厚的雪佛龙也提高了收购价格。中海油面临财务成本上升、收购行为被 CIFUS 否决的风险，被迫选择退出对优尼科的竞逐。

2. 案例启示

这次案例失败最大的原因就是迫于政治压力，也就是国别风险。给我们中国企业的启示是：首先，在"走出去"实施跨国兼并收购之前，要做好国家政治风险评估；其次，要选择最佳兼并时机。大规模的跨国兼并收购都会带来很大的社会影响，中国企业需要采取灵活的政策，逐步在目标企业所在国树立良好的企业形象，在政治压力放松时进行兼并收购。

第二节　战略风险

一　战略风险概述

企业并购的根本价值在于通过并购获得对方的核心资源，增强自身的核心竞争力和持续发展能力，这就要求企业注重战略并购。一个企业要进行扩张，首先需要制定战略规划，有了战略规划就有了选择并购对象的标准。符合战略布局，有利于企业长远发展的，即便其价格不菲，也值得收购；不符合战略布局，只有短利可图的，即便其价格低廉，也不可轻易涉足。特别在跨行业混合并购中，更要对新行业从战略的高度进行宏观、微观审慎地考察，对目标企业的竞争优势、弱点和增长潜力进行客观评估和判断。从目前中国企业跨国兼并收购对象来看，目标主要是同一类型公司的行业内横向兼并，基本没有跨行业收购，因此，这些兼并收购的最终目的是整合目标公司，提高市场占有率。在这种情况下，中国企业在实施兼并收购时所制定的发展战略就至关重要，从增强企业核心竞争力这一战略为出发点选择是否并购目标企业。如果在兼并收购过程中，企业的兼并战略出现了问题，兼并收购后的整合风险就会非常大。

跨国并购的准备阶段是企业并购活动的起点，在该阶段企业面临的战略风险主要表现为并购战略制定不合理或不可行而导致的风险。中国企业跨国并购的战略风险是指由于并购战略制定不当、战略实施不力、战略评价缺陷而导致并购企业损失或并购失败的风险。

二　战略风险的表现形式

中国企业在跨国并购准备的阶段所面临的战略风险，主要表现在并购方向风险、并购规模风险和并购时机风险等方面。其中，并购方向风险又是战略风险的重中之重。

（一）并购方向风险

并购方向风险主要表现在两个方面：一是企业并购方向选择失误，偏离并购企业的核心能力；二是在企业并购方向盲目追求多元化。在这两种情况下都造成企业并购方向不合理，成为导致企业并购失败的主要原因。

并购方向风险典型表现为企业涉足的是其自身根本不熟悉的行业，缺乏必要的生产和管理经验、人才和社会关系，对市场需求的变化缺乏必要的认识，实际上是把资金投入了一个未知的黑洞，因而最直接的后果就是带来了财务危机最终导致企业并购的失败。中国企业要在激烈的国际竞争中生存和发展，必须要以客户为中心、为客户创造价值，而由于企业的资源有限，企业绝不可能在所有领域都能有效地为客户创造价值。因此，只有将资源投入最有利于企业长期生存与发展的领域之中，才能使企业在激烈的市场竞争中获得竞争优势。

显然，在并购方向上选择失误或追求过于宽泛的多元化，必然严重冲击企业的核心业务，干扰企业的正常发展。偏离并购企业核心能力的盲目多元化不仅难以分散风险，反而可能增加并购后的经营风险和整合风险。

（二）并购规模风险

并购规模风险，是指企业在跨国并购过程中不顾企业自身实际情况、盲目求大求全而导致企业预期目标不能实现的风险。企业进行跨国并购在资本扩张过程中存在适度规模问题。适度规模也称为最优规模，根据经济学的一般原理，在技术不变的条件下，规模报酬会随着生产规模的变化而处于不同的变化阶段。通常生产规模较小时，扩大生产规模会导致规模报酬递增；生产规模达到适度规模时，扩大生产规模会导致规模报酬不变；超过适度规模时，扩大生产规模会导致规模报酬递减。在适度规模上，企业获得了扩大规模带来的效率增加的全部好处，又避免了继续扩大规模带来的效率下降所造成的损失。企业并购规模过大，一般情况下会造成企业组织机构错综复杂、管理沟通困难、责权利结合不紧密，以及对市场变化反应迟钝等一系列问题。如何合理安排企业并购的规模，尽可能保持适度规模，以防范并购规模风险，是中国企业在跨国并购中值得关注研究的一项重要课题。

（三）并购时机风险

中国企业在跨国并购过程中把握和选择并购时机具有重要的意义。如果没有抓住有利时机，并购过早或并购过晚，都有可能导致并购成本过高或对市场变化无法适应。需要特别注意的是，在进入新兴产业的并购活动中，正确把握并购时机尤为关键。这是因为在新兴产业技术尚未定型时，如果过早形成低效率的资本集中或在目标企业技术陈旧过时的情况下大量投资，都会造成投资效率降低，极有可能为并购的最终失败留下隐患。

三　战略风险的具体形式

从实际情况来看，一些中国企业在跨国并购准备阶段的战略风险十分突出，在众多方面缺乏战略性考虑。主要表现在以下几方面。

（一）长期并购战略缺失

中国有相当多的企业在进行跨国并购时缺乏明确的战略目标，而明显地表现出强烈的追求短期利益的动机，过多地关注短期财务效应，或以短期内获取生产要素资源为导向，而并非以增强企业竞争力为导向。这种没有明确战略目标的并购思维，难免陷入追逐短期财务目标的泥潭。企业并购的战略风险便由此产生，导致并购之后的重组之路举步维艰，日后在对被并购企业的组织构架、产品结构、企业文化等方面进行整合时困难重重，难以产生实质性的改变。

（二）盲目追求多元化并购

对中国企业而言，降低企业进入新行业的壁垒是企业实施跨国并购的一个重要动因，许多企业寄希望于通过并购进入新行业，实行多元化经营。

然而，遗憾的是，一些中国企业在跨国并购中由于对新行业的技术、设备、管理、市场和销售等方面很不熟悉，与此同时，由于受企业人力、物力和财力的制约，并购非但没有产生预期的经济效益，反而使企业的交易成本、组织成本和代理成本大幅度上升，企业综合经济效益下降，最后只能无功而返甚至一败涂地。盲目追求多元化并购，是企业并购方向选择不合理、并购方向选择失误的突出表现。由于这种并购行为没有基于企业的竞争优势，也没有充分考虑被并购企业的产业状况及其自身的战略关联性，最终根本无法实现预期的并购战略目标。

（三）并购战略缺乏匹配性

中国企业在跨国并购过程中，防范战略风险的一个重要方面就是注重和实现并购双方战略的配合或匹配，即并购战略的匹配性。所谓并购战略的匹配性，是指由于并购双方在并购前的充分准备，通过并购可从市场份额增加或成本节约方面使并购双方的战略相吻合，从而实现收入增加和成本节约的部分叠加，其经济本质和企业股价得到实质性的提升。显而易见，并购双方企业通过并购来创造价值、提高经济效益的前提条件就是并购双方战略的匹配性，即并购双方企业在业务经营方面有一定的互补性、关联性和协同性。

实事求是地来看，中国许多企业尚不存在并购战略的匹配性意识，导致并购战略匹配性差，给企业造成了极大的危害。例如，一些企业的最高决策层没有清晰的并购战略框架，并购并非出于战略需求，而是由于偶然的因素突然对目标企业产生兴趣，出于有机会就抓住的机会主义心理，或是盲目跟风，在毫无准备的情况下就卷入并购浪潮，对目标企业的状况了解甚少。显然，这种并购战略匹配性差的并购，不仅难以发挥协同效应，反而会产生内耗，并购企业将承受巨大的战略风险损失。

四 案例分析

（一）TCL集团收购法国汤姆逊公司的产品策略风险案例

1. 案例回放

2003年11月4日，中国TCL集团和法国汤姆逊公司正式签订协议，重组双方的彩电和DVD业务，组建全球最大的彩电供应商——TCL汤姆逊电子公司，即TTE公司。在这个合资公司中，TCL与法国汤姆逊共同出资4.7亿欧元，其中汤姆逊出资1.551亿欧元持有33%的股份，TCL出资3.149亿欧元占67%的股份，这是我国企业第一次兼并世界500强企业。TCL集团兼并汤姆逊的目的是为规避欧美市场的反倾销和专利费困扰。汤姆逊2003年彩电和DVD等电子业务亏损2.54亿欧元，TCL集团当年的净利润在5.6亿元人民币左右。

但这次并购并没有给TCL带来拓展欧美市场的机遇，反而背上了沉重的包袱。收购汤姆逊后，TCL 集团在 2005 年、2006 年连续两年亏损，戴上了 *ST 的帽子。2007 年 4 月，TTE 欧洲公司申请破产清算。TCL 集团当年才摆脱多年连续亏损，实现扭亏。

2. 案例启示

很多分析都指出文化整合不力是这次 TCL 并购失败的主要原因。但实际上，2013 年初，TCL 集团 CEO 李东生谈及并购汤姆逊的教训时说，"我们并购的时候有一样东西没看准，就是说未来电视会往哪个方向走，究竟是等离子还是液晶电视，当时更多人认为是 PDP 等离子，当时汤姆逊有很强的背投（DLP）技术，我们认为汤姆逊的背投（DLP）更胜等离子，一脑门子扎下去，结果赔了大钱"。当电视行业发展到今天，TCL 集团收购失败原因已经很清楚了。当时 TCL 收购不久，液晶电视立即进入了飞速发展阶段，电视行业就没有经过背投（DLP）的发展阶段，导致 TCL 公司的整体战略安排出现了大问题，也直接导致了 TCL 公司在 2005～2007 年发展出现了问题，直到近年 TCL 公司及时改变发展战略，重新占领市场，经营情况才有所好转。

第三节　法律风险

一　法律风险概述

法律风险是指并购企业在进行海外并购时，因违反海外并购监管法律而导致并购失败的风险。法律风险是中国企业跨国兼并收购具体实施过程中碰到的最大风险。企业并购在市场经济中产生，法制经济是市场经济的本质。对过程较为复杂的海外并购活动，几乎各国都有相关的法律加以规范，但各自的管制重点和方式方法各不相同。各国管制法律的差异，使并购企业在实施并购时面临迥然不同的一套法律体系，从而增加了其具体行为与他国法律制度相冲突的可能性，即增大了法律风险。

以并购项目或目标企业所在地国家（东道国）来审视法律风险因素至关重要。通常，它不仅是司法管辖区的决定因素，更直接决定并购项目可能涉及的法律及相关的政治与文化，尤其是有关保持目标企业的存续、税务、劳动用工和环境保护等相关方面的问题，都受该企业所在地国家法律的管辖。因此，海外并购项目的国别选择，在可行性调查阶段，就应审慎厘定。为了做好海外并购项目的国别选择，政府、行业和企业应全方位地跟踪了解可能的目标企业所在地国家的相关法律环境。要通过跟踪观察主要投资地国家的法律、政策、案例和重大事件，来识别主要投资地国家的法律风险，进而提取国别法律风险因素。如健康、安全、环境保护（HSE）风险因素是矿产资源类和能源类企业的重大风险因素，而各种知识产权风险因素则是高新技术类企业的重大风险因素。

二　法律风险的特点

（一）法律风险中最大的影响就是管辖权因素

各国根据主权原则在规定本国管辖权时，并不能在立法上排除别国与其平等、平行的管辖权，以致发生不少涉外纠纷存在多个国家具有管辖权的情形，造成管辖权冲突。当各国以不同的管辖权根据确定立法管辖权时，形成了各种重叠但内容不同的法律规则，这既为跨国公司规避有关国家法律管制提供了机会，同时又导致了立法管辖权方面的冲突。由于跨国公司纠纷往往关系到国家的重大经济利益，因此很多国家都将跨国公司的某些行为规定为本国专属管辖，排除他国的管辖。由于专属管辖往往体现了国家及其属民的重大利益，各国对此种类型的管辖权行使权力的立场十分坚定。

（二）跨国并购法律风险主要由信息不对称引起

各国为了规范和管制跨国并购行为，都制定了相关的法律法规及其细则。而各个国家对跨国并购管理重点、标准及程序各不相同，甚至相互矛盾冲突。并购企业对于并购企业所在地国家的法律体系、法律制度比较陌生，往往在并购实施后才发现问题，从而承担没有预料到的法律风险。

（三）企业跨国并购涉及的法律范围十分繁杂、烦琐

包括公司法、反垄断法、外国投资法、证券法、技术壁垒法、知识产权法和外汇管制法等。并购方在并购时如果不熟悉上述法律规定，便会造成并购困难或无法并购，即使并购成功也要付出极大成本代价，造成不必要的经济损失。

（四）法律风险不仅体现在并购初期，还体现在并购完成后的经营期

对于跨国并购而言，并购初期的法律风险只占全部法律风险的20%，而并购后整合期间的法律风险却占到全部法律风险的

80%。对于大型跨国并购，尤其对资源能源类并购而言，经营期法律风险更大。企业高层往往只重视并购初期阶段的法律风险，而对并购后的经营整合阶段往往没有充分重视，导致决策失败，从而给企业带来极大的经济损失。

海外并购法律风险对企业来说，自身往往难以掌控，由于对法律制度的陌生，法律风险一旦爆发，很可能会对企业带来相当严重的后果，有时甚至是灾难性的打击和损失。由于并购企业经营行为是一个连续性过程和阶段，如果一个经营行为阶段产生了法律风险，必然导致并购企业接下来一系列的经营活动受到波及和损害，更严重者可能会导致企业经营资金紧张，资金链条断裂，增加了资金压力。

三　东道国法律风险

所谓海外并购的法制环境，是指海外并购的目标公司所在国通过有关立法，所体现的是对并购主体进行并购活动的一般态度，特别是对并购者所期待的利益所给予的影响。法制环境好坏是投资环境中最具有决定性的因素，是海外并购能否进入一国、能否进入一定行业的前提条件，也是海外并购者目前权益和未来权益能否实现的根本保证。东道国具体的法律风险有如下几方面。

（一）反垄断问题

由于反垄断法对外国企业进入当地市场的方式、方法等进行了严格规范，所以对外国企业，特别是那些力图对产品和服务保持控制权的企业，有制约作用。这种情况在美国、欧盟、日本等发达国家尤为常见。美国的司法实践证明，如一家公司通过滥用势力控制市场价格，排挤其他同类产品生产商进入市场或者在一定的范围内使正常的商业竞争不可能，该公司对市场的垄断已经形成，因此也构成了违反《谢尔曼法》第二条的罪行。其中，控制价格的力量、排除竞争者能力以及蓄谋实现垄断的意图是违反该条的要素。东道国和国际社会对海外并购的反竞争效果一直谋求通过国内反垄断法和国际反垄断条约来进行管制，以抑制海外并购的消极因素，引导其促进市场竞争效益的发挥。

1. 实体法规则

确立禁止企业合并的实质性标准。禁止企业合并的实质性标准即确立哪些合并不得实施。由于禁止企业合并关系到了哪些合并行为为东道国所禁止，因此该标准关系到政府对企业合并的态度问题，关系到市场机构和市场绩效。企业合并规则的实质性标准取决于东道国所处的国际竞争环境以及国内的经济状况，虽然该标准处于不断的发展变化之中，但基本是由严格控制转向有利竞争的趋势。各国确定禁止企业合并的实质性标准主要有市场支配地位标准和实质性减少竞争标准。前者是以企业合并后，在市场中的份额是否具有支配地位为标准，以此判断合并行为是否为禁止的标准。这是欧洲大陆国家惯用的标准。后者是以企业合并后，是否产生或可以预见实质性限制竞争后果，以此判断合并行为是否可行的标准。

2. 程序法规则

（1）反垄断法对合并的申报审查程序。事先审查制是目前国际上通行的做法，实施合并企业一旦发现合并行为属于反垄断法规定必须申报审查的范围内，应当在合并协议订立后生效前立即向反垄断专门机构申报。如未经专门机构批准，合并协议不发生效力。

（2）反垄断法对合并的调查程序。引起反垄断调查程序的因素很多，比如被第三人指控，或者是国家的行政指令，或者是反垄断专门机构的主动调查。反垄断调查持续的期限视调查的范围和内容而确定，故各国反垄断法通常不规定反垄断调查的时间。反垄断机构有广泛的调查权限和手段，比如要求信息提供权、场所进入权和扣押收缴权。在反垄断机构实施调查程序时，被调查的经营者、利害关系人或者其他有关单位和个人应当积极配合执法机构，不得对反垄断执法机构的调查加以阻挠和破坏。

东道国实施反垄断法律风险给并购企业带来的影响不可低估。反垄断机构一旦对并购企业展开调查程序，将会耗费并购企业大量的人力、物力和财力，极大损害企业的并购行为乃至今后的正常经营运作，甚至某些国家采取事后申报审查制度，相比事前申报审查制度，此时企业合并行为已经完成。如果此时机构的处理意见是禁止合并，则给企业带来的损失更大，那么企业为合并所做出的努力将付之东流。

（二）东道国外资法对海外并购的管制

1. 并购审批制度

东道国政府在对待除了有可能涉及垄断的并购行为时需要进行审查外，凡是涉及外资并购东道国的国有企业或重要企业时，一般均需履行审批手续。东道国政府依据一定的程序、标准，对并购活动进行鉴定、评价，然后决定是否给予许可。欧美发达国家虽然对外资基本上给予"国民待遇"，但大多数发达国家还是规定有严格的审批制度。

2. 行业限制

各国在外资法中均规定了禁止或者限制外资进入的行业范围。由于海外并购属于外资进入东道国的一种方式，所有禁止或限制外资进入的行业也当然禁止或限制外资并购。由于海外并购比跨国新设企业更容易造成东道国的行业垄断，因此在某些国家外资准入规定中虽允许外国投资者以新设企业的方式投资，却严格禁止或有条件限制外资并购。

3. 外国并购企业的出资比例

如果不是全面收购，那么外国并购企业的出资比例的多少，就涉及外资并购后，原目标企业是属于外资企业还是内资企业，是否能享受东道国相关法律中有关外资企业的规定。可以看出，出资比例问题主要关系到海外并购的少数股权收购和多数股权收购两种类型，实质上涉及外资并购后，目标企业的性质和待遇问题。由于出资比例关系到企业的实际控制权掌握在谁手中，所以各国针对外商投资领域的出资比例均有明确规定。具体立法模式有以下两大类：第一类立法模式是在不同行业中适用统一的比例。第二类立法模式是在不同行业内，适用不同的投资比例。一般来说，对本国越重要的行业，外资所占的比例与其重要性成反比，即限制越低，反之则越高。

东道国的外资法律制度使并购企业不能进入相关行业，即使可以进入相关行业，持股比例也受到严格限制。

（三）劳工风险

各国基本上都会对劳工的最低工资标准、劳动时间、员工的裁减等做出相应的规定。劳工的权益与企业的发展及赢利目标常会发生冲突，若我国企业因追求自身的发展而忽略员工的权益，就可能面临违反劳工法的危险。

（四）知识产权保护

虽然基于知识产权的并购有可能产生惊人的效益，但是也可能给并购公司带来持久的包袱。例如，华立当初收购飞利浦的CDMA 部门时还没有得到飞利浦手中拥有的高通公司授权专利的所有权，而仅仅获得了"唯一使用权"。尽管华立方面这样做可以回避高通公司的专利产品生产许可证的门槛，但是华立和高通之间对 CD－MA 产品没有任何授权协议，包括芯片或者客户端设备。如果华立要开发和销售 CD－MA 芯片和客户端设备，就需要向高通缴纳专利授权费用，之后源源不断输入的研发资金成了华立的沉重包袱。

（五）环保风险

绝大多数的行业，包括制造业和服务业，都或多或少会对环境有一些影响。因此，对目标公司所在国的环境法的违反是并购方潜在的诉讼来源。目标公司关于环境污染方面的责任会直接导致收购方及其利益的受损。

（六）间接征收

征收问题并未随着国际投资自由化进程的加速而退出历史舞台。反而，传统上较少被关注的间接征收问题日益成为东道国、外国投资者乃至资本输出国共同面临的重要风险。在涉及间接征收的情况下，很难在征收和政府规制之间划出清晰和明确的分界线。究其实质，间接征收采取的是政府规制的形式，其效果相当于直接征收，但并非所有后果相当于直接征收的政府规制行为都是间接征收。与此相对应的法律后果是：如果某一政府规制行为被认定为间接征收，则被规制者将可以获得补偿，否则政府无须就其规制行为所带来的不利后果承担补偿责任。

四　案例分析

（一）河南国际在坦桑尼亚违规投标公路项目案例

1. 案例回放

2010 年 4 月，河南国际公司在未获中国驻坦桑尼亚经商处支持函的情况下参加姆万扎 - 姆索马项目投标，并于 7 月中标。2011 年 2 月，该公司再次在未获得商会推荐和中国驻坦桑尼亚经商处支持函的情况下参加另外两条公路项目的投标。河南国际的上述行为引起广大在坦桑尼亚中资承包工程企业的不满，破坏了中国在坦桑尼亚承包工程市场秩序。

（二）中土公司博茨瓦纳负责人涉嫌行贿被捕案例

1. 案例回放

中土公司、青岛建工集团和侨企 WHITACON 公司在联合承建的博茨瓦纳高级中学项目（合同额约 7 亿人民币）中偷工减料，多处建筑墙体未按合同规定埋压强筋，业主发现后提出交涉。为掩盖施工质量问题，中土公司博茨瓦纳公司负责人于 2011 年 6 月向博茨瓦纳基础设施科技部常秘行贿，被博茨瓦纳反贪局和警方当场抓获。此案在博茨瓦纳社会引起轩然大波，成为舆论焦点，对在博茨瓦纳中资企业信誉造成严重冲击，给双边经贸合作带来负面影响。

2. 两个案例启示

近年来，国内基础设施推进速度很快。很多国内承包商通过国内的建设项目发展壮大，并开始跨国承包项目。但是部分企业在国内开展不规范经营的活动，没有形成良好的、规范的商业运作模式，在企业"走出去"之后，违反当地的法律要求开展业务，会对自身经营带来不良影响。

第四节 信息风险

一 信息风险概述

所谓信息风险就是信息不对称风险，指的是中国企业在跨国兼并收购的过程中对收购方的了解与目标公司的股东和管理层相比可能存在严重的不对称等问题给并购带来的不确定因素。由于信息不对称和道德风险的存在，被并购企业很容易为了获得更多利益而向并购方隐瞒对自身不利的信息，甚至杜撰有利的信息。

这其中，信息不对称经常会导致目标企业估价风险。中国企业跨国并购是一项复杂的经济行为，影响成交价格的因素不仅是目标企业的价值，还有诸如并购双方在市场中地位、双方对资产收益的预期、对同一投资机会成本的比较、产权市场的供求状况、对未来经营环境的预期等。目标企业价值是其最终成交价格的理性基础，也是双方谈判的焦点所在，因此价值评估是并购的核心，价值评估的质量直接影响并购的成败。中国国内目前采取的企业价值评估方法与国际标准还有一定差别，在方法和模型选取上还有待改进，例如目前我国企业的资产核算普遍采用净资产法，这与国际的净现金流量法是有差异的。国内上市公司的资产质量差，现金状况不能很好计算，所以只能将净资产法作为一个比较好的选择，而国际评估标准则完全不同。此外，资产评估部门在有限的时间内，不可能对目标企业进行彻底清查，一般只能采取抽样核算方法，都会导致评估结果存在一定的误差。目标公司包括商誉在内的无形资产价值不像物质资产的价值那样可以较容易地用数字来表示，评估起来也很困难。

企业作为一个多种生产要素、多种关系交织构成的综合系统，极具复杂性，并购方很难在相对短的时间内全面了解、逐一辨别真伪。一些并购活动因为事先对被并购对象的盈利状况、资产质量（例如有形资产的可用性、无形资产的真实性、债权的有效性）、或有事项等可能缺乏深入了解，没有发现隐瞒着的债务、诉讼纠纷、资产潜在问题等关键情况，而在实施后落入陷阱，难以自拔。

如香港瑞麦国际收购讯科国际，由于瑞麦国际只知讯科国际有良好的发展前途，对讯科过度投资泰国及马耳他的生产基地，债务负担沉重导致战略性亏损的情况知之甚少，以致做出错误收购讯科的决策。自 1990 年收购后,每况愈下,到 1992 年底,讯科欠款 2.6 亿港元,年利息支出达 0.76 亿港元,净资产为负 540 亿港元,瑞麦国际也深受其累,被迫进行债务重整,出售讯科 3496 的控股权。

二　信息风险的表现形式

企业在做出并购决策之前,应尽可能了解目标企业的详细信息。对目标企业的估价风险主要来源于信息的不完备。具体表现在三个方面。

(一) 信息收集与沟通上的困难

由于目标公司远在异国,并购方对目标公司的企业情况很难准确了解,由于地域所限,市场信息难以收集,可靠性也较差,因此,对并购后该公司在当地销售的潜力和远期利润的估计困难较大。并购企业不能全面准确认识跨国并购的不确定性,也就不能准确评估跨国并购的整体风险。另外,由于缺乏了解和沟通,国外的政客和民众对于并购国的真实情况缺乏了解,从而产生误解和偏见,这一状况使并购方处于极大的不利地位,带来巨大的潜在危险。

(二) 财务报表信息的不完备

目标企业的财务信息主要由目标企业的会计报表来反映,会计报表由基本会计报表、附属报表和报表附注组成,是企业经营发展状况的综合反映,提供了关于企业资产状况、负债状况和经营业绩等方面的基本信息,然而,会计报表反映的信息并不全面，其中隐含风险。

（1）资产隐含的风险。企业并购的标的是资产，资产的所有权归属清晰是交易的前提，资产的实际使用价值是关注的焦点，而会计报表不一定能对此做出充分、合理的反映。在并购过程中，如果过分依赖报表的账面信息，而对资产的数量、资产在法律上是否存在，以及资产在生产经营过程中是否有效不做进一步分析，可能会导致并购后的企业存在大量不良资产，影响企业的有效运作。

（2）负债隐含的风险。在股权并购中，并购后的企业要承担目标企业的原有负债，目标企业并购前的经营活动可能会产生一些纠纷和争议，形成潜伏期的长短不一或有负债。这类信息可以通过会计报表附注和会计账户反映，但难以充分及时地反映，容易形成风险。如退休金、产品服务保证等是否足额计提；对早已到期尚未支付的负债，则应查清债权人法律上的追索问题及额外利息的支付；因过去漏报税负而在未来发生的补税、罚金、利息等应付税负是否全部记账，其他未作记录的或有负债等。

（三）信息不对称带来的人为障碍

按照现代信息经济学理论，在经济生活中，信息是不对称的，获得信息是要支付成本的。在有多个参与人进行的经济活动中，我们通常称拥有私人信息、具有信息优势的参与人为代理人，处于信息劣势的一方为委托人。信息不对称会产生委托－代理问题，使经济中均衡发生一定程度的扭曲，影响市场均衡的状态和经济效益。信息不对称体现在两方面：

①委托人对经济现实中存在的事实缺乏了解，不能完全监督

代理人；

②代理人为了自身利益最大化，存在故意隐瞒事实真相，掩盖真实信息的动机，或是采取机会主义行为，直接偏离委托人的利益，形成道德风险。

一般来说，企业并购中，在掌握信息方面目标企业处于有利地位。因为目标企业对其企业资产负债情况、经营发展情况等了解最清楚，而并购方相对来说则了解得不如目标企业那样清楚。这样双方信息的不对称必然使并购工作增添风险。目标企业会利用自身所处有利地位损害并购方利益以获取不正当的收益。目标企业很容易为了获得更多利益而向并购方隐瞒对自身不利的信息，甚至杜撰有利的信息。如目标企业会有意隐瞒某些重要信息并极为夸大某些长处，以提高成交价格。或是伪造财务报表，使得财务报表中存在各种错误和漏洞，有的目标公司不愿透露某些关键性的商业机密，对很多问题加以隐匿。更有甚者，目标企业与第三者串通一气，制造第三者也参与竞争的假象，以此向并购方要挟，牟取暴利。

另外，目标企业内部也存在信息不对称的问题。由于现代公司治理中的内部人控制，目标企业的经理和管理层的利益与股东的利益不一致，而企业经理掌握更多的企业经营状况和资本运营的信息，占有信息优势，为了自身的利益，可能隐瞒企业的真实信息。由于信息不对称，目标企业的管理当局和它的财务报表使用之间存在固有的潜在矛盾，管理当局有使财务报表提供的信息带有倾向性的动因，在信息不完全和披露不充分的情况下，内部交易以及以法人面目出现的、有利于某些自然人的交易就会比较普遍，不仅使市场机制功能低下，也会使交易更加不公正，流通市场上的公正交易成本更大，在这种情况下，二级市场的股价变动不能反映企业的真实市场价值，即使并购能够通过这种市场交易进行，它也不是一种有效的资源配置，从而给并购企业带来巨大风险。

由于上述信息不对称，在并购过程中，我方企业需要借助并购中介组织的力量。这些中介组织拥有获取各种并购相关信息的渠道，善于使用多种并购评估工具，熟悉国际并购交易准则和他国经营环境，具有高超的沟通能力和技巧，在并购后整合方面经验丰富。对于我方企业来说，在努力培养海外并购所需人才的同时，积极寻求国际中介机构的帮助，借助熟悉这一业务的相关机构和专业人士的力量，一定程度上能降低并购过程中的各种风险。具体来说，企业可以请管理咨询公司评价并购行为的战略适应性，选择适宜的未来战略发展思路，确定并购后的重组方案等；聘请投资顾问公司调查被并购企业的经营状况，评估并购报价、并购过程中的各种费用支出和潜在的财务风险，参与并购交易谈判过程等。

一般来说，对目标企业估价包含两个核心环节，即审计目标企业的经营业绩与流动资产，评估目标企业的固定资产与企业商誉。虽然引入审计与评估机构有助于并购企业收集到全面的较为真实的信息，但这又会产生新的信息不对称问题。就财务审计来说，审计师和目标企业之间以及审计师与委托企业之间都存在信息不对称的问题。由于道德风险的存在，目标企业拥有的信息多，审计人员掌握的信息少，特别是目标企业经理人员的舞弊行为，具有隐蔽性，从而导致审计结果与实际不符，产生审计与评估风险。也就是说，审计与评估风险是审计师、目标企业管理当局、并购委托企业三方博弈的结果。

三　案例分析——中钢集团收购澳中西部公司

1. 案例回放

近年来,中钢集团基于发展的"战略"需要,迅速扩大海外投资规模。2009 年,中钢集团以 14 亿美元的较高价格收购澳中西部公司,较为快速地完成了中国第一起敌意收购案例。但是,由于中钢集团没有在事先掌握了解足够的目标公司信息,收购完成后发现,该项目中磁铁矿选矿技术难度大、运输赤铁矿石的港口和铁路基础设施开建遥遥无期,建设主动权掌握在其他企业手中,且预计需要资金高达 52 亿澳元,该矿原计划年产铁矿石 3000 万吨以上,但直到 2010 年这一项目的年产量仍不足 100 万吨,最后导致中钢该项目的勘探工作不得不于 2011 年 6 月基本停滞,裁减员工、关闭办事处。仅在此项目的前期勘探阶段,中钢的当期亏损已高达 9281 万元,已经成为失败的投资。

2. 案例启示

这个案例是近年来中国企业跨国兼并收购失败中比较有代表性的。失败的主要原因就是因为在实施收购前没有掌握了解到准确的目标公司信息,由信息不对称风险导致了最后的失败。中钢集团在跨国收购和海外投资步伐方面走得太快,超过了自身的管理能力和对公司的把控能力。同时,在具体收购实施中,对目标公司没有进行深入的调查和了解,决策草率,导致了收购失败。最终也造成了中钢集团近年来经营困难,目前正在考虑重组。

第五节　财务风险

一　财务风险概述

财务风险是指由于并购定价、融资、支付等各项财务决策所引起的企业财务状况恶化或财务成果损失的不确定性，是并购价值预期与价值实现严重负偏离而导致的企业财务困境和财务危机，是各种并购风险在价值量上的综合反映，是贯穿企业并购全过程的不确定性因素对预期价值产生的负面作用和影响，是企业并购成功与否的重要影响因素。

中国企业跨国兼并收购活动均需要巨额的资金支持，企业很难完全利用自有资金来完成并购过程。企业并购后及时形成足够的现金流入以偿还借入资金以及满足并购后企业进行一系列的整合工作对资金的需求是至关重要的，否则就将形成财务风险。具体来说，财务风险主要来自几个方面：筹资方式的不确定性、多样性，筹资成本的高增长性、外汇汇率的多变性等。在实际兼并收购中，应用最多的是现金支付和股票支付方式。对于跨国公司来说，兼并收购主要以股票支付方式，但是对于中国企业来说，用得最多的是现金支付，因此，融资所带来的风险不容忽视。

二　财务风险的原因分析

目前来看，中国企业跨国并购中出现的财务风险，主要源自四个层面。一是参与交易金额过分庞大的并购。一些规模较大的跨国并购项目，经常需要动用数亿、数十亿美元，甚至上百亿美元的资金投入。许多中国企业资金实力有限，不得不大举借债，因此背上沉重的债务负担。二是未能充分考虑并购中需要承担的额外债务。这些跨国并购属于"承债式"，即并购方需要承担被并购方的全部或者部分债务。交易时，并购方常常只关注需要支付的现金，未能充分考虑未来的偿债压力。交易完成后，这些债务逐步转化为企业的负担。三是未能充分考虑并购过程中需要发生的其他费用开支。并购中，除了向出让方支付并购金、承担必要的债务之外，并购方还需要承担许多隐性开支，如中介机构咨询服务费、被并购企业员工养老金、富余人员遣散与安置费等。在并购发达国家企业时，这些方面常常需要投入大量资金。四是未能充分考虑并购交易完成后业务不佳与发展所需的资金投入。并购的目的是为了使整个企业获得更大的发展。交易完成后，并购方不仅需要投入资金整合双方的业务，而且需要为推动双方业务的共同发展追加投资。

并购的融资风险主要是指能否按时足额地筹集到资金，使并购顺利进行，资本能正常运营。企业跨国并购需要大量的资金，如何利用企业内部和外部的资金渠道在短期内筹集到所需的资金关系到并购活动能否成功。资本结构的不合理，流动负债过多，以流动负债去支持长期投资，以致短期内产生偿债的紧迫性，一旦现金流量不足和融资市场利率变动，将导致企业发生偿付困难。如果企业进行内部融资，由于将资金用于并购而无法用于其他方面的投资，会产生机会成本的风险。从现有的中国企业跨国并购案例来看，对于大型的跨国并购，并购企业的自有资金一般难以满足并购所需资金的需要，需要通过外部融资，这又会产生外部融资的风险。外部融资的方式通常有股权融资与债券融资两种，它们给企业带来的风险是不同的，主要表现在以下几个方面。

对于股权融资，其资金来源是稳定的，可以长期使用，不用支付利息，没有到期还债的压力，这是其有利的一面，但也有不利的地方。首先，发行股票会改变原有的股权结构，稀释并购方原有股东的股权，降低了其对公司的控制力，甚至有可能使得原有股东失去对企业的控制权。其次，股份总数增加之后，会导致每股盈利下降，引起股价下跌，并购方再利用股票来融资的能力就会受到限制。此外，股票发行手续烦琐，需要通过证监会的批准，也可能存在得不到批准的风险。

对于债券融资，其优点在于不会改变并购企业的股权结构。缺点主要表现在：首先，需要按期支付本金和利息，这会给并购企业产生还款的财务压力，可能会使企业陷入到期无法还款的财务危机。由于在资本结构中债务占了极大的比重，较高的贷款利率使得收购方的偿债压力沉重，如果收购者经营不善，很有可能被债务压垮。例如20世纪80年代，加拿大坎波公司在竞购美国3家大型百货公司时以86亿元成交，在收购借贷过程中，除了向一级银行借款外，还发行了大量年利率高达15%的垃圾债券。然而由于举债过多，在收购后不到两年，公司发生严重的财务危机，仅利息支付就超出营业利润，最终宣告破产。其次，大量利息和本金的偿还会降低税后利润，会在一段时期内降低并购企业的市场表现能力，也会使部分投资者抛售公司股票。此外，也有可能因得不到银行的批准从而及时得到贷款，即使能获得贷款，贷款银行也可能与其签订约束企业行为的协议，这会在一定程度上限制并购双方的经营活动，甚至当并购企业发现存在无法规避的并购风险的时候，想要抽身退出目标企业而无法退出，使其陷入并购的泥潭而遭受更大的损失。

三　财务风险的表现形式

财务风险存在于并购前的准备阶段、并购实施阶段和并购完成后的整合阶段三个阶段，主要内容有以下几方面。

（一）并购前的准备阶段的财务风险

并购前的准备阶段主要是在确定目标企业后，以持续经营的观点合理地估算目标企业的价值。目标企业的估值定价是并购交易的精髓，每一次成功并购的关键就在于找到了恰当的交易价格。寻找成交价格，对买卖双方来说都是极富创造性而又耗时费神的过程。因此，对目标企业进行估值定价，既是一门科学，又是一门艺术。所以，并购前的准备阶段的财务风险主要是目标企业价值评估风险。所谓目标企业价值评估风险是指在并购过程中，由于对目标企业价值的评估而导致并购企业财务状况出现损失的可能性。具体地说，如果在并购中付出太高的价格，就会影响并购方未来的收益，甚至会使企业日后背上沉重的成本负担，进而给企业在债务、经营成本以及利润方面带来很大的压力，这就产生了并购企业的估价风险。目标企业的价值评估是并购交易的精髓，目标企业的估价取决于并购企业对目标企业未来收益的大小和时间预期，导致目标企业价值评估风险的因素主要包括以下几项。

第一，财务报表风险。财务报表是企业价值评估的重要依据，并购企业正是以目标企业财务报表反映的信息为基础来获得目标企业的经营状况。如果目标企业的财务报表本身不够真实或者经过粉饰美化，那么根据这样的数据计算出来的目标企业的价值就没有多大的参考价值。

第二，利润预测风险。目标企业以前年度的财务数据对了解该企业经营状况有很重要的借鉴作用，但是，并购企业真正关注的是目标企业的未来收益能力，并以此为主来对目标企业进行价值评估。一旦并购企业过高估计目标企业的发展前景、赢利能力，就会产生付价过高的风险，从而使企业蒙受损失。

第三，贴现系数风险。通过预测企业未来价值增值的方法来评估企业价值，贴现率的估计就是一个关键的问题，而这种估计由于存在很强的主观性，往往会造成结果的不正确。

（二）并购实施阶段的财务风险

中国企业跨国并购实施阶段的风险主要有融资风险、谈判风险、外汇风险、支付风险和偿债风险。

跨国并购的融资风险主要是指并购企业能否按时足额地筹集到资金保证并购的顺利进行。如何利用企业内部和外部的资金渠道，在短期内筹集到所需的资金是关系到并购活动能否成功的关键。融资风险是由许多种要素组成的综合系统，从风险评估的角度来讲，主要有以下几类。

第一，资本结构合理性风险。资本结构是指企业全部资本中各种资本的构成及其比例关系，企业资本结构是否合理是影响融资风险的一个主要因素，对企业的资本成本和预期收益有直接影响。

第二，融资成本风险。融资规模不同将导致融资总额不同，从而使融资成本失去可比性，企业应尽量选择使企业资本成本最低、企业价值最大的融资方案。

第三，财务杠杆比率风险。在融资过程中，往往要同时安排自有资金和借入资金，二者比例不同，所带来的风险程度也不尽相同。

跨国并购的谈判风险。在企业并购中，买卖双方最关心的交易价格问题一般在谈判中得到解决。由于成交价格的高低牵涉到各方的切身利益，谈判双方必定会有一场激烈的讨价还价。成交价格的确在很大程度上取决于双方在谈判中的力量，而影响双方力量的主要因素是：第一，谈判技巧。谈判技巧在并购中起着很大作用。如果并购方不精于谈判，态度生硬，灵活性不足，可能导致谈判陷入僵局甚至破裂，或者使谈判过程旷日持久。谈判时间持续过长，如果外部环境有了变化，提高了目标企业在谈判中的地位，既增加了谈判的难度，也使并购方增加了不必要的损失。第二，谈判信息的掌握。一般来说，企业并购中，在掌握信息方面目标企业处于有利地位。因为目标企业对其企业资产负债情况、经营发展情况等了解最清楚，而并购方优势企业相对来说则了解得不如目标企业那样清楚。这样双方信息的不对称必然使并购工作增添风险，目标企业会利用自身所处有利地位损害并购方利益以获取不正当的收益。如目标企业会有意隐瞒某些重要信息并极为夸大某些长处，以提高成交价格。更有甚者，目标企业与第三者串通一气，制造第三者也参与竞争的假象，以此向并购方要挟，牟取暴利，所以谈判进行中，优势企业对真实信息的掌握情况很大程度上决定了谈判以至整个并购的成败。

跨国并购的外汇风险。跨国并购是到异国进行企业的局部或全部并购，并购方式主要有以现金购买资产，以现金购买股票，以股票购买资产等，由于涉及两种或两种以上货币的利率和汇率的问题，当国际汇率发生波动时，目标公司的股票、债券的价值也就发生波动，浮动汇率往往会给跨国公司经营增添附加成本，本国货币与外国货币的相对强弱会影响并购方所支付的有效价格，影响被兼并企业的生产成本以及母公司的利润。同时，由于未预期到的汇率变动对合并后的企业未来销售收入、价格、成本等产生的影响，使公司在未来发展过程中存在收入或支出发生变动的风险。由于公司对中长期的现金流量或汇率变化的预测能力是有限的，因此跨国并购后的所有公司都会直接或间接地面临着外汇风险。

跨国并购的支付方式风险。支付方式选择是并购活动的重要环节，企业应充分考虑交易双方资本结构，结合并购动机选择合理的支付方式。中国企业跨国并购的支付方式主要有三种：现金收购、股票收购、混合支付。支付方式选择风险主要来源于企业未来的资金结构问题。管理支付方式选择风险目的在于降低支付成本，同时防范企业未来资金的流动性风险。

跨国并购的偿债风险。企业并购时需要大量资金，要用收购后新企业未来的现金流量来偿还，可是由于新企业的未来现金流量具有不确定性，新企业很可能会因为缺乏足够的资金还债，继而资本结构恶化，负债比例过高而破产倒闭，这就是跨国并购的偿债风险。对偿债风险进行分析，对优势企业而言有其特殊的含义。影响优势企业偿债风险的因素主要有两个：第一，短期偿债风险。短期偿债风险是企业难以偿还流动负债。其主要影响因素有流动比率、速动比率、现金比率和现金流量比率。流动比率是流动资产与流动负债的比率，它表明企业每一元负债有多少流动资产作为偿还保证，反映企业可在短期内转变为现金的流动资产偿还到期流动负债的能力；一般情况下，流动比率越高，企业短期偿债能力越强，债权人的权益越能得到保证。速动比率是企业速动资产与流动负债的比率，所谓速动资产，是流动资产减去变现能力较差且不稳定的存货、待摊费用、待处理流动资产净损失等后的余额；速动比率较流动比率能够更加充分、可靠地评价企业资产的流动性及其短期偿债能力。现金比率是企业现金类资产与流动负债的比率，现金类资产包括企业所拥有的货币性的资金和持有的有价证券（即资产负债表中的短期投资），它是速动资产扣除应收账款后的余额；这一指标能反映企业直接偿还流动负债的能力。现金流量比率是指公司一定期间的经营现金净流量对一定时点（通常为期末）的流动负债的比率；该比率是从动态现金支付能力的角度说明公司的短期偿债能力；其指标值越高，表明公司的短期偿债能力越强。但该比率值也并非越高越好，因为比率值过高，可能表明公司流动资金的利用不充分，影响收益能力。因此，对该比率的评价应结合公司的现金流转效率与效益分析。第二，长期偿债风险。长期偿债风险是企业难以偿还长期债务，导致企业财务不安全和经营不稳定的风险。其影响因素主要有：资产负债率、产权比率、已获利息倍数和现金偿债比率。资产负债率反映了企业资产总额中债权人所提供的资金所占比重。通常，这一比率越低，表明企业长期偿债能力越强。但是不同的分析主体，对负债比率这一财务指标的高低认识有所差异。产权比率是指企业负债总额与所有者权益的比率，反映了企业债务资本与权益资本的相对关系，以及企业所有者权益对长期债权人权益的保障程度。产权比率高，是高风险、高报酬的财务结构；产权比率低，是低风险、低报酬的财务结构。产权比率和资产负债率从不同的角度表明企业长期偿债能力的保障程度。已获利息倍数又称利息保障倍数，是指企业生产经营所获得的息税前利润与利息费用的比率，主要用来衡量企业偿还负债利息的能力，反映企业经营收益为所支付债务利息的比率。现金偿债比率反映了企业现金净流量偿还长期债务的能力。

整合阶段的财务风险是指由于对目标企业和新企业的实际经营存在主观估计的问题，不可避免地会产生实际上达不到预期赢利目标，而导致了错误的判断从而产生了绩效预测风险。在整合期间，财务风险的形成是各种因素综合作用的结果。根据其表现形式可分为：第一，企业财务组织机制风险。并购企业财务组织机制风险是指并购企业在整合期内财务系统不匹配，相关的企业财务机构设置、财务职能、财务管理制度、财务组织更新、财务协力效应等因素的影响，使并购企业实现的财务收益与预期的财务收益发生背离，因而有遭受损失的机会和可能性。第二，资本运营风险。并购完成后企业在进行资产经营的过程中，要对企业的资产、成本、财务运作、负债、赢利等财务职能按照协同效益最大化的原则实施财务整合和科学监控，以实现企业并购的目的。但由于宏观环境和具体环境的不可确定性，企业内部财务行为的管理失误和财务过程的管理波动综合作用而使企业并购后未能实现预期的并购目的，会导致财务风险和财务危机。第三，赢利能力风险。实施并购后企业资本是否能实现保值增值、能否带来预期的投资回报是并购企业最为关心的问题。企业并购后的赢利能力风险，不仅关系到企业的持续生存问题，同时也关系到管理者和其他股东的未来收益与债权人长期债权的风险程度。

为了避免财务风险，中国企业在实施跨国兼并收购时，要严格制定并购资金需求量及支出预算。在实施并购前对并购各环节的资金需求量进行认真核算，并据此做好资金预算。以预算为依据，企业应根据并购资金的支出时间，制定出并购资金支出程序和支出数量，并据此做出并购资金支出预算。这样可以保证企业进行并购活动所需资金的有效供给。此外，要主动与债权人达成偿还债务协议。为了防止陷入不能按时支付债务资金的困境，企业对已经资不抵债的企业实施并购时必须考虑被并购企业债权人的利益，与债权人取得一致的意见时方可并购。要逐步开展采用减少资金支出的灵活并购方法，如国际上通行的股票支付方式。

第六节　反并购风险

一　反并购风险概述

我国企业跨国并购是国内企业以某种条件取得国外企业部分或全部产权，以取得其控制权的行为。企业并购涉及方方面面的利益，现存体制与利益格局面临着企业并购的冲击，因此，企业并购必然受到这些因素的制约。在通常情况下，目标公司内部对并购行为持不欢迎或不合作的态度，因为目标企业多为劣势企业，若并购成功，目标企业的管理者及相关人员的既得利益将会受到威胁。所以，企业并购往往会受到被并购方的抵制，尤其在强行并购时，更会激起目标企业内部成员的强烈反对，甚至会动员一切力量，采取一系列反并购措施进行防御和反抗。此外，目标企业的价值被低估，或者对我国企业的经营能力有怀疑，对并购企业的管理方式不太认同等因素的存在，也可能使目标企业通过各种手段采取反并购策略。反并购的方法和手段是多种多样的，从原则上来说，就是要使目标公司对并购方缺乏吸引力、难以接管，从而达到阻止并购的目的。具体包括资产和所有权的重组、股份回购、修改公司章程（增加反接管条款）等。这些防御措施不外乎有两种结果，一是并购企业放弃并购，这对并购方来说无疑是失败的，前期的投入将化为泡影；二是并购方仍然实施并购，但处于不利的交易条件，反并购不仅使并购方的收购成本大大增加，还加大了企业并购后的整合难度，很可能导致并购的最终失败。这些反收购手段无疑会对并购方构成相当大的风险。要保证并购成功，在制定并购策略时，应将反收购风险作为一重要因素加以考虑，并采取有效的对策防范反并购风险，使并购能顺利实现。

二　主要反并购措施

反并购是指目标企业管理层为了防止企业所有权或经营控制权转移而采取的旨在预防或挫败并购者并购本企业的行为，也称为反并购中的防御行为。目标企业对并购行为可采取的反并购措施种类繁多，归纳起来，反并购措施给并购企业带来的法律风险主要体现在以下几个方面。

其一，目标企业通过"毒药丸"计划、出售"皇冠上的明珠"计划、"焦土"计划等措施或将经营好的子企业卖掉，使得并购者的意图无法实现，或大量购置与经营无关的资产，使企业资产质量下降，或者大大提高公司的负债，使目标企业在并购后立即出现巨额现金支出，破坏企业并购后的资金平衡。

其二，目标企业通过如股份回购、"帕克曼"战略等措施，人为操纵提高目标企业的股价，以此提高并购成本，使并购企业必须支付更多价款，才能获得目标企业的控股权。

其三，目标企业通过"金色降落伞"策略针对目标企业员工缔结进退同盟，加大目标企业的并购成本或增加目标企业现金支出。

其四，目标企业通过寻找"白衣骑士"的措施，寻求与其有密切关系的友好并购竞争者的帮助，向其发出更优惠的价格，使其共同参与并购目标企业，从而给并购企业被迫与预料之外的其他企业进行并购竞争，提高并购的难度。

理论界围绕反并购的措施是否合法争论不断，各国法律对目标企业的反并购行为态度差别也很大。

三　各国对目标企业的反并购行为的限制

1. 以美国为代表的宽松立法

1968 年以前，美国只有少量的制定法和普通法来规范企业并购行为。直到 1972 年，只有一个关于反并购的判例。之后随着企业并购能力的增强，企业并购行为开始逐渐增加。1968 年，美国颁布了《威廉姆斯法案》，明确了目标企业为反对敌意并购行为，可以通过修改章程和章程细则来增加驱鲨剂条款。20 世纪 80 年代中期，针对日益成熟且方式繁多的敌意并购，毒丸应运而生。在 Household 企业的反并购案中，法院以判决的形式确认了企业董事会设置"毒丸"计划的合法性。美国反并购立法有联邦法和州法两个层次。联邦法主要是威廉姆斯法，州法包括制定法和判例法。相比对反并购的态度保持中立的联邦立法，州的反并购立法通常是倾向支持管理层，即阻止敌意并购。

2. 以英国为代表的严格立法

英国对目标企业反并购的规制，主要是由《伦敦城并购与合并守则》（以下简称《守则》）来进行规范。英国传统理论认为企业的真正所有者是目标企业股东，股东应该有权决定该企业的最终命运。因此，《守则》将反并购的决定权交给了目标企业股东，而对企业董事施加了严格的责任，不论董事会出于何种目的或理由（比如说追求股东的最大利益），只要未经股东大会批准，目标企业经营者就不能擅自采取反并购行动。

3. 欧盟

1996 年 2 月 7 日，欧洲委员会提交了《欧洲议会与理事会关于收购要约的公司法第 13 号指令草案》（以下简称《指令》），《指令》第 9 条明确禁止目标企业董事采取反并购行为。从目标企业接到要约并购信息开始，直到要约无效或要约结果公布前，受要约企业董事会未经股东会授权，除了选择竞争要约外，不得实施任何导致要约受挫的行为，特别是不得以发行新股的方式对要约人取得目标企业控制权造成持久性障碍。

第七节　文化整合风险

一　文化整合风险概述

文化整合是指将两不同背景及文化的企业有效融合在一起，形成新的统一的企业文化和共同愿景。文化的整合过程，不是简单地将一种文化代替另一种文化，而是需并购双方都做出一部分的妥协与让步，摒弃自身文化的缺点，吸取对方文化的优势部分，形成更优秀更利于新企业发展的文化。企业文化整合是跨国兼并收购后整合工作的重点，是保证各项整合顺利实施的关键。企业兼并收购后的企业文化存在的不适应性、摩擦，甚至是冲突，严重的文化整合风险会影响被收购企业的正常经营和生产活动。

二 文化整合风险的表现形式

企业并购实践表明，企业之间的文化整合风险主要有以下形式。从个体层面上看，整合涉及的员工都会成为企业文化冲突的受害者以及表现者，首先受到影响的主要是被并购企业的管理层或者双方管理层。并购结果之一就是将并购双方的管理层联系在一起，而两者的管理风格可能相似也可能有很大差异。一般来说，并购业往往会将自己的风格和文化强加于对方。这样，就可能会导致被并购企业管理者和员工的"身份缺失"，使员工与企业之间原有的"心理契约"失衡，从而引起员工对未来预期不确定，工作稳定感消失，产生不信任，协作困难，沟通不畅，使整合陷入停顿状态，导致生产率和经营业绩下降。从企业组织层面上看，每个企业都有自己的管理风格、沟通艺术、领导行为以及在此基础上形成的管理制度、组织框架、流程和惯例。大的公司一般用制度来管理，小的公司用经验来管理，由个人统治的公司被一个大型的高度多样化的企业收购时，员工会有失落感。同样，管理松散的公司，一旦被一个官僚性的、结构严谨的公司并购，也会有一个痛苦的调整过程。

由于当前的国际市场基本由美欧和日本等发达国家企业所占

领，中国企业在国际市场经营成功的案例还比较少见，国际知名品牌更是寥寥无几。同时再加上西方国家对中国的不符合事实的宣传，中国企业进入国际市场时间比较晚，国际市场的认同感低，被并购企业所在国的员工、媒体、投资者甚至是工会仍然对中国企业持一种怀疑的态度且有一定的偏见。低价格的产品和低效率的企业往往还是中国企业在发达国家眼中的形象。在这样的印象下，被并购企业普通员工担心自己的就业，管理人员担心自己的职位，投资者担心自己的回报。由于他们普遍对中国企业文化的认同度低，同时由于这些被并购企业具有悠久的历史和十分成熟的企业环境，他们往往会对自身文化的认同度高，在这种情况下，如果中国企业将自身的文化强加给被并购企业，其结果往往是处于"独立"的各持己见状态。上述原因加深了跨国并购后的企业文化整合难度，会使双方在业务及组织上的整合都受到阻碍，就会出现文化整合风险。

企业文化与民族文化的差异会给跨国并购带来文化整合的风险。我国企业并购海外企业，首先就是面临着如何协调和融合东西方企业文化的问题。一般来说，国内企业与海外成熟企业之间存在巨大的企业文化鸿沟，如何吸收西方企业文化的积极方面，保留本土企业的文化优势，成为考验我国海外并购企业家智慧和能力的难题。企业文化是一个企业"各种价值观、传统、信念和优先选择的个性化组合"（Pritchett，1997），是企业在长期生产经营实践中形成的具有本企业特色的价值体系，是引领企业员工为企业发展奋斗最深沉、最稳定的文化现象。它包括企业成员共同认可的价值观、行为准则和信仰等意识形态，具有民族性、时代性和独特性。传统文化长期地影响着企业员工的思维、行动方式，来自不同企业文化背景下的两家企业都秉承自己所习惯的工作习性、思维方式，如果不能及时了解和认同对方的文化环境与行动方式，就可能对来自对方的信息做出错误的分析和判断，产生误解和冲突。国外企业员工内心都有一种民族优越感，对外来的企业产生本能的心理上的防范和抵抗。在并购的整合期，一旦并购整合对目标企业的文化产生威胁，就会引起目标企业的强烈反应，它们会保护自己的文化，排斥外来文化，抵制并购方采取的各种整合措施，从而导致双方在整合中的文化冲突，阻碍企业的并购整合活动。例如，2003 年联想集团外聘员工的集体辞职案，主要原因就是他们难以接受联想对员工外出工作时间的严格监控，每天早晨上班时必须做广播体操等企业文化。

三　文化整合风险的原因分析

（一）我国企业跨国并购历史较短，文化整合经验尚浅

我国企业的并购活动从 20 世纪 80 年代才开始起步，而西方发达国家已经经历了五次并购浪潮，因此无论是并购前的融资还是并购后的整合，我国企业的实践经验远少于西方企业。虽然近几年我国企业跨国并购的案例数量和已披露的金额都呈放量上涨趋势，但投资规模与并购经验同国外跨国公司相比，还不可同日而语。我国企业跨国并购的文化整合还属于探索阶段，相关理论研究及实证分析还比较缺乏。

（二）我国企业的文化建设还不完善

我国企业文化建设起步较晚，还存在许多有待完善的地方。

有的企业文化建设只是流于形式，形同口号，而未落到实处，员工没有真正理解企业文化的深刻内涵，企业文化也不能真正发挥其向心力与凝聚力，促使企业与员工的同步发展。有的企业文化建设只是为了追求短期利益最大化，极具功利色彩，缺乏人文关怀和战略高度，离全球化的企业文化标准相去甚远。因此在实施跨国并购时，我国很多企业现有的文化不被目标企业员工理解与支持，从而影响文化整合的顺利开展。

（三）我国企业品牌影响力不足

我国企业大多实行低成本战略，以低价格高市场占有率为企业发展的基石。不可否认，价格确实为部分企业的发展提供了基础，但是低廉的价格往往也同劣质的产品形象联系在一起。我国的许多企业在世界的美誉度不高，品牌竞争能力不足，而并购目标企业大多都是欧美的知名企业，许多被并购企业担心被中国企业并购后会有损其产品质量和品牌形象，因而使得并购困难程度相较于有优势品牌的竞争对手大得多。而且在并购成功后，文化的整合工作也面临着重重困难，因为被并购企业有着更高的品牌价值，因此，中国企业难以占据文化整合的主导地位。如果中国企业要想寻求全球发展之路，必须要摒弃劣质品牌的形象，注重产品的研发和质量，提高品牌美誉度。

（四）我国企业跨文化管理能力较低

我国大多数企业刚刚开始实施国际化战略，跨国经营管理水平欠缺、整合经验与能力不足、国际化人才匮乏，都是导致我国企业跨文化管理能力较低的原因。因此，在实施跨国并购文化整合时，中国企业应该聘请有着跨文化管理经验的国际化人才，可以是东道国或是被并购企业本身的人才，来实施新企业的跨文化管理工作，完善现有的经营管理制度，提高跨国管理水平。同时，企业应该积极培养具备全球化战略眼光、又了解中国国情和企业情况的本国人才，有意识地让他们参与到跨国管理中来，通过学习与培养，提升其跨文化管理能力，为企业今后的全球化发展储备人力资源。

四　文化整合中的主要问题

（一）跨国并购前，缺乏对企业文化的评估

我国企业在跨国并购前，往往都是比较重视物质化的东西，不重视被并购企业文化的存在作用，对并购企业的文化了解甚少，因此在并购前就会缺乏对被并购企业文化的评估和分析。这样会导致在并购整合过程中出现很多问题，比如管理者无法判断跨国并购决策是否正确，从而使跨国并购方案在实施的过程中障碍重重，而无法完成并购双方企业之间的融合，最后跨国并购方案也不得不以失败告终。而正确的文化兼容性调查，可以起到事先预警的作用，能避免无序的跨国并购，降低跨国并购的成本和风险。

（二）没有关注双方企业文化差异

企业跨国并购要面对国家文化和企业文化的双重差异，并购双方对彼此文化的认同和接受程度就成为文化整合的关键因素。

在中国企业进行海外扩张的过程中，被并购企业所在国的员工、媒体、投资者甚至工会仍然对中国企业持一种怀疑的态度。在海外，中国企业给人的印象往往是产品价格低且效率低下。在这样的印象下，被并购企业的普通员工担心自己的就业，管理人员担心自己的职位，投资者担心自己的回报。事实上，进行跨国并购的中国企业往往是国内业界的佼佼者，它们在过去的经营中取得了显著的成绩并形成了相对稳定的企业文化，其高层管理人员通常把自己定位为民族文化的精英，这种定位决定了他们对于民族文化非常执着，从而不愿意在文化整合中做出任何有损于民族文化的决策，同时很容易倾向于将过去在国内经营成功所采取的管理模式运用到被并购企业中去。而被并购的国外企业通常具有悠久的历史和成熟的企业环境，它们对自身文化的认同度高，具有较强的文化优越感，同时普遍对中国企业文化的认同度低。在这种情况下，如果中国企业将自身的文化强加给被并购企业，冲突势必发生，其结果往往是处于各持己见状态，从而双方在业务及组织上的整合都受到阻碍，并使并购举步维艰。

（三）跨国并购时忽视或没有进行有效的文化整合

文化整合是并购成功的关键，对跨国并购来说更是如此，因为跨国并购所涉及的不仅是企业文化之间的整合，而且还包括民族文化之间的整合问题。但是并购倡导者往往把精力过多地放在达成协议上，而忽视了文化的力量。具体包括在并购之前没有考虑对并购双方的文化进行评估，决策时也没有将民族文化、组织文化作为一个决策影响因素，并购整合阶段没有制定详细的文化整合方案。另外，尽管组织已经意识到文化整合的重要性，但是并没有制定有效的文化整合策略。制定有效的文化整合策略是要建立在双方民族文化、企业文化的评估和测评以及双方合作的基础之上的，而在我国跨国并购的实践中，没有全面评估双方文化，因而很难制定有效的文化整合策略。

五　案例分析

福特并购沃尔沃的失败

1999 年福特为并购沃尔沃支付了 64.5 亿美元，而 2011 年吉利只花 18 亿美元就将其收入囊中，对于福特，可谓是损失重大。福特因为其国际化战略先后并购了多家汽车企业，但又先后将其出售。经济衰退是福特纷纷出售其并购企业的原因之一，但是文化整合不利带来的一系列的影响才是导致被并购公司没有实现赢利或是达到预期期望的主要原因。

从企业文化差异上来讲，美国企业注重规范化操作，讲究制度的重要性，但是瑞典文化却是要最大限度地发挥员工的创新能力，给予员工更多的自由，没有那么多条条框框。福特并购沃尔沃后，很大程度上用了美式的管理方式，导致瑞典员工的不适应。

从品牌实力上来讲，福特和沃尔沃都是属于世界级名车，各自有着多年的光辉历史，因此属于强强文化的整合，如果任何一方都不愿意放低身段，积极主动地与另一方本着积极平等的心态来沟通交流，文化整合很难落到实处。

从文化认同度上来说，福特和沃尔沃都对自己的文化认同度相当高，而导致双方都不愿意积极吸纳对方的文化，此时双方吸收对方文化的意愿都较弱，如果双方都不采取主动的方式打破这一局面，则很难上升到更好的融合阶段。

最终，福特将沃尔沃这只烫手的山芋丢给了吉利。企业文化整合是并购关键的关卡，并购中，如果过不了文化整合这一关，即使拥有再好的技术、资源都难以为继。不同于福特，吉利面对沃尔沃的态度软化很多。见沃尔沃工会的第一天，当工会方问李书福为什么要并购沃尔沃，并用三个英文单词回答时，李书福想到的是"我爱你"。简单的三个单词马上缓解了李书福与工会间严肃的气氛。

并购的成败不仅取决于资金是否雄厚、技术是否有优势，而且关键在于文化是否融合。而文化整合的成功不是简单地将并购企业的文化凌驾于被并购方，而是要站在平等、相互尊重的原则上。

第八节　人力资源整合风险

一　人力资源整合风险概述

人力资源整合是引导组织内各成员的目标与组织目标朝同一方向靠近，从而改善各成员行为规范，提高组织绩效。不同国别企业间存在经营理念、管理模式、绩效考评、薪酬发放、激励机制、企业和员工的沟通、行为方式等差异，这些差异会给企业并购带来人力资源整合上的困难。并购整合需要重组人力资源，进行员工的重新调配，上述差异会使得员工产生角色模糊感和对未来不确定感等消极的心理预期，进而导致员工之间沟通恶化，员工缺乏工作动力，造成工作效率和生产效率的下降等问题。另外，也可能引起关键岗位的人才及技术能手跳槽，核心人力资源流失，进而导致企业商业秘密的泄露和关键客户群的丢失。普里切特和鲁滨逊等人总结了企业并购给员工带来的负面影响：①信任度下降和员工间交流的困难；②狭隘观念抬头使团队行为弱化；③权力争夺扰乱工作；④员工放弃对公司的义务；⑤优秀员工辞职。这些负面影响使得生产力受损，企业发展势头减弱。此外，有些东道国的法律明文规定，被并购企业的法人由并购企业派出，但中层管理干部必须是本土员工，而且必须接纳被并购企业的全部职工，这自然加大了整合难度。

二 人力资源整合风险的表现形式

在海外并购过程中，我国企业的人力资源管理还不成熟，对国外目标企业的人力资源管理系统也不完全熟悉。同时，文化的差异和语言的障碍又使得有效的沟通难以实现。加上中国企业缺乏国际型管理人才，在整合目标企业时往往会遇到人才瓶颈，带来人力资源管理风险。由于缺乏丰富的跨国经营的经验，没有足够多的机会培养既懂得国内经营又精通跨国经营的人才，我国企业这方面的人才欠缺在所难免，因此并购后期在人力资源管理系统的衔接上会遇到很大的麻烦。我国企业如果不能向目标企业派出得力的管理人员，就难以对目标企业实施有效整合，如果长时间整合难出效果，新实体也容易人心涣散，造成人才流失，影响企业的并购绩效。整合中存在的人力资源管理风险通常能够概括为以下几方面。

（一）未将人力资源整合工作放到战略高度加以考虑

并购活动失败的主要原因可以归结为两个方面：一是交易缺

口，二是转化缺口。前者可以通过并购谈判与讨价还价来弥补；而后者需要通过并购整合战略来实现。在中国企业跨国并购实践中，许多并购企业将更多的精力放在了交易缺口的弥补上，而没有充分重视并购中的整合战略，更缺少周密的人力资源整合计划。

一般来讲，跨国并购企业在协议达成之后才开始展开对目标企业的整合工作。这种经验模式从表面上看十分合理，然而在大多数情况下缺乏效率，整合成本很高，容易使人力资源整合工作偏离整个跨国并购的战略方向，由此带来了较为严重的后果。而且并购是一个充满焦虑的过程，对被并购企业的员工更是这样。如果用几个月来慢慢变化，就会延长这种不确定性和忧虑，也会削弱或耗尽并购所带来的价值。

（二）组织中员工角色模糊问题

并购给被并购企业员工带来对未来的不确定性，人们在旧组织中确定的未来预期随着并购交易完成而结束，并且由于被并购企业员工在并购之后不可能立即找到自己在新组织中的角色，或者员工不清楚自己在新组织中的角色定位，更有甚者，很多员工并不能确定自己的职位能否保住，即使可以保住，其职位也是不确定的。并购之后，被并购企业始终存在一种不确定的组织氛围，这样的氛围导致被并购企业员工，甚至一些高级管理人员也无法确定自己在组织中的角色。不确定性以及对新组织工作状态和环境状态的模糊使被并购企业员工对自己的工作和未来产生不安，由此组织存在目标，但被并购企业因这种状态的存在而无法认识，即使认识，也无法投入精力和时间进入角色状态。员工对未来失去信心必然表现在日常工作上，对工作只是应付，消极对待，使并购失去效率。

（三）被并购企业关键人才的流失

我国企业进行跨国并购涉及的地域非常多，特别是对于一些欧美比较发达的企业来说，他们的员工一旦听说是中国企业并购了他们的企业，他们会产生极大的厌恶和不平，排斥中国的企业，认为中国企业一直是处于比较穷的地位，在中国企业里上班会遭到不公平的待遇，或担心自己在中国企业里的发展机会比较少等，从而会造成大量的员工流失，这对我们中国企业来说非常不利，会增加中国企业的人力成本，从而导致并购的失败。从企业并购人力资源整合的角度分析，造成大量人才流失的心理因素包括以下几种。

一是并购双方在组织机构设置和岗位合并时，被并购企业员工有可能会觉得自己会被裁减，会认为自己在新的环境下难以得到新企业的重用，因而在并购消息宣布后主动离职。二是被并购企业员工对并购企业的发展战略不是很清楚，或不认同并购企业的这种发展战略，在这种情况下被并购企业员工对新企业的发展前景不看好就会选择离开该企业。三是被并购企业员工不适应并购方的经营理念和整合方式而离职。并购企业在整合被并购企业时，对被并购企业的文化或员工不尊重，从而引起被并购企业员工的极大反感，会引起大量员工离开新企业。四是被并购企业对并购后的新群体有一种敌视心态，留恋过去的老群体，若老群体的成员进入新企业，则大家一起进入新企业，若老群体的成员相当一部分不进入新企业，则可能为追随老群体的成员而离去。普里切特等认为，并购中的客观事实是放弃职位的往往是那些优秀的人，正是那几个非常重要的人，才使公司成为一个中选的收购目标。这些人才是企业当前和未来成功的关键，留下来的则可能是那些没有影响力的庸才、懈怠的人和缺乏志向的人。五是并购后的新企业，员工的薪酬福利明显下降，或者并购双方员工"同工不同酬"，这样会给被并购企业员工造成很大的心理落差，有部分员工会因此而离开企业。

（四）组织中缺乏有效的沟通

在整个并购过程中，被并购企业的员工急切地想知道企业并购的最新情况，想知道新公司未来的发展蓝图，想知道自己在新公司中的角色，但让人失望的是，在我国企业跨国并购实践中，这方面的工作并没有引起企业足够的重视，被并购企业员工不仅得不到这方面的详细信息，相反却是谣言满天飞，使企业内部充满了焦虑、动荡和不安。一方面，并购方没有建立一条顺畅的正式沟通渠道，信息的传递和反馈都出现了问题；另一方面，并购方的高层管理者也不情愿与被并购方的员工进行交流，因为他们无法回答后者提出的许多问题，这样可能就会造成致命的错误。麦肯锡公司的一项调查显示，许多被并购方离职的员工承认，他们之所以离职，一个很重要的原因就是他们缺少关于并购的任何信息，他们不知道并购的最新进展，不知道自己在新机构中的位置，也从来没有指望能够在新公司中得到满意的职位。

（五）忽视对冗余人员的安置

两个企业合并为一个企业，必定会涉及组织部门的重复或岗位的重复，企业为了节约成本，必定会裁减一部分人员，如何安置这些人员也是企业并购人力资源整合中非常重要的一个问题，一旦这个问题没有很好地解决会对留下来的员工造成很大的心理阴影，从而导致他们工作积极性不高，影响工作效率。我国企业在跨国并购时对这个问题的关注也很少。

其中解雇被并购企业员工的原因主要有以下几种：一是在并购后整合期间，新公司实施新的经营战略造成人员的调整；二是并购后造成业务重叠；三是出于提高管理效率和利于整合的角度出发，解雇一些人员。

（六）整合手段过于单一，忽略对文化的整合

文化整合对人力资源整合至关重要，从某种角度讲，文化整合其实就包含在人力资源整合过程之中。但令人遗憾的是，在我国企业人力资源整合实践中，并购企业更加倾向于使用物质激励、高职位激励等整合手段，忽略了文化整合的作用，整合手段显得比较单一，造成目标企业员工自我保护意识明显增强。在我国企业跨国并购的活动中，会促使外企员工形成自我保护的意识。随着外企员工对中国企业信任水平的下降和模糊感的逐步增强，会促使目标企业的大多数员工采取自我保护的态度。信任程度越低，自我保护现象就越明显。有的人会为了保护自己而不择手段；有的人则主动进取，积极竞争职务；有的则躲在一边静待观望。还有些人打算谁也不得罪，认为这就是最好的求生之道。这些是中国企业跨国并购后，所导致的许多隐秘行为，都会消耗企业高管和普通员工的大量时间和精力，使得目标企业员工把个人利益作为最主要的价值取向，而不是把这些无意的内耗用于追

求企业的目标。

三 人力资源整合风险的影响

在我国跨国并购实践中，许多企业将工作的重点放在了目标公司的寻找和价格的谈判上，而对接管后的整合尤其是人力资源整合不甚重视，因此导致了并购失败。企业并购是一个复杂的过程，虽然有效的人力资源整合并不必然保证企业并购能够成功，但是无效的人力资源整合必然导致并购的失败，因此一旦人力资源整合中的问题没有处理好，将会导致我国企业跨国并购整体的失败。人力资源整合的负面影响主要有以下几点。

（一）使我国企业跨国并购的宏观效率缺失

人力资源整合的失败，最终会造成并购的失败，从而会使我国企业跨国并购的宏观效率缺失。宏观效率的缺失体现在我国跨国并购的总体及个体规模过小，尚不能充分显示中国的整体经济实力和中国的大国地位。在世界经济全球化的今天，国际的经济交往中大型跨国公司日益成为主角，一个国家在世界格局中的经济地位也日益由其拥有的跨国大企业的数量来决定，也就是：一个国家拥有的跨国企业的数量和水平，是衡量该国经济实力和国际竞争力的标志。在这种情况下，中国需要通过跨国并购来整合一批具有国际影响力的大中型企业。

（二）使我国企业跨国并购的效益欠佳

从总体来看，我国企业的跨国并购效益，无论是宏观上提高中国对外开放程度和国际竞争力，还是微观上提高企业的技术、管理水平，都仍不十分明显。始于 20 世纪 80 年代的中国企业跨国并购活动在中国加入世界贸易组织后迎来了新的高峰，但跨国并购案例的成功率仅为两到三成，大部分企业陷入了进退两难的泥潭。麦肯锡的一项最新研究数据说，过去 20 年里，全球大型企业兼并案中，真正取得预期效果的比例不到 50%，而中国则有 67% 的海外收购不成功。单从资源性产品海外并购来看，我们海外投资行为就频频遭到重创。面对中国跨国并购的巨大损失，中国企业在这次跨国并购的机遇中不能因为价格低就要一窝蜂地去国外并购，中国企业跨国并购还是应以业务发展和战略布局为导向，要谨慎行事，事先做好充分准备、准确判断，不能急功近利，带着一种抄底的心态参与海外投资，这样不仅不能从跨国并购中获得利益，相反还有可能让自己陷入陷阱中。

（三）使我国企业跨国并购成本提高

企业跨国并购不可避免地会产生很多与"人"相关的成本，如人才流失造成的流失成本、文化冲突和权力冲突造成的冲突成本、员工培训成本、招聘成本、解聘或安置员工的成本、人员配置成本等。通过有效的人力资源整合，可以减少这些并购成本。一旦在企业并购中，人力资源整合失败，那么就会无形地增加因并购产生的"人"成本，从而使得企业并购总体成本过高，对企业经营会带来严重损害。

四　案例分析

跨国并购中普遍存在人力资源风险

美世全球并购咨询团队有项调查是针对风险管理和人力资源问题对企业成功收购的影响，调查对象为在过去的三年间进行过跨国交易的亚洲企业和亚洲私募股权公司的 155 名资深高管。调查结果显示的一大问题，就是跨国并购中人力资源问题的凸显。

亚洲的跨国并购企业普遍了解人力资源相关问题的重要性。超过 80% 的被调查者认为：无形资产（人力资源、品牌、专利等）及文化差异，是交易过程中需要重要考虑的问题。66% 的被调查者认为：在评估交易成果时，应当考虑人力资源相关要素。

参与调查的企业大多数都实施了关键性人力资源计划，例如员工保留计划。而超过 70% 的被调查者称：在交易后阶段，其保留计划成功地保留住了关键员工。

对于进行跨国并购的亚洲收购企业，薪酬是一个最为普遍且最富挑战性的问题。即便在亚洲内部，薪酬也是一个复杂的问题。例如韩国普遍采用基于工龄的薪酬制度。在中国，政府针对所有国有企业都规定了薪酬限额。

交易前阶段应考虑文化差异。多数被调查者（84%）称：他们在发布任何交易通告之前都曾考虑过不同国家和企业之间的文化差异影响。

此外，许多企业都对跨国并购可能产生的人力资源相关风险保持警惕。如果在签署交易合约之前没有对此进行合理的调查研究，那么被并购企业的隐藏成本——例如退休金计划和资产负债——将会像文化问题一样会很容易使一项交易陷入困境。为此，大约55%的被调查者把与人力资源有关的财务风险，看成他们在尽职调查过程中认真考察的关键性领域之一。

在被调查的亚洲企业中，仅有40%认为其最近的跨国交易非常成功或者完全成功。当被问到他们该如何改变做法以促进未来跨国并购交易的成功时，他们的回答大多围绕着以下几个主要方面：在未来所有交易中聘用外部咨询公司，对人力资源和风险管理团队提供支持；激励人力资源和风险管理团队按时完成各自工作任务；鼓励人力资源团队重视员工保留和沟通问题；制定一套适当的战略，使两个团队能够在未来的交易流程、运营，使两个团队的员工及其与当地市场的整合过程中互相受益。

第六章　中国企业跨国并购风险防范

我国企业进行跨国并购面临许多风险，在下面的文章中笔者将针对上一章节中，中国企业跨国并购过程中的各类风险点，按照海外并购的三个阶段（并购策划和战略制定、交易执行阶段、收购后的整合经营），研究和分析如何防范与化解跨国并购中的各种风险。

第一节　并购准备与风险防范

在第一阶段，进行收购要达到一个目标，那么能不能达到既定目标，并购主体对并购目标有没有足够的驾驭能力，并购所需资金充不充足，这些所有的未知数就构成了第一步风险。就合作伙伴和收购对象而言，这是决定性的。

此时收购方必须明确收购目标，并且聘请专业公司对目标公司进行财务和SWOT战略性分析（即相关的优势、缺陷、机遇和挑战的分析），进而确定收购的战略目标与选择标准。选择的标准可以根据对方能给你带来什么而定，是新的产品线、新的技术，还是市场渠道、融资渠道，或品牌的影响力。并购一定要和公司的发展战略吻合，企业要根据公司内部欠缺的业务资源及弱点参考其他国际企业的经营模式，考虑公司性质、财务税务等的影响，搜索和筛选并购目标。不同的战略定位决定了收购方并购不同类型的目标公司。例如：以先进技术及管理经验为导向的战略定位决定了并购方将以发达国家技术领先者为潜在的收购目标。相关其他海外收购的战略定位目标还有：控制和取得海外市场资源、扩大海外市场份额、整合相关产业、规避目标国的贸易壁垒、资源的全球配置、劳动力成本转嫁以及满足海外融资需求等。一般来说，中国企业海外并购可能有几个目的：一是抢夺资源，二是获取自身研发难以完成的核心技术，三是开拓海外市场。前两种并购相对安全，确立第三种目标时，一定要客观地衡量自身的实力，看是否已经具备参与国际竞争的实力，好高骛远可能会带来灾难。还应该仔细分析目标公司的客观环境因素，包括目标公司的地理位置、设施条件、劳动力成本等因素。

一 要有成熟的战略部署

如果一项资产不能带来任何收益，即使价格再便宜也很少有人会买。同样的，如果一项资产与自身经营毫不相干，便宜本身绝不能成为明智的企业购买它的理由。如果并无明确目标，只是贪图便宜，匆忙收购，必将给自己背上沉重的负担，最终得不偿失。目前，我国相当多的企业在"走出去"时还缺乏具体明确的发展目标和规划，加上国际投资经验匮乏，很容易出现事与愿违的局面。

另外，在选择并购目标的时候还必须认清自己的竞争优势和整合目标企业的可能性。一个并购项目可能和企业的发展战略是吻合的，但是如果企业并没有这种优势去管理好这种项目也会导致并购失败。不同公司的核心竞争力的表现方式是不同的，但不管怎样都要体现自己的独特优势。可以说，国内企业要做海外并购，必须守住核心竞争力、核心市场和主营业务，从而避免成为无本之木、无源之水。在选择目标时另一个应该注意的是本身企业的管理理念、文化和并购项目是不是能够融合。TCL 的总裁李东生认为"其实并购中的所谓强强联合，成功的可能性是很低的。必须是一个强势企业去兼并一个弱势企业，你把你的理念输入下面的企业理念。如果大家都是半斤八两，这种合作在中国的企业当中成功率是比较低的"。还有，目标公司的规模、发展潜力及后续可融资能力也是需要考虑的因素。规模相对太大的目标公司不易控制，而规模太小的目标公司则不一定能体现并购交易的效果。当然，需考虑的因素还有很多，例如目标公司的股权结构是否集中、现有资本结构是否良好等。

海外并购的核心问题是资产评估和投资回报。对于并购标的资产如何评估，使用不同的会计标准和不同的评价角度，结论往往大相径庭。就海外并购而言，并购的资产要发挥效益和取得回报，所需时间和追加成本往往要高于预期。在交易定价及谈判时，通过专业机构获得准确客观充分的信息，了解合适的交易价格，对筛选后的并购目标进行充分比较，并考虑自己和其他竞争者的优劣势。

在解决法律障碍时，主要考虑国内法律和国外法律方面的问题；国内主要考虑项目审批及外汇来源等；国外要考虑政治原因、反垄断法的限制、反不正当竞争法的限制和对海外投资政策的限制。在这里，法律审慎性调查对海外并购成功十分重要。收购当地的企业，往往要遵循当地的法律，需要非常好的当地律师帮助把握收购法规和收购细节，尽职调查（包括财务、法律和业务的尽职调查三个方面）要非常充分。比如，中国企业有"呆账"等财务漏洞问题，境外企业也有它们的财务问题，所以要对当地企业有可能出现的财务问题有很好的把握。

跨国兼并重组需要国际水准的决策能力，我国大部分的企业目前还没有积累到应对海外市场的足够经验，对国际资产的认识还不是非常透彻。如果完全靠自己在这方面深入研究，管理成本会极高。要成为一家国际公司，就必须善于使用各种国际资源。对于中国企业来说可以请独立的中介机构，经过多种方案多种途径的评价，真正把科学的投资决策程序落到实处。

首先，企业要有明确的长期发展战略，在此基础上还需要制定正确的企业兼并战略。同时，在制定企业兼并战略时不能仅关注短期效益，更重要的是关注企业长期效益和长期战略。企业的兼并战略可以是策略性投资组合，可以是追求垂直的、水平的整合或是提高市场占有率。

其次，充分了解相关市场信息和法律法规等。企业往往面临信息不充分或信息不对称的情况，这会在兼并和被兼并企业之间形成一层"黑幕"，使双方都看不到对方的真实情况，为今后的经营带来风险。为此需要尽可能充分地掌握目标企业的资产规模、资产负债结构、技术状况、产品状况、行业发展前景、赢利能力、员工素质及结构、市场状况及商业声誉等。

此外，我国虽没有完善的反垄断及促进公平竞争的法律，但对目标所在国的法律法规需仔细研究，尽量避免不必要的法律限制。

二　要做好战略风险控制

中国企业跨国并购对战略风险防范与控制成效如何，对并购活动的成功影响极大。对于跨国并购战略风险的控制，应当贯穿于跨国并购的整个过程之中，至少涉及战略制定、战略实施和战略评价阶段的风险控制。

这里仅从企业跨国并购准备阶段的角度来分析战略风险的控制，重点探讨通过选择正确的并购战略来防范与控制风险。

由于有相当多的中国企业在进行跨国并购时存在着盲目性，为此，实施以战略为导向的战略性并购，将并购行为作为企业实现其战略的有机组成部分，就成为中国企业防范战略风险的首要选择。实施战略性并购，主要目的不是实现投机性收益，而是旨在通过并购来获得或者强化企业的核心能力。战略性并购主要包括产业整合型并购战略、产业扩展型并购战略、新产业构建型并购战略，以及基于资源与环境的并购战略。

（一）产业整合型并购战略

所谓产业整合型并购战略，是指以扩大某一市场或细分市场的市场份额为目标的战略性并购。实施产业整合型并购战略，并购企业可能通过采取一系列的并购行动来实现其主营业务市场份额扩大。在该类型的并购中，并购企业的产品与被并购企业的产品相类似。通常处于强势地位的企业较多地采用产业整合型并购战略，试图以此来提升其对市场的控制能力，实现并购的预期目标。

在跨国并购中，产业整合型并购战略的另一种重要表现形式就是规模化并购战略。实施规模化并购战略有利于企业实现成本领先或者专一化战略，这是因为存在着规模经济以及经验曲线，规模的扩大与成本的降低成正比例变化，即更大的规模往往意味着更低的成本，企业在细分市场上追求规模化的并购则可以实现专一化的战略。因此，实施规模化并购战略的重要优势将表现为可能排除或者减少竞争对手。

（二）产业扩展型并购战略

所谓产业扩展型并购战略，是指以整合产业链或高度相关的产业群为目标的战略性并购。企业之所以采取产业扩展型并购战略，其主要目的是实现成本领先或者差异化的目标。通常情况下，企业为实现成本领先的目标而更多采取的是前向一体化并购或者后向一体化并购。首先，采取前向一体化并购有助于企业实现对成本和质量的控制，同时企业可以部分避免地原材料市场价格波动对其的影响，但是并非所有的前向一体化并购都可以降低成本，在某些情况下，将原材料交给更加专业的机构来经营可能是更好的选择。其次，采取后向一体化并购则主要是为加强对销售渠道和终端市场的控制，对某些制造业的企业来说，拥有一个强大而反应快速的销售网络正是其区别于其他企业并获得竞争优势的主要方向。

产业扩展型并购战略也有另一种表现形式，即高度相关产业群战略。所谓高度相关产业群战略，是指企业为了给客户提供更为全面的服务而将一些高度相关的产业整合在一起，获得一些只从事某一种单一业务的企业所不具备的优势。高度相关产业群战略的实施领域最为典型的就是金融业，由于银行、证券、保险等业务存在着高度关联性，国际上的许多大金融机构都试图构建一个比较完整的金融产业群，以具备为客户提供一站式服务的能力。这可能是全球金融业跨国并购多年来经久不衰的一个重要原因。

（三）新产业构建型并购战略

所谓新产业构建型并购战略，是指以获得核心技术并由此发展新的产品或者相关产业为目标的战略性并购。企业发展面临的一个极为严峻的难题就是培养新产品和培育新产业，其原因在于两个方面：一是以应对日趋激烈的市场竞争、应付不断涌现的仿制品和替代品。二是企业不仅需要能够在当前为其带来稳定利润的现金流业务，而且更需要培育能够在未来为其带来稳定现金流的新兴业务。尽管新产品或者新产业的构建可采取内部投资的方式来进行，但内部投资方式无法适应由于时机、新产品开发的高失败率以及资本市场对成长性的要求。显然，并购是解决这些难题的一个较好的选择，并购所获得的核心技术或者资源是企业在新产业中建立竞争优势所必须具备的根本内容。新产业构建型战略在医药产业中得到广泛应用，在其他技术驱动的行业也拥有广阔的应用空间。

需要指出的是，有一些传统产业中的企业也试图通过并购的方式涉足赢利状况更好的产业，但由于该类企业常常过于关注并购资产的短期赢利能力，而有意无意地忽略了并购资产究竟能否支持其在新产业中建立长期的竞争优势。从而，结果无法使其满意，基于财务测算的投资净现金流确实是正的，但投资项目在战略上的偏离却注定此类投资效益很差。

（四）　基于资源与环境的并购战略

实践证明，任何企业在确定并购战略之前，都离不开对企业资源和环境的审慎分析。环境的急剧变化致使先前有效的战略很快就显得不适应，环境分析无疑已经成为确定并购战略的重中之重。考虑到企业资源和外部环境的匹配，值得中国企业重点关注的企业并购战略有三种情况：一是行业领先企业的并购战略。对于处于行业领先地位的企业，其并购战略应当是抓住行业结构变革的机会，通过实施行业整合的策略来实现企业规模扩大和市场影响力提高。对已经取得行业领先地位的企业，需要抓住机会提升自己在产业中的地位。二是竞争力较弱企业的并购战略。对于具备区域优势但总体竞争力并不强的企业，其并购战略的选择顺序应当是：首先，需要考虑企业有无可能通过在细分产业内实施产业整合型并购战略来实现专一化战略；其次，可考虑通过范围经济来获取竞争能力，即通过产业扩张型的并购战略来建立区别于竞争对手的优势，从而实现其差异化战略目标；最后，如果上述选择都不容易实现，企业可考虑采取新产业构建型并购战略获得在关联度较大的新产业发展的先行者优势。三是竞争劣势企业并购战略。对于处于明显竞争劣势地位的企业，新产业构建型并购战略可能是其唯一有价值的并购战略。该类企业需要高度关注相关或者有时候是非相关产业中出现的新技术，并且判断该技术是否有可能发展成一个新的产业，企业是否可通过掌握该项技术来获得在新产业中的竞争优势。如果企业能够成功地把握此类机会，就有可能在未来的竞争中由竞争劣势型企业一跃而成为行业领先型企业。

三　要做好充分的自我评价

自我评价是并购方对自身情况的评价，包括当前基础上的自我评价和兼并基础上的自我评价。当前基础上的自我评价需要对企业目前的经济情况、预期发展进行分析和预测、找出企业目前经营中存在的问题以及需要改进的地方；研究市场环境对企业的影响，并分析企业的成长机会；对自身的价值进行量化评价，并对企业资产情况进行分析评价，包括现有资产的利用、经营情况、资本结构的合理性等。兼并基础上的自我评价需分析兼并对企业流动性（特别是短期偿债能力）的影响；分析兼并可能对企业价值造成的影响；评价兼并对企业经营的风险、财务风险，以及兼并对企业资本结构的影响。

四　合理选择并购目标和中介机构

正确选择目标企业并做好可行性研究。在企业自我评价的基础上，要了解目标企业的结构、动作程度和工作方式，并对并购进行精心分析和规划。全面权衡收购可能产生的从运行制度、时间表到企业文化等方面的影响，进行全面而系统的准备工作。要做好充分的可行性论述，绝不能为追求大规模而忽视项目的可行性评价。尤其是当企业实行多元化经营而进入较生疏领域之时，需分析企业是否具有技术、管理、产品、市场等方面的优势来进行企业管理，防止企业由于介入新领域缺乏经验、盲目实行多元化造成的风险和负担。注意分析被并购方与企业的关联度和互补性，一般来说，收购自己熟悉的、与目前所在行业相近的企业，成功几率更大，而收购陌生行业所面临的失败风险较大。

五　要做好政治风险的应对

一是熟悉和遵守东道国相关法律。面对东道国政府设置的第一道法律关卡，中国企业在进行跨国并购时，要做到有的放矢，主动整理、分析和跟踪东道国及相关国家的产业政策、对企业并购的限制性规定以及反托拉斯法的最新动态。

二是重视并购过程中的公关活动。对于东道国政府，可以通过两国的民间友好机构或目标公司所在国有影响力的政治人物牵线搭桥等，取得其理解和支持，并尽可能在社会就业等方面满足东道国政府的要求。一些国家工会势力非常强大，处理好与工会的关系，争取工会支持将对并购产生积极的影响。此外，新闻媒介的关系也不容忽视，有了可靠的媒介关系，就在舆论上把握了主动，而舆论在一个国家的社会情绪上起着导向作用。

三是政府通过经济外交加大对跨国并购的支持力度。政府通过开展经济外交，加强同各国在经济领域内的协调与合作，向世界传达中国和平发展的理念，强调中国的发展会给世界各国提供更多的发展机会和更大的经济利益，逐步消除西方国家对中国的偏见，树立负责任大国的形象，为中国企业开展跨国并购创造良好的国际经济环境。

第二节　并购实施与风险防范

一　把握谈判技巧

（一）谈判重点和策略

并购双方的沟通与谈判是贯穿整个并购过程的，并不仅局限于并购实施阶段。在并购的不同阶段，沟通和谈判的重点和策略并不相同，主要集中在以下几个方面。

（1）在并购的前期准备阶段，沟通和谈判的重点是围绕如何说服并购目标企业与并购方合作。

（2）在并购交易的执行阶段，沟通和谈判的重点是围绕并购交易的价格与各种框架条款等。

（3）在并购协议签署后的整合阶段，沟通和谈判的重点又转向了并购后的各种整合工作。

（二）注意事项

不同的谈判者会有自己的谈判风格，也不存在统一的谈判模式，以下仅就谈判过程中的几点需要注意的事项做简要的介绍。

（1）谈判目标一定要合理。判断谈判目标是否合理的标准：是否恰如其分地反映己方的交易实力和谈判地位；是否让对方有利可图；是否会导致己方的频频让步。

（2）做好谈判的充分准备：如了解相关背景、法律法规、行政程序、行业情况以及双方的利益、价值观等。

（3）制定谈判的路线图。

①在谈判之前，对谈判的步骤（先谈什么，后谈什么）、进度，谈判的重点与底线，以及谈判的各种细节都要了解。

②列出己方的谈判目标与实现方式以及让步理由。

③列出对方的谈判目标与实现方式以及让步理由。

④列出谈判中应当考虑的要素，按照重要性与弹性大小排列。

⑤要做好各种应变准备，预测谈判中可能出现的变数提前做好预防准备。

（4）清楚自己的谈判地位，抓住每个机会争取谈判主动权，控制整个谈判的过程。

（5）谈判过程中注意保守商业秘密。

（6）谈判过程中要有耐心，保持头脑清醒。

（7）无论结果如何，都要保证双方的友好和谐关系。

（8）谈判过程中要注意文化"地雷"，这需要在谈判之前对目标企业所在国文化以及目标企业的文化进行充分了解。

（9）谈判要为自己预留操纵的空间，给自己留条后路。

（三）并购谈判中的重点问题

1. 并购价格

在企业并购谈判中，并购价格的谈判是重要议题，但是由于并购双方处于信息不对称的地位，在价格谈判中并购方往往处于不利地位：目标企业基于自身利益的考虑一般不愿意多透露给收购方，所以收购方只能通过各种渠道间接获得关于目标企业的信息来判断目标企业的价值。在谈判过程中，如果把握得当，收购方可以获得更多一手资料。

在价格协商中，如果目标企业先出价的话，收购方只有充分了解目标企业的价值，才能较好地还价。收购方可以根据目标企业未来的赢利能力确定收购价格的上限；也可以与自己投资兴建企业相比较，参照重置价格，结合自创企业的时间成本，投资期间的各种风险和不确定因素来确定收购价格的上限。

实际上，目标企业不会透露其可接受的价格下限，而收购方也不会贸然给出真正的价格上限。但如果收购方透露给目标企业的价格上限过低，可能造成目标企业无心再谈，之后若再主动提高，容易陷于谈判的被动地位。另外，如果目标企业出价超过收购方能够承受的价格上限，收购方可能认为卖方无法找到更高价格的买主，在此情况下，买方也许认为不急于收购而宁可等下去，坚持不超过上限现价。在这种情况下谈判就陷于僵局。

2. 并购条件

并购条件主要包括支付方式、支付期限、交易保护、损害赔偿，并购后人事安排、税负等问题，实际上收购条件只是并购价格的一部分。在收购协商陷入僵局时，为促成交易的完成，谈判双方必须在价格上或者某些并购条件上做出一定的让步。

通常情况下，一方面，并购双方在协商收购交易时，收购方争取的不仅是尽可能还价，还包括有利付款条件以及交易上的保护。例如目标企业如果提供虚假陈述、不实财务资料或者不揭露负债时的损害赔偿。另一方面，目标企业除了尽可能争取最高价格外，还包括最低所得税的交易方式，以及避免承诺不予履行等不利于目标企业的交易条件。

这些问题可能不是企业并购谈判的核心议题，但是并购条件的谈判不顺利也会对整个谈判产生重要影响。也许谈判双方就并购价格达成了一致意见，但是可能会因为并购条件等小问题无法达成一致而最终导致整个并购活动无法继续，所以收购双方对于并购条件的谈判也不能掉以轻心。

二　转移法律风险

并购公司一定要仔细研究交易协议的所有条款，同时要关注每一次谈判后新增加的内容。要认真研究这些条款隐藏的问题和风险。

（一）寻求专业支持

中国企业防范跨国并购法律风险的有效手段是寻求专业支持，实施同步控制。从产生跨国并购的意图开始，中国企业有必要寻求熟悉当地法律法规的专业机构支持，获得及时、同步的法律服务。法律服务不仅在并购前和过程中需要，还要延续到整个海外企业存续期间。并购前通过专业机构了解并购所涉及的当地法律法规及它们之间的复杂关系，为并购决策提供法律依据。并购中，专业机构针对并购方案提出法律意见，避免与当地法律产生冲突。并购完成后，专业机构可以帮助企业完成并购后的整合，避免劳工、知识产权等方面的纠纷。可见，通过寻求专业机构的支持，实施同步控制可以有效防范跨国并购前后可能遇到的各种法律风险。

（二）提高企业内部的法务处理能力

在跨国并购中，中国企业不仅要注重向外部专业法律机构寻求服务，还必须提高企业内部的法务处理能力。一旦开始跨国并购进程，中国企业应该相应提升内部法律部门的地位和能力，系统全面地管理企业相关法务资源，引进或培养熟悉目标企业所在国法律制度的法务人员。在这方面，中国企业可以借鉴国外大型跨国公司对法务资源的重视程度方面的经验。

（三）加强海外并购的法律风险评估

通过调查等手段排查风险、识别风险，然后需要通过专业机构对排查出来的风险进行分类，对风险进行评估，有的是高风险、有的是中风险、有的是低风险。风险的高低差异也不是一成不变的，对于世界上不同的国家和地区，对于不同的行业，甚至对于不同类型的目标公司，同样的风险对不同的并购主体存在高低不同的差异。比如，战争、罢工、动乱等风险，在局部战争不断发生的当今世界，不同的地区就存在不同的风险级别（如美国和叙利亚的战争风险级别就不同）；在知识产权领域，通常高科技企业比传统制造业就可能面临更多的法律风险，因此它的风险级别就更高。一家严重依赖知识产权的公司（如华为、浪潮、联想等），其知识产权的法律风险估值远远高于其他行业的公司。如果该企业有自主产品、合作产品，商标有被许可和许可行为，享有著作权的资料以及专有技术和专利，知识产权法律风险就特别值得重视。再如一个大型跨国公司（如中国石油、中国石化等）对于风险的承受能力显然高于一个小公司，其对风险的评估方式就会不同。

（四）正确应对法律风险

一是有些法律风险是企业并购过程中为了达到并购目标而必须承受的。也就是说，明明知道某些法律风险的存在，也会冒这个风险去并购。例如，在中海油收购美国尤尼科的案件中，作为资源行业的并购，中海油面临着诸多的风险，如美国国家安全审查风险、被课以高额资源税的风险等，但是作为战略性资源并购，中海油提出了高出对手 15 亿美元全现金收购的方式。尽管最终退出并购，但是这个风险是值得承受的。

二是有些法律风险对于企业并购来说比较高，无法独自承受，那么采取的方式可以是降低风险。比如环保责任风险、知识产权风险和劳资冲突风险，这些种类的风险是无法承受的，但是又无法避免，法律风险管理和控制的策略就是如何减低风险。例如，目前正被炒得沸沸扬扬的苹果 IPAD 商标侵权问题，从 2006年苹果推出 IPAD 计划开始，苹果公司就对 IPAD 商标进行降低风险处理，因为 IPAD 的注册商标权并不在苹果手里。它首先是在英国成立公司，从中国台湾唯冠手中以 3.5 万英镑的对价获得了 IPAD 商标权。可能产生纠纷的原因是苹果公司没有弄清楚在中国大陆 IPAD 的商标专用权是在一家深圳公司手中，而不是在中国台湾公司手中。不久的将来，苹果公司显然要为此付出沉重的代价。

三是有些法律风险对于并购主体来说，是可以规避的。可以说大多数法律风险在识别和评估后，是能够通过交易结构设计和安排而规避的。比如投资买矿，生产出来发现出口有限制，矿产运不出来。这类法律风险既可识别也可回避或控制。再如，有的企业投资失败之后才发现，日本等国此前都在该国有同类项目并购失败被迫退出的经历。像这类法律风险，通过到位的尽职调查，完全可以避免。举个例子，在中化集团收购仁川炼油厂一案中，中化国际在签署了排他性的谅解备忘录后，未意识到应该增加附加条款，以便用法律手段限制对方再提价，导致该公司最大债权人美国花旗银行在债权人会上提出要抬价至8.5亿美元，超出了中化集团的承受能力，最终导致了并购失败。这些风险都在可以控制和避免的范围之内。

四是有些法律风险无法承受，但是在现有法律框架内可以通过协议安排而转移。在国际保险市场如英国劳氏公司等存在一种保险类别叫做"并购保证赔偿保险"，如果在海外并购时，基于转移风险的考虑，可以事前将税务责任瑕疵、环境污染、未尽劳工责任、不动产权利模糊、专利权权属瑕疵等一系列法律风险投保"并购保证赔偿保险"，这样就可以在这些风险发生时向保险公司行使保险索赔权，从而起到转移风险的作用。

三 合理选择融资

在这一阶段融资成为中国企业海外并购的主要制约因素。在并购融资方面，一要考虑并购成本，包括直接成本、收购后的运行成本、整合成本、退出成本和机会成本；二要比较不同融资方式的利弊，包括内部融资和外部融资。比较融资方式和成本之后，选择资金来源渠道，制定合适的融资方案。考虑到中国企业的资金短缺及在国际市场上融资能力差等问题，在对外并购时，可采用合资经营的方式。这对于资金力量不强、技术不很先进、市场销售渠道不广的中国海外并购企业来说，无疑是一条理想的出路。另外，企业希望能在国内 A 股市场、B 股市场融资成功，但实际上由于政策和法律的种种限制，使得企业在国内融资较为困难，因此，积极依靠当地的金融机构进行融资不失为一条出路。在东道国当地进行融资甚至利用国际资本，也就是更好地利用了外资。

企业最好是通过各种形式在国外建立一个"海外融资平台"。事实上，一个中国企业到海外直接融资，会面临外国对中国经济认识不充分、对中国银行体系不信任等困难。

我国企业海外投资通常采用的融资方式有以下几种：海外企业贷款、国际金融租赁、海外企业项目抵押贷款等。虽然目前中国企业海外"买壳上市"还是受到很多政策的限制，我们还是认为这是企业建立"海外融资平台"的一个很好的途径，这样做花的钱不是很多，但融资的可能性大。另外，可在国内联合集资建立境外发展基金或境外中国公司信贷基金，帮助在境外进行并购的中国公司融通资金。还有，承接目标公司的一部分债务也可使我国企业在不动用资金的情况下进行并购。例如在当前欧洲家电企业不景气的情况下，我国的许多家电企业，如长虹集团就有这方面的打算。如果要拓宽国际化融资渠道化解并购融资风险，除非企业有自己的财务公司或国外有正常的金融伙伴，否则企业的跨国并购多少都会遇到不同程度的资金困难。当今世界著名的跨国公司大都拥有数额庞大的资本金和公司控股的银行，而我国跨国并购的投资母体，即使在国内称得上是"航空母舰"级的大企业，在国际上也只能算中小企业，"供血"有限。而对于民营企业来说，融资问题无疑就显得更为困难。除了资金不足以外，跨国并购还存在诸多融资方面的特殊风险，比如汇率波动风险、国际税收风险等。因此，我国企业在跨国并购时应该注意以下几方面。

一是量力而行，不要接受过高的并购价格。

二是仔细分析公司自身所处的环境，分析各种融资方式的利弊，并购方在股价高涨且对公司的控制权比较稳定的时候，采用股票融资方式，反之则采用债务融资方式。

三是对汇率风险的控制。首先，可以选择适当的币种。跨国经营经常面临多种货币的选择，有两条选择原则：第一，尽量收进汇率里呈上升趋势的硬通货，抛出汇率呈下降趋势的软通货；第二，在对汇率的变化趋势难以掌握的情况下，可以通过同时使用几种货币，形成一篮子货币以应对汇率的升降。其次，扩展资金来源，多角化筹资。再次，在目标企业所在的东道国举债，借入该国货币。最后，运用远期交易和金融期货、期权等金融衍生工具，将汇率造成的损失锁定。

四是即使我国企业有能力用自有资金支付并购款，也应该考虑从东道国筹集一部分资金，这样可以将一部分并购风险转嫁给东道国政府和银行，以减少我国企业由于信息不对称而造成的损失。

五是对于利率风险，可以在借贷合同中约定利率随着市场的变化而定期进行调整，也可以利用金融期货、期权等金融衍生工具进行套期保值，在一定程度上防范和化解因利率波动而造成的损失。

第三节　并购整合与风险防范

在员工的思想和具体行动的形成过程中，要求海外企业文化建设在核心理念之上，结合当地的语言文化及风俗习惯，以及主管的性格等去诠释企业文化。可使海外企业形成具有与母公司相同特质的企业文化，其本质是核心理念的渗透和与当地实际情况的结合、再造以适合当地的文化。

缺少凝聚力是文化冲突产生的重要原因。公司并购后可以为职工创造职业发展机会、建立利益共同体，而企业领导人要承担起公司营运成败的责任，并且让冲突降到最低，实现双赢。企业要花时间培养人才，同时要积极创造吸纳外部优秀人才的环境。加强不同企业高层之间的沟通十分必要，一种好的办法就是提供外派经理及其家属跨文化培训。目前很多中国公司把并购的目光放到了亚洲，尤其是韩国。尽管韩国与中国同属亚洲文化，但并不是说韩国是最好的选择，因为并购的根本目的是实现市场份额的增加。

一　人力资源整合

如今，跨国并购已经迅速成为中国企业跨国经营的重要方式，但对于上述并购过程中出现的问题，主要是因为没有进行有效的人力资源整合，使得企业在完成了资本整合之后，出现了大规模的人才流失，对刚刚合并后的企业造成致命的打击，我们认为成功的人力资源整合要做到以下几点。

一是找准"保持自我"与"适应他人"之间的平衡点，实施本土化经营。人力资源本土化的目的就是通过任用了解东道国文化的员工以减少母国在东道国经营的障碍，这不仅能使企业获得国外的人力资源，更重要的是使企业更能适应所在国的环境，减少与所在国由于文化差异而产生的摩擦。人力资源本土化战略除了尽可能雇用本地员工之外，最重要的是聘用能够胜任经理职位的本地人，这样可以很好地避免文化冲突，顺利开展业务。因此，引入当地的人力资源担负管理之责，可以消除语言文化上的障碍，缩小公司品牌和经营理念与当地风俗习惯、宗教信仰的差异。同时，由于当地的管理人员比较熟悉当地的法律法规，深知当地的市场需求信息和劳动力供应状况，有广泛的人际关系，能快速融入当地并被当地认同，从而提高了在东道国经营管理的效率和准确性。例如，海尔在美国的营销经理就是当地人，在美国南卡州的工厂里，一共有200多名员工，除了总裁和财务主管两个人是从青岛派来的之外，其余员工都是美国人。

二是加强沟通，用感情留人。任何沟通过程的第一步都是通知员工可能的变化及影响，例如，是否有可能被裁员或是被重新安置，何时并购或是否会影响个人角色、职责、工作范围、工作程序等。即使员工并未直接受到并购的影响，他们也需要被告知企业内部所发生的事情，例如，谁是新任的最高层领导、未来企业的前景规划及经营方向、新企业的组织机构情况等。如果没有得到相关信息他们会经常感到被孤立和被遗忘。同时，在沟通时应认识到文化差异是客观存在的，重视语言沟通，给对方理解的时间，减少理解上的差异。我们在这里还应该注意一下，沟通应采取多种形式，不应该只是简单地自上而下进行，员工应该有机会对整合进展以及需要解决的障碍或问题发表意见，这些见解为不了解基层情况的经理们提供了真实信息，向上反馈也有助于使员工相信他们的看法很重要。例如，HP（惠普）就打破了以往那种从上往下一级一级传播的方式，开通了一个"CEO 网页"，将卡莉总裁的演说、工作安排等公布在上面，总裁还在线亲自回答员工的问题。通过沟通，力争取得本企业和被并购企业人员的认同和支持，努力消除人力资源整合中的障碍和冲突，发挥整合效果。

三是采取差异性的激励策略，帮助不同文化背景下的员工发展。激励的目的在于引导员工使出自己全部力量为实现企业的目标而努力，在跨国经营中，应该注意正视文化差异，以差异化策略满足员工发展的需要。例如，在跨文化管理中，物质激励对不同文化的员工效应是不同的，这样在跨文化管理中就要通过调研企业员工的需求来加以区别对待。再比如，美国崇拜个人英雄主义，在激励中可以更多地采用正向激励即表扬的方式，而在中国重视集体主义，可以从团队方面进行激励。此外，企业应通过多种方法，如工作轮换、工作内容丰富化、弹性工作，进行工作设计和再设计增加工作自主权、完整性和技能多样性，并建立有效的反馈机制，将原本单调乏味的工作变为内容丰富、具有挑战性的工作，使员工获得来自工作本身的激励。

四是根据公司业务需要，培养能适应不同文化差异的管理人员。人才匮乏已成为中国企业提高跨国经营水平、扩大规模的主要制约因素，因此，跨国企业应重视和加强对人才的培养。外派的海外管理人员必须一方面能够贯彻总部战略，忠实维护总部的利益，另一方面还要具有丰富的专业知识、管理知识和较强的管理能力，尤其要具备多元化环境下工作所必需的特定素质。因

此，对海外管理人员的培训应包括：对对方民族及原公司文化的
认知和了解；语言培训，不仅使管理人员掌握语言知识，还要他
们掌握异域文化中特有的表达和交流方式，如手势、符号、习惯
等；跨文化沟通及冲突处理能力的培训。通过跨文化培训，可以
使员工了解不同的文化，并学会尊重各自的文化，端正员工对异
域文化的态度，减少员工可能遇到的文化冲突，加深对企业经营
理念的理解，保持组织内良好的人际关系。

五是重新构建心理契约。员工和组织之间除了存在雇佣合同
外，还存在一种心理契约。心理契约是指员工以成果和贡献来换
取挑战性或有酬的工作，可接受的工作条件、工资或津贴形式的
组织奖酬，以及被许诺提升或其他形式的职业进步的一种组织前
途。企业跨国并购必然使企业违背心理契约，这不但会对员工的
态度产生负面影响，而且对员工的行为也会产生负面影响，使他
们产生离职倾向。因此，当企业进行跨国并购时，应对心理契约
进行变更和修订，根据环境的变化与企业的发展调整契约内容。
这样，如果企业与员工之间建立了良好的心理契约，企业就能为
员工营造良好的人文环境，维持团队的高昂士气和精神状态，使
组织充满活力，从而实现企业的目标。员工也必然会自觉地把自
己视为企业的主体，发挥自己的聪明才智，将个人的前途融合到
企业的发展中去。

跨国并购已成为企业扩大规模，提升竞争力，谋求生存和
发展的重要方式，中国企业在跨国并购活动中应清醒地认识
到企业之间的竞争归根到底是人才的竞争，重视人力资源的
管理整合不仅可以减少关键员工的流失降低并购的人力资本
成本，而且还是企业增强核心竞争力，产生协同效应，实现

可持续发展的必然选择。

二　财务整合

在分析了并购财务风险的成因和特性后，可以根据控制原则有针对性地采取风险控制的措施，降低跨国并购的财务风险。如何规避和减少跨国并购财务风险，可以采取下列具体措施。

第一，改善信息不对称状况。

在企业并购过程中，信息的不对称性对财务风险的影响主要来自事前知识的不对称性，即优势企业对目标企业的真实信息的了解永远少于目标企业对其自身信息的了解。由于并购双方信息不对称是产生目标企业价值评估风险的根本原因，因此优势企业应尽可能加强信息的收集，在并购前对目标公司进行详尽的审查和评价。要充分利用公司内外的信息，包括对财务报告附注及重要协议的关注。一般来说，收集的信息越充分、详细，即使信息收集费用很高，信息不对称的风险也很小，并购成功的可能性也较大。

具体而言，优势企业可以聘请投资银行根据企业的发展战略进行全面策划，捕捉目标企业并且对目标企业的产业环境、财务状况和经营能力进行全面分析，从而对目标企业未来收益能力做出合理的预期，在此基础上做出的目标企业估价较接近目标企业的真实价值，有利于降低定价风险。

此外，优势企业还可聘请经验丰富的中介机构，包括经纪人、CPA 事务所、资产评估事务所、律师事务所，对信息进行进一步证实，并扩大调查取证的范围。签订相关的法律协议，对并购过程中可能出现的未尽事宜明确其相关的法律责任，对因既往事实而追加并购成本要签订补偿协议，如适当下调并购价格等。在成熟的市场经济环境下，尽管中介机构是民间组织、商业机构，但作用极其重要。充分利用有信誉的中介机构，是防范财务风险的重要一环。

第二，采用适当的估价方法。

定价评估风险主要是由于定价方法的不科学造成的，而中国企业并购中的定价问题又是一个复杂的问题。由于企业并购中双方的动机和考虑因素不同，优势企业收购目标企业所支付的价款也不同。一般认为收购价格主要与下列四方面因素有关：

①目标企业的公允价值；

②预期目标企业被收购后所产生的增量价值；

③收购双方各种非财务动机的考虑因素；

④收购双方企业的讨价还价能力。

从目标企业价值评估风险识别的内容来看，并不存在通过某个单一的公式或关键性指标来衡量目标企业的价值。管理目标企业价值评估风险的关键在于合理定价。

第三，采用多种融资方式。

企业并购的融资决策对企业的资金规模和资本结构会产生重大影响，因而要选择适合企业状况的融资方式，从时间上和数量上保证并购资金的取得以降低融资风险。并购融资一方面要考虑并购成本，包括直接成本、收购后的运行成本、整合成本、退出成本和机会成本；另一方面要比较不同融资方式的利弊，包括内部融资和外部融资。企业通常可利用的融资渠道有：内部融资、向银行借款、发行债券、股票和认股权证。

（1）内部融资。

内部融资是指企业利用内部留存的自有资金来形成并购资金的一种方式。内部融资无须偿还，无筹资成本费用，可以降低融资财务风险。但是仅依赖内部融资，又会产生其他财务风险：一方面，中国企业普遍规模较小，赢利水平低，依靠自身积累很难按计划迅速筹足所需资金；另一方面，大量占用企业宝贵的流动资金，会降低企业对外部环境变化的快速反应和调适能力，此时一旦重新融资出现困难，就会危及企业的正常运营。

（2）外部融资。

外部融资是指企业通过外部渠道筹集并购资金的方式，包括权益融资、债务融资和混合性证券融资三种。

①权益融资是指企业通过增资扩股的方式进行融资。发行股票可以迅速筹到大量资金，而且普通股没有固定的到期日，也没有付现的时间限制，资本风险较小。但是权益融资审批手续烦杂，所耗时间长，不利于抢占并购先机，对非上市公司的股票交易限制更多，企业的股权结构改变后，稀释了大股东对企业的控制权，甚至可能出现并购企业大股东丧失控股权的风险。

②债务融资是指企业通过举债来筹集并购所需资金。债务融资具有融资成本低能带来节税利益和财务杠杆利益、不会稀释股权、手续简单的优势。但是负债率高的企业再借款的能力十分有限即使举债成功，过高的负债会使资本结构恶化，如果安排不当，到期不能还本付息，就会陷入财务危机中。如果企业负债经营过度，财务融资风险将会恶化。负债的运用必须是适度的。因为随着负债的增加，企业财务风险也就相应增加，负债越多，企业破产的概率也就越高。一般来说，资金

结构的合理比率是：自有资金为40%左右，借入资金及其他资金大约为60%，流动负债与长期负债之比大约为2∶2。无论是通过银行借款还是公司债券融资，其融资的限制条件都较多，且筹资数量也有限。

③混合性证券融资是指兼具债务和权益融资双重特征的长期融资方式，通常包括可转换债券、可转换优先股。发行可转换债券融资，企业不能自主调整资本结构，转换权的行使会带来股权的分散，放弃行使权则又使企业面临再筹资的风险。发行可转换优先股，企业可以使用较低的股息率，但会使公司面临减少取得资金和增加财务负担的风险。由于并购动机不同以及目标企业收购前资本结构不同，使得企业并购所需的长期资金和短期资金、自有资本与债务资金的投入比例存在差异。如果企业进行并购只是暂时持有，待适当改造后重新出售，这就需要投入相当数量的短期资金才能达到目的。这时可以选择资本成本相对较低的短期借款方式，但还本付息的负担较重，企业若安排不当，就会陷入财务危机。如果买方是为了长期拥有目标企业，就要根据目标企业的资本结构及其持续经营的需要，来确定收购资金的具体筹集方式。并购企业应针对目标公司负债偿还期限的长短，维持正常营运资金的多少，来做好投资的不同回收期与借款的种类相配合，合理安排资本结构。如用短期融资来维持目标公司正常营运的流动性资金需要，用长期负债和股东权益来筹集购买该企业所需的其他资金投入，在并购企业不会出现融资危机的前提下，尽量降低资本成本，力求资本结构的合理性。

在实际的跨国并购操作中，在考虑融资成本和融资风险的情况下，并购应该在保持资本结构优化的前提下，采取多样化的方式来融资，以降低和规避财务风险。企业可以用短期融资来保证目标公司正常营运的流动资金，用长期负债和股东权益来筹措购买该企业所需的其他资金投入。这样就不会给并购方带来融资危机，并可保证目标公司并购后的正常生产经营活动。

第四，选择合理的支付方式。

并购企业进行支付方式的风险管理，目的是需要结合自身的利益，保持公司最佳的财务结构的同时降低资本成本，支付方式风险防范的关键在于做好企业未来资金流动性的预测和支付方式的决策。下面对几种支付方式的优缺点进行分析。

（1）现金收购分析。现金交易的优点在于交易简单、迅速，尤其在敌意收购时令对手措手不及，可以迅速地获取并购企业的有效控制权，同时使并购企业的竞争对手因一时无法筹集到大量资金，而难以与其抗衡。另外，现金支付不会使并购企业原有的股权结构发生变化，引起控股权的转移和收益的稀释。现金支付的缺点在于：并购方短期内要有大量的现金支出，如果并购公司无法通过其他途径获取必要的资金支持，而必须以公司手持现金支付，公司的财务压力很大；现金的筹措也会使企业未来的财务风险加大。

并购方是否采用现金支付，主要考虑以下几个因素：①短期的流动性要求。支付现金使并购企业在资产负债表上产生亏空，企业要做好现金流的预警分析，预防付现后现金流枯竭，有无足够的付现能力是并购方要考虑的首要因素。②中期或长期的流动性。企业不仅要有短期的现金来源，更要有中长期的来源，如果不考虑投资回收期以及企业长期的资本结构，即使眼前筹资支付了收购，也将给未来的资本运动带来极大的困难。③海外并购涉及货币的兑换、支付的货币是否可以自由兑换，以及从目标公司回收的货币是否为可自由兑换的货币。如果货币的流动性条件不满足，会给现金支付带来困难。国际汇率的变化也可能会增加企业支付的成本。

（2）股票收购分析。股票收购是并购方通过增发新股，以新发行的股票交换目标公司的股票，或者发行新股取代并购方和被并购方的股票，从而取得目标公司的控股权。股票收购的优点如下：从并购企业的角度看，不需要支付大量现金，没有现金支付的压力；不反映商誉，没有商誉摊销的成本压力；如果收购企业的市盈率低，可提高并购后新企业的每股收益；能够分享并购后新企业所实现的价值增值。股票收购有以下缺点：收购企业为并购而发行普通股，证券机构的监督、审核耗时较长；会稀释原有股东的股权；股本扩张可能稀释每股收益，导致股价下降。

换股并购时，并购成本受到并购收益的影响。当股票价格被高估了，收购方股东会愿意以换股方式并购，但当股票价格被低估时，收购方股东会愿意以现金方式并购。收购方如果是业绩优良的上市公司，对于被收购方来说，股票比现金更受欢迎。

股票收购相对于现金收购，没有现金支付的压力，同时，如果并购双方是上市公司，可以方便地选择换股方式，而且，换股并购将使两家公司相互持股，结成利益共同体，使并购风险相对现金收购较小。

（3）混合支付分析。混合支付是指并购公司对目标公司的支付采取现金、普通股、优先股、认股权证、可转换债券及债务凭证等多种组合形式。在考虑证券组合时，应当考虑项目的获利期与认股权证、可转换债券的转换期的配合，转换后的企业负债水平和负债结构以及转换后的公司股权控制权问题和股权成本等，制定发行债券额、认股权证转换价和转换期、可转换债券转换价和转换期。

采用债务支付为主的混合支付方式，可以利用债务的税盾作用降低资本成本，如果并购方自有资金充足，资金流入量稳定，当发行股票代价较大或市场上的企业股票价值被低估，并购方可选择以自有资金为主的混合支付方式；如果并购方财务状况不佳，资产负债率高，企业资产流动性差，财务风险大，并购方可采用换股并购为主的支付方式，以优化资本结构。混合支付可以吸收各种支付工具的长处，克服其缺点，顺利实现并购。但是，若各种支付工具搭配不当，则不仅不能取各种工具的长处，反而会集其所短。在选用这种支付方式时，应该进行周密计划和分析，以预防风险的发生。中国企业跨国并购多采用债务融资、银团贷款的方式，可以结合混合支付，适当降低流动性风险。

第五，降低外汇风险。

外汇风险可以采取以下几种办法来降低。

（1）提前支付或推后支付。根据并购合同中计价货币和相关货币的汇率变动情况，通过更改支付日期的方法，达到防范风险的目的。如果东道国货币即将升值，争取推后支付和交易，如果东道国货币即将贬值，则提前执行交易资金的支付。

（2）采取套期保值的办法。进行风险管理一般是运用自然性套期保值或合约性套期保值的方法。自然性套期保值是指通过安排同等数量的同种外汇资金在同一时间里流进和流出企业，以避免外汇风险。自然性套期保值的风险管理就是通过把各种外币净头寸变为零，从而不受汇率变化的影响。由于自然性套期保值是不要求企业在金融市场上从事有关操作，因此称作自然性套期保值。合约性套期保值是指公司使用金融合同，将外汇交易风险转移给别人，从而避免外汇风险。

最常见的外汇金融合同有远期外汇合同，此外还有其他金融工具和外汇期货、期权等。远期外汇合同是买卖双方达成交易后签订合同，在预定时间里办理交割的一种外汇合同。利用合约性套期保值的方法来避免外汇交易风险，买卖双方可以预先确定两种货币之间的汇率，届时不管汇率如何升跌，都按原定汇率办理交割，以避免汇率的升跌所造成的外汇风险。

（3）通过经营的多样化和资金筹集的多样化来减少或避免外汇风险的影响。经营的多样化是企业在基本上互不相关的产业部门开展生产经营活动。不同产品的利润率是独立或不完全相关的，经营多种产业在时间、空间、利润上可以降低企业在任何一对汇率的变化所带来的冲击。企业可以结合自身的人力、财力与技术研制和开发能力，适度涉足多元化经营以分散财务风险。资金筹集的多样化可以抵抗汇率变动的冲击。

第四节　并购与文化

在中国企业完成跨国兼并收购后，能否迅速解决双方企业管理与文化层面可能发生的冲突，是兼并收购国外企业成功与否的关键，也是目前我国企业跨国兼并收购实施过程中最大的问题。

一　文化整合风险分析

通过对大量中国企业跨国兼并收购的案例分析，我们可以发现文化整合风险的产生主要有以下原因。

第一，与被兼并收购企业经营目标的不同。对中国企业而言，最可能发生的文化整合风险，是由于中国企业的特殊性导致并购企业在经营目标上的不一致。在国内从事国际化合作经营或即将走向海外扩张的大型中国企业中，有很多是国有企业。国有企业的经营目标不仅仅是最大限度地攫取利润，还有许多不易公开的非经济目标，比如社会目标、政治目标、就业目标、市场份额目标。多年来，中国企业在中国的"双轨制"下的经营手法，势必与长期在国际市场经营多年以利润为最重要目标的外国合作伙伴发生冲突。这种冲突表面反映为文化冲突，但实质是经营利益冲突、战略目标冲突、经营手段冲突。

第二，经营管理层领导力的不同。国际并购案中另一个文化整合风险表现在不同性格的 CEO 在并购之后所发生的公司政治上的较量，这与国内企业间并购之后的上层领导人之间的冲突没有本质的区别。在国际并购案中，这种较量通常以文化冲突为幌子，实际是双方在公司治理权上的争夺，一年或两年胜负就会分晓，通常以其中一人的个性或领导力强势而取胜。

第三，经营理念和经营管理方式的不同。不同的企业因所在民族、国家、行业、企业规模和发展历史与地域的差异，导致在经营目标、对待风险的态度、短期利益与长期发展、权力分配方式、发展战略、决策模式和管理风格等方面都会表现出较大的差异。并购双方如果不能冷静处理好这些矛盾，强行移植一方的管理方式，势必导致经营管理上的冲突。最为突出的并购后企业冲突莫过于并购企业之间不同文化的冲撞，这种冲撞如果不能在短期缓解的话，势必会造成极为严重的后果。

第四，企业员工民族个性的不同。不同的民族具有不同的总体"心理程序"，具有独特的民族心理和精神气质，遵循着特定的风俗习惯和行为规范。在国际并购中，尤其是并购方处于强势地位，如果认为自己的民族优越于其他民族，一切以自我价值标准来进行判断，对其他文化不予认同，不愿轻易接受不同民族的价值观念、生活方式、思维方式等，或对其他文化缺乏深入了解、产生偏见，排斥其他文化，就会导致文化冲突。此外，由于不同民族的生活方式和文化背景差异很大，来自不同文化背景的人们对时空观、风俗习惯和价值观都有不同认识，语言与非语言的沟通方式的不同，容易出现沟通障碍，发生沟通误会，甚至升级为冲突。

二 文化整合风险意义

（一）文化整合直接关系到跨国并购的成败

跨国并购把来自不同国家，具有不同背景的企业合并到一起，必然面临来自国家和企业的双重文化差异。经过有效的文化整合，可以使并购双方形成被各自员工普遍认可的新企业文化，那么整个并购整合就容易推进。反之，如果没有进行有效的文化整合，两个企业貌合神离，管理层对企业的经营理念与管理方式存在分歧，员工的价值观也不相同，必然会影响工作的推进与开展，从而导致企业并购的失败。

（二）文化整合会增强新企业的凝聚力

文化整合把双方企业中有利的文化特质提炼升华转变为新企业发展的文化底蕴，为并购后的新企业奠定了一个共同的文化基础。并购后的企业内部不可避免地会存在矛盾和冲突，做好文化整合工作不仅可以很好地化解和缓和各种矛盾冲突，还能够将有着不同文化认知的人们的注意力集中到组织的共同目标上来，使它成为影响所有员工行为的一种无形的力量，这样能够很好地积累员工之间的互相信任，同时也能够加强其对新的企业文化的认同感，提高企业运营效率。通过企业对文化的整合，所有员工通过切身体会，可以自觉地形成对企业文化的认同感和归属感，同时也就更容易走出原有的企业文化对自身思想意识的束缚，改变原有的认知模式，从而能够积极地参与新的企业行为，帮助形成和确立新的企业价值观。

（三）文化整合推动企业产生协同效应

文化整合有利于带动企业技术、人才、品牌、财务等各方面的整合，形成协同效应。通过调查与研究发现，企业文化整合的好坏，往往是影响企业并购后发展的关键性因素。并购双方的文化如果能够很好地融合起来，就能很快产生出"1 + 1 > 2"的并购效果，使企业快速发展。反之，如果企业文化整合失败，并购企业的文化与被并购企业的文化貌合神离，会导致新企业内部矛盾冲突不断，更无法实现技术、人才、财务等其他方面的有效整合，实现企业利润最大化。因此在跨国并购后要积极开展文化整合工作，从而达到资源共享，优势互补，推动企业产生协同效应。

三　如何做好兼并收购中的文化整合工作

通过分析近年来中国企业跨国兼并收购的案例，我们可以发现要做好文化整合工作，中国企业必须要拥有一支国际化经营管理人才队伍，同时做好事先调研，确定合适的文化整合目标。

一是中国企业要建立一支国际化经营管理人才队伍。其一是企业 CEO 要有国际化视野，要有宽阔的胸怀和换位思维的能力，对下属的心理期望值和内心需求敏感，帮助自己和下属去欣赏不同人群的语言、个性、价值观和传统，并同时保留原有群体的语言及价值观。其二要积极使用猎头公司到跨国公司挖人。近年来，在中国经营的跨国公司中涌现出一批具有国际视野和操作经验的精英人才。企业要有战略眼光，到国外企业中聘请优秀的外国管理专家，并把他送到并购企业中承担主要经营管理职责。其三是企业要走出国门，到已经在国外工作生活多年的中国留学生中物色优秀的国际化人才。在这方面，三星公司多年来不惜重金在美国招聘大量的韩国留学生、工程师，为中国企业做出了好的榜样。其四是企业自己培育建立一支国际化的人才队伍。华为集团多年来已经培养了大批国际化人才，并准备派在国内工作的人才轮流换岗到海外工作几年，取得海外工作经验。

二是中国企业要做好全面的并购前审慎调查。全面指不能仅局限于传统财务方面的分析，因为财务分析重点专注于过去，而并购重要的是分析将来两家公司合并后如何实现共同的愿景。审慎调查要更广泛地包括双方的文化、战略和其他商务方面，尤其是文化方面是否能相互融合。文化包括国家文化和企业文化之间的差异，这些因素会影响整合后企业的价值实现。企业要对准备合作或并购的国际企业从方方面面搜集情报，认真研究，做到知己知彼，有的放矢。找到能够让双方都能够接受的企业文化，互相尊重各自曾经辉煌一时的成功经验，有助于合并企业降低冲突，同时也可以利用其企业成功的经验为新合并的企业提供经验。为了提高企业并购的成功率，很重要的一点是必须在并购之前了解双方文化的差异，并制定出相应的文化整合方案，降低文化冲突的可能性。

三是并购双方企业要建立相互信任、相互尊重的关系。真正成功的并购整合其实是如何能通过各种手段做到让双方员工接受这次并购，并能相互了解、相互理解，接受各自的差异，降低彼此之间的文化冲突，达成对未来共同的期望，以实现并购的最终共同目标。处理并购企业之间的文化冲突，必须建立并购双方相互信任、相互尊重的关系，拓展并购双方员工的全球化思维，培养双方经理人能接受不同思维方式、能和不同文化背景的人共事的跨文化能力，使双方能在未来企业的价值、管理模式、制度等方面达成共识，以帮助并购企业更好地实现其他方面的整合，为同一目标而努力。

四　中国企业跨国并购文化整合案例分析

（一）联想并购 IBM 公司个人电脑事业部

自联想 2004 年 12 月 8 日宣布并购 IBM PC 业务开始，此次并购案就一直受到业界的普遍关注。从目前来看，此次并购案是有效整合跨国并购企业文化的成功案例。

1. 并购过程

IBM 被人称为"国际蓝色巨人"，不论是其悠久的历史还是现阶段在计算机界的地位，相比中国的联想公司，其企业文化无疑都是处于强势文化一端。中国联想虽然在世界 PC 市场排名仅落后于惠普和戴尔，但是联想在美国的市场份额实在很低。作为弱势文化的一方，联想并购 IBM PC 业务，在文化融合上不可能采取强权主义的文化移植模式，这样只会导致更加激烈的文化冲突和经营管理理念冲突，对联想并购案的成功造成更大的压力。多数人对此次并购案持怀疑和失败的态度。并购最初有巨额亏损，联想高层因此重组，CEO 阿梅里奥离职，杨元庆出任 CEO，柳传志出任董事局主席，"杨柳配"再次掌控联想，一路上可谓风雨兼程，最终修成正果。

2. 主要措施

一是领导层对文化整合的重视和对文化整合战略的正确把握。联想的文化整合过程一直是由杨元庆、柳传志和其他的外籍高层管理者亲自主持的。每年初，柳传志都到公司下面的骨干员工中去，给大家介绍，他们是怎么团结不同的国家员工，一起合作工作的，所有的员工都非常感动，使大家都充满了信心。高层领导能够切实支持文化整合的开展，给员工心理上的支持，帮助他们建立自信心，这样对企业文化整合有强烈的促进作用。

二是建立在共同的核心价值观基础之上的企业文化。跨国并购案对于企业文化的整合，如果双方能够在最核心的价值观基础之上达成一致，其他层面的文化，诸如制度文化和行为层文化，都是可以协调和让步的，这样就为企业文化整合奠定了良好的基础。联想和 IBM PC 业务虽然在企业文化上的差距很大，但是双方能够在核心价值观上达成一致认识。联想文化的核心价值观：成就客户、创业创新、诚信正直、多元共赢。联想和 IBM 都是计算机界的精英企业，在核心价值观上双方能够达成一致认识，不同的是双方在各自的管理方式和工作模式上有不同。

三是员工的积极参与和支持，对企业文化整合充满信心。联想和 IBM 的企业文化整合行动，能够得到双方员工，尤其是 IBM PC 业务员工的参与和支持，文化整合行动方可顺利地开展。联想为了加速企业内部的文化融合开展的文化鸡尾酒活动和特色文化活动"春晚"，其最大的意义就在于调动了企业广大员工的参与积极性，给联想和 IBM 员工创造了相互交流了解的轻松环境。在联想的春晚活动中，不仅有来自联想内部的员工，更有来自 IBM 的员工参与。在活动的内容上，更是改变了以前的单一性，表演者的国际化和内容的国际化成了最鲜明的特色。

四是建立在相互尊重基础上的企业文化。无论是从跨国并购企业文化整合还是企业管理的角度来看，对员工的尊重都是最基础的行为。IBM PC 业务员工本来是处于一种强势文化下，存在一种强烈的优越感，突然直接的变故，会让他们产生一种失落感。联想作为并购一方，在引导员工尊重 IBM PC 业务员工的感情上，做了很大的努力。联想高层也会就双方的文化差异经常和原 IBM PC 部门高层管理者沟通，尊重对方的工作习惯和管理方式。联想的高层管理人员也会经常到基层和原 IBM PC 部门员工进行交流，在工作和生活上多关心他们。

五是良好的沟通环境是企业文化整合的有效协助机制。在联想并购 IBM PC 业务后，原 IBM 员工很多人都有离职的打算，很多人都是出于对联想文化和 IBM 文化的差异方面来考虑的。而在联想的文化整合策略推出一年之后，原 IBM 全球电脑业务的员工离职率不到 2%。这得益于联想建立了良好的沟通环境和原则，本着"坦诚、尊重、妥协"的沟通原则，联想积极和原 IBM PC 部门员工沟通交流，并且鼓励原 IBM 员工表达自己的意见和要求，让他们在相互的交流中了解彼此的文化和工作方式，消除他们对联想的误会。

3. 案例启示

一是中国企业管理层要高度重视企业文化整合。在海外并购案中，从企业的高层开始就提高对企业文化整合的重视程度，把握正确的文化整合策略。从企业战略和政策的制定、企业文化的建设上，把文化整合提高到战略的角度，需要长期的企业高层的支持和探索，切忌急功近利和简单的文化复制思想。

二是要充分了解并购企业文化的核心价值观。对于同行业企业的并购，在核心价值观上更加有可能趋于一致，然而跨行业并购需要中国企业改变自己的思维方式，能够调整自己的企业文化以适应新的挑战。

三是要做好跨国并购的预案计划。在推行文化整合政策时，不能过于简单和粗暴，没有从被并购企业员工一方出发，尊重他国员工的民族文化、风俗习惯、工作模式和自我优越感。这样只会导致文化冲突的升级，原企业员工的不满情绪更加膨胀。我国企业在表现对国外员工企业文化尊重的同时，也不可以过于妥协，对于不利于企业发展整体利益的文化还是应该坚决予以摒弃，否则只会损害企业利益，加剧双方文化冲突和本国员工的不满，失去对子公司的控制权。

四是要注重建设一个良好的沟通环境，建立一套合适的沟通原则。从一切问题可以通过相互的交流解决的角度出发，从企业的高层管理者到基层员工都坚持把相互的交流理解放到重要地位，这种良好的沟通环境对彼此的理解和相互尊重具有重要的意义。我国企业在国际化战略上，需要保持更加开放的心态，要敢于突破自己传统的管理模式和思维模式，深刻理解国外管理方式和国内的不同，不可以直接将国内的管理模式复制到国外子公司上去。

五是要保持开放的国际化心态。跨国并购不是简单的收购股权，对海外子公司有实际的掌控权，更是管理方式的国际化和管理理念的国际化。联想过去是一种业绩导向模式，只有立下战功的人才有机会往上层晋升，但是联想并购 IBM PC 业务后，国际化越来越深入，这种文化模式受到了挑战。国际化的大企业往往是一种市场化思维，人才也是市场化的，每个岗位都是到市场上找到最合适的人才，并不是单一地依据战功来决定职务高低的。

（二）上汽收购双龙

1. 收购过程

2004 年底，上汽收购经营状况岌岌可危的韩国第五大汽车制造商双龙汽车 48.92% 的股权，2005 年又增持双龙股份至 51.33%，成为绝对控股的大股东。上汽希望通过此次海外兼并来尝试构筑全球经营体系，并通过与双龙的重组，发挥双方在产品设计、开发、零部件采购和营销网络的协同效应，提升核心竞争力。然而，事与愿违，上汽并购双龙后遇到了强大的文化沟鳌，由于文化整合能力的不足，再加上 2007 年底爆发的全球金融危机，最终 2008 年下半年，双龙资金链断裂，几经抢救无效，双龙董事会于 2009 年 1 月 9 日申请了破产保护，2 月 6 日，申请生效，法院接替董事会对双龙进行托管。至此，上汽并购双龙失败。

2. 失败原因

上汽与双龙并购失败的主要原因是遭遇了来自韩国工会较大的文化冲突。强大的韩国工会源于韩国的岛国文化，其强烈的民族自尊感使得韩国人抱团成群。韩国工会之强势令人瞠目，不仅百余工会专职干部不参与生产劳动，还配有专车，且管理层经营决策须经过工会许可。此外，每年还有伴以罢工的劳资谈判对并购后企业的经营产生了更大的冲击，从上汽开始入主双龙后，工会组织的罢工活动就没有停止过，使得双龙汽车的单车人工成本不断升高，最后远高于韩国汽车业的平均水平，给企业带来巨额损失。其中，2006 年韩国平泽的双龙罢工从 7 月 19 日开始，截至 26 日，就造成 600 多亿韩元的损失；2006 年的"玉碎"罢工，造成 1960 亿韩元的亏损。此外，上汽为了摊销汽车的开发成本，采用韩国生产和中国组装的方式来扩大生产与销售，却被双龙工会指责为"技术和就业岗位流出"，引发拼死抗争，惊动司法和检察部门；为了帮助双龙起死回生，上汽承诺帮助双龙筹措资金、寻找接盘的战略投资者并继续维持中国的销售渠道，即使如此，双龙工会仍然组织工人到中国驻韩大使馆抗议。

3. 案例启示

面对这些情况，中方尽管意识到跨文化管理的重要性，不仅在收购时重视收购后员工的沟通工作，且为每一位前往双龙工作的员工发放专门讲解韩国文化的小册子，并为驻韩管理层众立专门基金，按照韩国的风俗"送礼"等，即使如此，与美国通用收购韩国大宇后马上从通用全球机构中抽调50人的经营团队整体接管，并用500人作为后方支持相比，上汽的跨文化管理的及时性、有效性以及整体管理能力还远远不足，最终导致上汽与双龙的并购失败。

（三）TCL 收购阿尔法特

1. 收购过程

2004年4月26日，阿尔卡特公司和TCL成立手机合资公司（TCL & Alcatel Mobile Phone Limited，简称T&A）。阿尔卡特在法国和中国的所有600名员工都成为合资公司的雇员。TCL希望通过此次合资，发挥两者在销售和采购、生产及研发等多方面的协同效应，以赢得竞争优势。

自2004年9月T&A开始运营以来，资产总额和主营收入不断下降，经营亏损状态不断恶化。2004年底，高层经理中的原阿尔卡特员工基本都离职了，到2005年3月前后，市场、销售等部门一线经理也相继离职。2005年4月底，TCL集团总裁李东生公开表示TCL并购阿尔卡特手机业务过于草率，整合效应并没有发挥，TCL对T&A基本处于失控状态，以致造成TCL 2005年前4个月出现了近4亿元的巨额亏损。最终，2005年5月17日，TCL回购阿尔卡特所持合资公司45%的股份，阿尔卡特退出合资公司。至此，TCL与阿尔卡特手机业务的"联姻"宣告失败。

2. 失败原因

TCL并购阿尔卡特失败的主要原因是受国家文化差异的影响，两个公司跨文化整合的失败。具体分析中国与法国的国家文化差异给两个企业带来的影响，主要体现在以下几方面。

第一，个人主义/集体主义维度。法国文化是一种以个人为核心的文化，而中国是一个集体主义观念极强的国家。这种国家文化特征的差异会导致企业经营管理的差异，比如中方员工重视集体，法方员工重视自我实现；法方决策通常由一人做出，而中方的决策则是一群人讨论的结果；中方的管理者追求统一的秩序，而法方管理者追求领导艺术。

第二，男性主义/女性主义维度。相对于法国来说，中国是一个偏男性主义的国家，中国员工可以为了事业加班加点，甚至牺牲和家人在一起的时间；而法国恰恰相反，是个偏女性主义的国家，法国的法律不允许加班员工在非工作时间内拼命工作，节假日一定要与家人度过。李东生在法国时曾在周末要求召开会议，却发现所有的法方员工都关闭了手机，他对此感到不可思议，然而这就是法国文化。

第三，权力距离维度。中国的权力距离大于法国，企业内部下级高度服从上级，实行集权式管理；而法国的权力距离相对较低，企业管理重视分权和民主。当这两种管理模式碰撞在一起时，必然会产生冲突，比如阿尔卡特公司对员工实施人性化管理，而TCL则采用的是军事化管理，强调下级对上级的服从，原阿尔卡特员工无法适应，从而造成了T&A在正式运营后不久原阿尔卡特核心管理人员的纷纷离职。

第四，不确定性避免维度。法国是不确定性规避较高的国家，其文化强调控制风险，重视组织内部规则和规范的程序化；而中国的不确定性规避程度较低，中国人对风险的接受程度较高，企业对各项制度的执行不是十分严格，"人治"大于"法治"的现象在中国企业尤其是中小企业中非常普遍。这两种文化特点的差异，给 T&A 带来了文化冲突。T&A 公司成立之前，阿尔卡特员工的薪酬大多比较稳定，但是 T&A 公司成立之后，TCL 采取低底薪高提成的薪酬制度，大多数法方员工难以接受这种风险性较高的薪酬制度，最后以辞职来拒绝接受这种文化差异所导致的制度。

3. 案例启示

综上分析，中法两国的文化差异对企业的管理活动和管理模式产生了较大的影响。实际上这些国家文化差异，最终给 TCL 的跨国并购活动带来了根本性的消极影响。并购前期，TCL 管理层对法国文化以及阿尔卡特企业文化的调查和评估的漠视与忽略，导致在并购之后双方企业经营理念上出现巨大分歧，致使阿尔卡特高管纷纷离职。并购中后期，跨文化冲突积累到一定程度，会严重影响并购整合进程，TCL 才意识到跨文化整合的必要性。然而，最终却选择了一种最简单的文化整合模式即同化模式，试图通过 TCL 文化来同化阿尔卡特文化。相比之下，TCL 文化不仅对法方员工缺乏吸引力，更重要的是阿尔卡特公司作为一个国际知名品牌，具有悠久的历史和成熟的企业环境，法方员工对阿尔卡特文化的认同度非常高，具有较强的优越感，希望保留阿尔卡特公司文化。在这种情况下，阿尔卡特员工必然对这种文化同化方式产生排斥，甚至强烈抵制，致使跨文化整合失败，最终导致 TCL 与阿尔卡特手机业务的"联姻"失败。

第五节　并购与商务谈判

　　跨国兼并收购是一个复杂过程。中国企业要面对与国内完全不同的政治、经济、法律、社会、人文环境，需要通过一系列艰苦卓绝的商务谈判过程才能达成兼并收购交易，这就要求我们充分发挥商务谈判在跨国兼并收购中的推动作用。

　　2003 年，联想公司收购 IBM 公司个人电脑事业部是一个典型案例。它是中国企业首次在充分竞争市场领域实施大规模收购的案例，是中国 IT 产业历史上最大的海外并购案例，也是中国企业收购国际著名企业品牌的第一例，它的谈判策略和经验对于帮助今后中国企业"走出去"很有借鉴意义。本节通过分析该起收购案例帮助大家了解如何更好地开展商务谈判。

一　收购过程

　　2004 年 12 月 8 日，联想公司和 IBM 公司签署了协议，将收购 IBM 公司个人电脑事业部，成为一家拥有强大品牌、丰富产品组合和领先研发能力的国际化大型企业。根据收购交易条款，联想公司要向 IBM 公司支付 12.5 亿美元，其中包括约 6.5 亿美元现金，及按 2004 年 12 月交易宣布前最后一个交易日的股票收市价价值 6 亿美元的联想股份。交易完成后，IBM 公司拥有联想公司 18.9% 的股权。此外，联想公司将承担来自 IBM 公司约 5 亿美元的净负债。收购完成后，联想公司成为全年收入约达 120 亿美元的世界第三大 PC 厂商（按 2003 年业绩计算），并进入世界 500 强行列。

二　收购背景

1994 年之前，IBM 公司一直是 PC 技术和市场的领头羊。进入 2000 年以后，全球计算机硬件市场销售额开始下滑，IBM 公司的 PC 销售额也不断下滑，开始出现亏损，并逐步加大。至此，IBM 公司考虑放弃低利润的硬件业务。2002 年，IBM 公司决定出售 PC 业务，并陆续关闭、转让、出租了在全球各地的工厂，只保留了在日本的大和实验室和深圳的 IIPC。而此时，联想公司的 3 年战略目标没有实现，转型处处碰壁、虎视眈眈的戴尔、PC 市场份额不断下降、现金 26 亿港元无处可花。为此，联想公司计划开始专注发展 PC 主业。然而，国内市场已被充分挖掘，海外市场却是一片空白。恰在此时，有一家国际投资银行——花旗美邦银行给联想公司提出建议，多元化战略的失败让联想别无选择，只能将目光转向国外以寻求增长。如果联想不走出中国，就将失去 90% 的 PC 市场。最后，由于美林证券的牵线，IBM 公司与联想公司一拍即合。

三　谈判过程

联想公司收购 IBM 公司个人电脑事业部经过了艰苦的谈判过程，主要分成 3 个阶段。

第一阶段，2003 年 11 月到 2004 年 5 月，是 IBM 公司和联想公司互相了解的阶段。在这个阶段，联想公司对 IBM 公司分布在全球的 PC 业务情况进行了大量的摸底、考查和论证，分析收购的利弊，规划未来的发展方向。

第二阶段，2004 年 5 月，联想公司正式向 IBM 公司提出收购方案。一方面，联想对 IBM 公司 PC 部门开始进行调查和审计，以确保自己"买到的东西货真价实"；另一方面，双方就一些关键问题开始了密集的谈判。

第三阶段，2004 年 5 月到 10 月，两家公司就收购工作进行实质性的谈判，双方开始进入最后两个月的紧张谈判，谈判队伍一度多达百人以上。最后达成协议。

四　商务谈判遇到的问题和对策

联想公司收购 IBM 公司个人电脑事业部的谈判，并不是一帆风顺的。过程充满艰辛，联想公司碰到的很多问题和应对的策略值得国内其他企业学习。

（一）收购时机的把握——该出手时才出手

美国克拉克将军曾经这样总结朝鲜战争，"这是一场在错误的时间、错误的地点、和错误的对手打的一场错误的战争"。收购就如同战争，收购时机的选择非常重要。不合适的时机经常会带来过高的价格，或者无法很好地进行企业整合，从而导致收购失败。联想公司选择的收购时机就很好。IBM 公司剥离 PC 业务心意已决，几年以来，该公司不断寻求买家洽谈转手事宜。2000 年，IBM 公司就通过中介机构向联想公司提出了出售意向，当时联想公司认为，业务重点还是在国内市场，同时联想正在开展多元化经营战略，故未考虑 IBM 公司的出售建议。而到了 2003 年，联想公司的多元化经营策略受到挫折，PC 市场份额开始下降，香港上市的资金需要寻找新的方向。而此时 IBM 公司的 PC 业务亏损加大，IBM 公司出售 PC 部门的决心更为坚决，而联想公司自身经过几年的发展，经营管理能力也有较大提升，收购时机成熟，联想公司果断出手，即在谈判中占据了有利地位，也在收购完成后有足够的人力储备完成企业整合。事实证明，这个时机较为合适，当时很多公司不看好这一收购行为，经过几年的整合，联想公司已经完成整合工作，经营业绩不断提升。

（二）谈判准备工作——百密不放过一疏

完成收购的关键是做好谈判准备工作，稍稍一点疏忽都可能导致付出更高的价格，甚至收购失败。面对收购 IBM 公司个人电脑事业部这样的目标，联想公司从一开始就以"百密不放过一疏"的原则做好各项谈判准备工作。

一是做好市场调研、摸底和尽职调查工作。2003 年 11 月到 2004 年 5 月被看作谈判的第一个阶段，联想公司的主要工作是市场调研、了解对方情况、制定业务规划和提出收购商业方案，并在此基础上制定谈判条款。业务规划和商业方案详细分析了 IBM 公司个人电脑事业部亏损的原因、未来的业务定位、未来的业务收入和现金流，并与 IBM 公司进行了无数次的磋商、争论。2004 年 5 月，经过一番深思熟虑之后联想公司拿出了初步的业务规划和商业方案，其中包括收购范围、收购价格、支付方式、合作方式，成为联想确定收购价格的基准，谈判进入最艰苦的实质性阶段。"我们最终得到了我们想要的全部东西。"联想公司一位高层称，联想圈定的收购范围从始至终都没变过。

二是组成强大的谈判团队。中国企业跨国兼并收购一定要邀请有经验、有实力的国际第三方中介机构参与。第三方中介机构包括投资银行、咨询公司、律师、会计师事务所、审计机构等。

中介机构有时可以避免被收购方的敌对情绪，特别是西方国家对我国国有大型企业的收购敌意。同时中介机构对于兼并收购过程的各个环节较为熟悉，可以帮助企业更有效地落实兼并收购的具体细节。此外，在很多兼并收购过程中，咨询公司可以利用自身的专业优势，就被收购企业的未来业务发展提出比较可行的业务规划，帮助收购主体在谈判中取得优势。此次联想公司邀请各个领域的国际最知名公司全程参与谈判。其中，由麦肯锡公司担任战略顾问，高盛公司担任并购顾问，安永公司、普华永道公司作为财务顾问，奥美公司作为公关顾问参与。联想内部也组成强大的谈判队伍，收购所涉及的部门，包括行政、供应链、研发、IT、专利、人力资源、财务等各个部门均派出了专门小组全程跟踪谈判过程。每个小组由 3～4 名员工组成，总人数达到 100。

（三）价格谈判——重中之重

"13 个月中有一半时间在谈价还价。"联想公司新的董事局主席杨元庆坦言。这也说明任何一项收购谈判的核心基本上都是价格谈判。

价格谈判秘诀之一，要掌握所有谈判细节。一个细节不注意，可能损失就是几千万美元。"每次谈判前，我们都预想各种可能，谈论每个细节的上限和下限。"联想公司高层提到，要将对方所有的财务数据放在一个财务模型中，按照不同的支付方式换算。比如，围绕 IBM 这个产品品牌的使用年限不同，支付价格就不同。而在整个谈判过程中，IBM 在 PC 和笔记本产品方面的专利、品牌等问题也一度成为谈判重点。这些专利和品牌，收购完成后联想能如何用、用到什么样的程度，双方讨论都很激烈。

秘诀之二，要确保尽可能少用现金。联想公司没有透露过
IBM 公司的要价与联想一开始的出价。但在此前，海外媒体猜测
说，IBM 公司要价在 10 亿~20 亿美金。最后联想公司选择支付
了 6.5 亿的现金，其他用股票支付，极大地减轻了自身的财务压
力。除此之外，颇引人注目的是，联想公司在支付 12.5 亿美元
的收购价格的同时还要承担 IBM 的 5 亿美金负债。联想公司解
释："5 亿美金来自 IBM 对供货商的欠款，而对于 PC 厂商来说，
这种流动负现金流只要保持交易就会滚动下去，而不必支付，因
此并不对联想形成财务压力。"

秘诀之三，要严格保密。谈判中，IBM 公司提出如果联想公
司走漏了消息并证实了的话，就立刻终止谈判。而香港联交所又
规定当他们进行询问时必须加以证实。保密的要求对联想公司压
力很大。联想公司谈判组成人员严格执行这项要求，在未对外公
布谈判结果之前，对家人、同事、朋友都做到严格保密。

（四）信息不对称风险——知己知彼

中国企业跨国收购经常会碰到信息不对称风险，突出表现在
对目标企业的财务状况了解不够准确，对企业的或有负债不了
解，或者不了解目标企业存在的法律风险。这就要求中国企业必
须在收购之前做到知己知彼，解决信息不对称风险，才能确保收
购后企业整合取得成功。这方面，联想公司的经验值得借鉴。

联想公司完成收购 IBM 公司个人电脑事业部后，IBM 公司
最新向美国证交会提交的文件显示，其卖给联想公司的个人电脑
业务持续亏损已达三年半之久，累计亏损额近 10 亿美元。如此

庞大的亏损数字，颇令国内媒体震惊，纷纷指出联想公司收购碰到了问题。联想公司随后澄清，有关 IBM 公司个人电脑业务的财务状况，并购前联想公司就已经通过多种渠道进行了细致的了解，"亏损主要来自 IBM 公司总部的摊销，其电脑业务总体运转情况还是相当不错的"。在之后的运作表明，联想公司掌握的信息符合实际情况，做到了知己知彼，IBM 公司个人电脑业务的运作虽然有巨额亏损，但总的来说还算比较正常。2004 年，IBM 个人电脑业务净营业收入为 52 亿美元，较 2002 年的 43 亿美元有大幅改善。

五　启示

联想公司收购 IBM 公司个人电脑事业部的案例，可以给中国企业跨国收购很多启示。

一是要敢于出手。联想公司的规模比 IBM 公司小很多，品牌差距也非常明显，但联想公司敢于出手，上演了一出"蛇吞象"，并获得成功。当前，我国经济总量在全球已经排在第二位，在最新的全球企业 500 强中，我国（包括香港）共有 73 家企业上榜，超过了日本的 68 家，仅次于美国的 132 家。我国的企业已经到了需要在全球市场上展示实力的阶段，在符合企业自身发展战略的前提下，要敢于出手，收购有良好品牌和技术实力的国外企业。

二是谈判中要"以我为主"。在兼并收购的谈判中，过于武断和过于谦虚都是经常出现的情况。联想公司在谈判中，按照"以我为主"的原则，坚持自身既定的收购范围，该要的业务一个都不能少，不需要的业务范围据理力争。在中国企业对外兼并收购过程中，有些国有企业比较注重完成收购行为，将其作为经营成果，而不注重谈判过程，经常会出现损害企业利益的现象。我们一定要认识到，国际兼并收购谈判是商业行为，要避免出现单纯以收购为目的、不注重谈判过程的现象，要通过商业谈判，最大化收购利益。

三是要借助第三方中介机构的力量。特别是在收购谈判中的法律条款方面，国际公司在兼并收购领域有着近 100 年的经验，对相关法律条款非常熟悉，而我国企业都缺少这方面的经验和人才，在谈判合同文本中不能识别风险点，承担着本应由双方共同承担的风险。国内很多起并购案例失败均是由此引起的，故在谈判过程中，一定要借助第三方中介机构的力量，特别是一些国际知名投行、咨询公司、会计师事务所等公司的力量，它们均在兼并收购领域有着丰富的经验。同时在接触西方发达国家的收购目标公司时也可先请中介机构出面接触，减少对方的抵触情绪。

第七章　中国企业跨国并购的
国内外监管环境分析

我国企业的跨国并购，涉及企业所在国、投资主体企业的所在国的法律关系，金额较大的跨国并购还需要应对主要发达经济体国家的反垄断法律。本章主要分析我国企业跨国并购所面对的国内监管环境、已有审批流程，同时重点分析主要投资国家的监管环境，并对具体实施过程中的法律问题进行了分析，提出了对策建议。

第一节　国内监管环境及审批流程

由于中国企业跨国并购近十年来才有大规模发展，所以监管环境还不够成熟，审批流程也跟不上近年来并购活动快速发展的现状。

一　我国监管环境现状

海外并购不仅受并购东道国法律政策的影响，同时也受并购方本国政策和法律的影响。总的来说，我国对海外并购具有影响包括：海外并购资格的审批、外汇管理、股权和有价证券的投资与贷款法律、税收制度、反垄断法及其他相关法律。同时，还包括向并购方提供政治风险担保和投资保险、对国际投资和国际贸易的限制。

中国目前对本国企业的海外投资并没有一个十分完备的法律体系，也没有一部比较完整的对外投资法典，但随着我国经济的发展，引进外资的增加和企业自身的成长，政府也逐渐认识到在吸引外资的同时应当适度鼓励我国企业走出国门进行海外投资，于是，作为海外投资制度中重要内容的审批制度以及外汇管理制度，也与我国海外投资政策一样经历了确立、强化和改革的阶段。

为促进和规范境外投资，我国在 2009 年实施了相比以前的投资指导政策更加完备的《境外投资管理办法》。同年，商务部发布《对外投资合作国别（地区）指南》，旨在加快实施"走出去"战略，支持我国企业积极稳妥开展对外投资合作，为企业跨国经营提供更加全面、权威的信息服务。在境外投资外汇管制方面，2003 年经国务院批准取消了外汇风险审查的规定，并进一步简化了境外投资外汇资金来源审查手续，2006 年 7 月的《关于调整部分境外投资外汇管理政策的通知》又有了新内容。一是取消了境外投资购汇额度的限制。国家外汇管理局不再核定并下达境外投资购汇额度，境内投资者从事对外投资业务的外汇需求可以基本得到满足。二是境内投资者如需向境外支付与其境外投资有关的前期费用，经核准可以先行汇出。2011 年，中国又出台了一部比较全面的针对境外投资的《对外投资条例》，可以看出中国对鼓励更多国内企业走出国门发展壮大的不断努力。

当然，我国关于境外投资的审批监管体制仍然存在很多问题。例如，企业到海外并购一般要经过政府的层层审批，立法既没有对我国海外投资产业进行具体区分，也没有根据现有的产业优势对企业并购进行引导，对企业约束性仍然很强。多元审批、分级管理制度的统一性与协调性不够，审批手续烦琐、耗时过长，重审批、轻监管，导致事后监管不力。这些问题对我国企业走出国门仍是很大的障碍。

二 国内审批流程概述

中国企业跨国并购，必须获得国家发改委、商务部和外汇管理局三个部门的核准、备案或登记，如果是国有企业，还必须取得国有资产管理部门的核准或备案。发展改革部门主要从海外投资角度对投资项目进行立项核准，发改委鼓励的海外并购一个是资源类的并购，另一个就是技术和品牌的并购，这体现了国家产业升级的思维。商务部门是通过中国与被购买企业东道国的贸易关系和外交关系进行核准，商务部的批准还须征求东道国使领馆的意见。外汇管理部门主要是对境外投资所涉及的外汇的来源进行核准，国有资产管理部门主要是从国有资产监督管理的角度进行核准。

三 发改委境外投资立项核准

根据国家发改委 2009 年发布的《关于完善境外投资项目管理有关问题的通知》（发改外资〔2009〕1479 号），境内收购方需要在境外竞标之前向国家发改委提交信息报告。在信息报告获得国家发改委确认后，方可进行对外谈判签约、提出约束性报价及投标等具体活动。信息报告确认制度是国内企业海外投资的一个重要程序，国家发改委可以借此程序大致了解和把握国内有多少投资主体拟参与境外收购或竞标。发改委对信息报告的确认，对于投资主体将来顺利取得国家发改委的正式核准有着重要影响，许多人形象地将国家发改委对信息报告的确认函称为"路条"。2011 年，国家发改委下发了《关于做好境外投资项目下放核准权限工作的通知》，进一步简化审批流程并将审批权限下放至地方发展改革部门。

（一）审批权限

依照现行规定，根据投资项目和投资金额的不同，境外投资项目核准的主管机关为各级发展改革部门。具体权限划分如下。

地方企业实施的中方投资额 3 亿美元以下的资源开发类、中方投资额 1 亿美元以下的非资源开发类境外投资项目（特殊项目除外），由省级发展改革部门核准；对中方投资额 3000 万美元以上至 3 亿美元以下的资源开发类、中方投资额 1000 万美元以上至 1 亿美元以下的非资源开发类境外投资项目，省级发展改革部门在下发核准文件前，须报国家发改委登记，国家发改委将在收到核准文件的 5 个工作日内出具《地方重大境外投资项目核准登记单》。经登记的项目核准文件是办理相关手续和享受相关政策的依据。

中央管理企业实施的上述境外投资项目，由企业自主决策并报国家发改委备案。

中方投资额 3 亿美元及以上的资源开发类、中方投资额 1

亿美元及以上的非资源开发类境外投资项目，由国家发改委核准。

在未建交、受国际制裁的国家，或前往发生战争、动乱等国家和地区的投资项目，以及涉及基础电信运营、跨界水资源开发利用、大规模土地开发、干线电网、新闻传媒等特殊敏感行业的境外投资项目，不分限额，由省级发展改革部门或中央管理企业初审后报国家发改委核准，或由国家发改委审核后报国务院核准。

（二）项目信息报告

中国投资者在境外竞标或收购项目时，对于中方投资额1亿美元及以上的境外收购和竞标项目，应在投标或对外正式开展商务活动前，向国家发改委报送书面信息报告。国家发改委在收到书面信息报告之日起7个工作日内出具有关确认函件。

（三）报批文件

①项目申请报告。

②公司董事会决议或相关的出资决议。

③证明中方及合作外方资产、经营和资信情况的文件。

④银行出具的融资意向书。

⑤以有价证券、实物、知识产权或技术、股权、债权等资产权益出资的，按资产权益的评估价值或公允价值核定出资额。应提交具备相应资质的会计师、资产评估机构等中介机构出具的资产评估报告，或其他可证明有关资产权益价值的第三

方文件。

⑥投标、并购或合资合作项目，中外方签署的意向书或框架协议等文件。

⑦境外竞标或收购项目，应报送信息报告，并附国家发改委出具的有关确认函件。

（四）审批时限

国家发改委受理项目申请报告后，应自受理项目申请报告之日起20个工作日内完成对项目申请报告的核准或向国务院提出审核意见，如20个工作日不能做出核准决定或提出审核意见，由国家发改委负责人批准延长10个工作日，并将延长期限的理由告知项目申请人。

根据《境外投资项目核准暂行管理办法》的规定，地方各省级发展改革部门可依据办法的规定制定相应的核准管理办法。因此，各省级发展改革部门对于属于其管辖的境外投资项目的核准程序由其自行制订，各地的程序和审批时限等不完全相同。

四　商务部门企业境外投资证书审批

为及时了解企业的境外并购情况，为企业提供境外并购及时有效的政府服务，商务部、国家外汇管理局于2005年3月31日发布了《企业境外并购事项前期报告制度》（商合发〔2005〕131号），规定了境外并购的前期报告制度。在取得发改委的核准后，中国投资者还应当取得企业境外投资证书。2009年5月《境外投资管理办法》的生效，极大地简化了商务部和各省级商务主管部门对境外投资的审批程序，并减少了与其他政府部门之间的重复审批事项。除了部分大型和敏感项目的投资管辖权外，大部分项目的审批权都下放给了各地方商务部门。企业在确定境外并购意向后，须及时向商务部及地方省级商务主管部门和国家外汇管理局及地方省级外汇管理部门报告。其中国务院国有资产监督管理委员会管理的企业直接向商务部和国家外汇管理局报告；其他企业向地方省级商务主管部门和外汇管理部门报告，地方省级商务主管部门和外汇管理部门分别向商务部和国家外汇管理局转报。

（一）商务部门通过电子政务对境外投资进行管理

商务部建设了电子化的"境外投资管理系统"（以下简称"系统"），企业可通过该系统，向当地主管机关提交电子申请（中央企业直接向商务部提交）。申请受理后，企业根据系统提示打印申请表并提交相应书面材料，并在线查询审批进度。申请通过后，企业到当地主管机关领取《企业境外投资证书》和《企业境外机构证书》（中央企业到商务部领取）。

（二）需要商务部核准的情形

（1）第一类：商务部核准项目。

①在与我国未建交国家的境外投资；

②特定国家或地区的境外投资（具体名单由商务部会同外交部等有关部门确定）；

③中方投资额1亿美元及以上的境外投资；

④涉及多国（地区）利益的境外投资；

⑤设立境外特殊目的公司。

（2）第二类：省级商务部门核准的项目。

①中方投资额 1000 万美元及以上、1 亿美元以下的境外投资；

②能源、矿产类境外投资；

③需在国内招商的境外投资。

（3）第三类：不属于第一类和第二类的其他项目。

中央企业在境外投资设立非金融企业，或通过合并或收购的方式收购境外非金融企业的所有权、管理权或其他权利的，由商务部核准；非中央企业的境外投资由省级商务主管部门核准。

（三）申请流程

向省级商务部门提出申请 – 向境外使领馆征求意见 – 报国家商务部 – 商务部核准，商务部门核准通过后，向开展境外投资的企业颁发《企业境外投资证书》和《企业境外机构证书》。

（1）审批权限。商务部门在收到申请材料后，一般都会征询中国驻该国或地区的使领馆的意见，再决定是否批准申请。

获得商务部或省级商务主管部门核准后，中国投资者还必须在中国驻东道国或地区使领馆进行登记，并向原审核部门报告所要求的境外投资的经营和数据信息。

商务部门的核准不适用于中国投资者通过已有的境外机构进行再投资的项目。在此类项目中，中国投资者或其投资的境外机构只需在完成相关法律程序一个月内将再投资相关情况在原核准的商务部门进行网上备案即可。

（2）申请文件。

①第一类和第二类项目需提交以下文件：

a. 申请书，主要内容包括境外企业的名称、注册资本、投资金额、经营范围、经营期限、投资资金来源情况的说明、投资的具体内容、股权结构、投资环境分析评价以及对不涉及《境外投资管理办法》第九条所列情形的说明等；

b. 企业营业执照复印件；

c. 境外企业章程及相关协议或者合同；

d. 国家有关部门的核准或备案文件；

e. 并购类境外投资需提交"境外并购事项前期报告表"；

f. 主管部门要求的其他文件。

商务部《境外投资管理办法》规定投资者要提交"国家有关部门的核准或备案文件"，承认了其他监管机构事先核准的必要性。这样规定有利于分清各主管部门的职责，减少重复审批程序。

②第三类项目的审批。

中央企业总部通过商务部"境外投资管理系统"按要求填写打印申请表，报商务部核准。地方企业通过商务部"境外投资管理系统"按要求填写打印申请表，报省级商务主管部门核准。

（四）审批时限

省级商务主管部门按照商务部委托核准的权限，自受理申请之日起15个工作日内做出是否予以核准的决定；须报商务部核准的，自省级商务主管部门受理之日起10个工作日内进行初审，同意后上报商务部。商务部自受理申请之日起15个工作日内做出是否予以核准的决定。

五　外汇管理局外汇登记

外汇登记须在完成发改委和商务部的批准后方可进行。外管局审查的目的主要是确保外汇资金是由拟投资者所有，在审查过程中不会考虑任何经济或商业上的因素。

国家外汇管理局 2009 年出台了《境内机构境外直接投资外汇管理规定》（汇发〔2009〕30 号），规定境内机构境外直接投资在获得境外直接投资主管部门核准后，应持相关材料到所在地外汇管理局办理境外直接投资外汇登记。在取得前述外汇登记后，境内机构应凭境外直接投资主管部门的核准文件和境外直接投资外汇登记证，在外汇指定银行办理境外直接投资资金汇出手续；外汇指定银行进行真实性审核后为其办理。

外汇管理局自 2009 年 1 月起启动了全新电子平台处理所有境外投资事宜，所有与境外投资项目相关的外汇程序，包括批准、核准、登记和备案等均须通过该平台进行处理，投资者将获得 IC 卡形式的外汇登记证，取代之前使用的纸质证明。所有与投资者境外投资相关的批准和记录，都将被记录在投资者的 IC 卡上。

投资者可以使用自有外汇资金、符合规定的国内外汇贷款、人民币购汇或实物、无形资产及经外汇管理局核准的其他外汇资产等进行境外直接投资。境内机构境外直接投资所得利润也可留存境外用于其境外直接投资。

境内机构在向所在地外汇管理局办理境外直接投资外汇登记时，应说明其境外投资的外汇资金来源情况；境内机构境外直接投资及其形成的资产、相关权益应当在外汇管理局进行登记备案。

（一）境外投资外汇登记

1. 管辖

（1）中方外汇投资不超过 1000 万美元的，报外管支局登记；

（2）中方外汇投资超过 1000 万美元的，由外管支局受理并初审，报外管分局批准登记。

2. 报批文件

（1）书面申请并填写《境外直接投资外汇登记申请表》；

（2）外汇资金来源情况的说明材料；

（3）境内机构有效的营业执照或注册登记证明及组织机构代码证；

（4）境外直接投资主管部门对该项投资的核准文件或证书；

（5）如果发生前期费用汇出的，提供相关说明文件及汇出凭证；

（6）外汇局要求的其他材料。

3. 审批时限

现有规定并未明确外汇管理局审批时限，根据各地外汇管理局网站公布的信息显示，正常情况下，外汇管理局受理申请材料后在 20～25 个工作日内核发外汇登记证。

（二）境外投资外汇登记的变更、备案及注销手续

境内投资者应在如下情况发生之日起 60 天内，持境外直接投资外汇登记证、境外直接投资主管部门的核准或者备案文件及

相关真实性证明材料到所在地外汇管理局办理境外直接投资外汇登记、变更或备案手续。

（1）境内机构将其境外直接投资所得利润以及其所投资境外企业减资、转股、清算等所得资本项下外汇收入留存境外，用于设立、并购或参股未登记的境外企业的，应就上述直接投资活动办理境外直接投资外汇登记手续。

（2）已登记境外企业发生名称、经营期限、合资合作伙伴及合资合作方式等基本信息变更，或发生增资、减资、股权转让或置换、合并或分立等情况，境内机构应就上述变更情况办理境外直接投资外汇登记变更手续。

（3）已登记境外企业发生长期股权或债权投资、对外担保等不涉及资本变动重大事项的，境内机构应就上述重大事项办理境外直接投资外汇备案手续。

另外，境内投资者持有的境外企业股权因转股、破产、解散、清算、经营期满等原因注销的，境内投资者应在取得境外直接投资主管部门相关证明材料之日起60天内，凭相关材料到所在地外汇管理局办理注销境外直接投资外汇登记手续。

（三）境外直接投资前期费用汇出

在国际收购的竞标中，招标方一般会要求投标方提供担保存款或竞标保证金。对于在境外没有外汇账户的中国投标方而言，如果在竞标规定时限内获得外汇管理局的核准，并购汇汇出存在困难，许多中国投标方也因此错过了好多机会。在其他类型的境外投资或并购中，中国投资者初期也需要资金投入，如办公场所的租赁及办公设备的采购等。

为解决此类问题，外汇管理局规定中国投资者向有关主管部门提交境外投资项目核准申请或投资意向后，在获得正式批准之前，可向境外支付与境外投资项目相关的前期费用，这些费用包括以下几项。

（1）收购境外企业股权或境外资产权益，按项目所在地法律规定或出让方要求需缴纳的保证金；

（2）在境外项目招投标过程中，需支付的投标保证金；

（3）进行境外直接投资前，进行市场调查、租用办公场地和设备、聘用人员，以及聘请境外中介机构提供服务所需的费用。

中国投资者向境外汇出的前期费用，一般不得超过中国投资者已向境外直接投资主管部门申请的境外直接投资总额（以下简称境外直接投资总额）的15%（含15%），并持下列材料向所在地外汇管理局申请：

（1）书面申请（包括境外直接投资总额、各方出资额、出资方式，以及所需前期费用金额、用途和资金来源说明等）；

（2）中国投资者有效的营业执照或注册登记证明及组织机构代码证；

（3）中国投资者参与投标、并购或合资合作项目的相关文件（包括中外方签署的意向书、备忘录或框架协议等）；

（4）中国投资者已向境外直接投资主管部门报送的书面申请；

（5）中国投资者出具的前期费用使用书面承诺函；

（6）外汇管理局要求的其他相关材料。

对于汇出的境外直接投资前期费用确需超过境外直接投资总

额 15% 的，中国投资者应当持上述材料向所在地国家外汇管理局分局（含外汇管理部）提出申请。

第二节 主要目标国的并购监管环境

跨国并购对东道国经济增长做出的积极贡献是多方面的，包括资金、技术、管理等各个方面。但是，跨国并购究竟能在多大程度上发挥其预期的积极作用，关键在于东道国市场结构的演变。如果并购后能够形成和保持一个有效竞争的市场结构，跨国并购的积极作用就会表现得比较明显。然而，正如人们已注意到的，跨国公司所追求的利益与东道国的发展目标并不完全一致，在某些方面甚至存在重大的差异。跨国并购发展到一定程度就可能会出现垄断，并由此而给东道国带来一些严重的弊端。跨国并购企业大都来源于市场集中度比较高的发达国家，并且资金规模、技术水平和品牌经营等方面具有相对的竞争优势，因而有能力获得和保持市场垄断的地位。同时，跨国并购逐渐从过去追求规模经济效应和市场占有率为主，转移到全球范围内谋求资源的最优配置以及争夺有效创新技术、优秀人才资源的垄断竞争优势上来。由于垄断可能带来巨大的经济利益，跨国并购企业总是力求成为市场垄断者。因此，反垄断、保护竞争、维护市场机制的有效运行，已经成为市场经济体制必不可少的组成部分。为此，绝大多数市场经济国家特别是发达国家都有相应的政策和有关规定，对跨国并购采取一定的政府管制。

由于跨国并购对东道国经济发展有深刻影响，各国政府对跨国并购都有相应的政策和有关规定。跨国并购属于国际直接投资的一种具体方式，因此各国对外国投资者的立法及相应的政策也适用于跨国并购者。同时，由于跨国并购是以并购的方式进入东道国，所以，它又不完全等同于其他的国际直接投资方式，而必须受制于东道国有关并购的政策法规的约束。从主要发达国家的实际运作看，国外一般不对跨国并购进行专门立法，而是在国内企业并购的法规中，专门制定有关跨国并购的条款。从各国关于跨国并购者的现行政策法规来看，政策的基本出发点是维护公平竞争、保护本国利益和反垄断。

本节主要介绍分析美国、英国、德国、法国、澳大利亚、加拿大等我国跨国并购主要目标国家的监管环境。

一 美国对外资并购及行业准入的监管

（一）美国的并购法律体系

美国的并购法律体系主要由三个部分组成：联邦反托拉斯法、联邦证券法和州一级的并购法律。

1. 联邦反托拉斯法

反托拉斯法的主要立法意图是反对垄断，维护美国市场的有效竞争局面，保护消费者利益。在美国联邦反托拉斯法中，有关控制企业并购的主要法律有 1890 年的《谢尔曼法》（*Sherman Antitrust Act of 1890*）、1914 年的《克莱顿法》（*The Clayton Antitrust Act of 1994*）、1950 年的《塞勒－凯弗尔法》（*Celler—Kefauver Antitrust Act of 1950*）、1976 年的《哈特－斯各特－罗蒂诺法》（*Hart－Scott－Rodino Antitrust Law of 1976*）。《谢尔曼法》是较为原则性地禁止垄断、鼓励竞争的法律，它规定"凡是限制几个州之间的贸易或商业活动的合同，以托拉斯形式进行并购或暗中策划，都是非法的"。其对垄断的判断依据，一是按区域和产品划分的市场份额，某个企业的产品市场占有率为 80% ~ 90%；二是当事企业采取了某些掠夺性定价或者排他性行动。《克莱顿法》明确界定了"垄断"的含义，在第 7 条中规定，公司间任何并购如果"其结果可能使竞争大大削弱或导致垄断"，都是非法的。该法律还限制削弱企业间竞争和形成垄断的产权交易，对从事交易活动或者对交易活动有影响的任何企业以直接或间接的形式获得其竞争对手的部分或全部权益或资产的行为进行规制。《克莱顿法》的处罚条款极其严厉。《哈特－斯各特－罗蒂诺法》则扩大了联邦政府反托拉斯的权力，确立了并购前申报制度，并允许各州制定地区性的州并购法律。

对企业合并做出详细规定的是 1968 年出台的《合并准则》，对横向、纵向和混合合并进行规制，后来又于 1984 年对其进行修订。1992 年推出新的《横向合并准则》，新准则在判断有无横向合并时，要求分析如下因素：合并是否明显导致市场集中；是否产生潜在的反竞争效果；是否影响充分的市场进入；能否获得合理的效益，而且该效益是当事人能通过合并获得的；是不是可免使当事人破产或被挤出市场的唯一途径。纵向合并主要考虑生产商的市场份额、销售商的市场份额、当前进入市场的条件等因素。混合合并主要考虑被兼并企业所占的市场份额，及该企业是否为同类市场中最大的厂商之一等因素。美国法院判例法理论主要考察潜在的竞争、构筑防御措施、互惠交易等。

为了执行反托拉斯法，动态地掌握市场份额标准，美国司法部先后宣布了 1968 年《并购指南》、1982 年《并购指南》、1984

年《并购指南》，作为指导控制并购的标准。最新的《并购指南》是 2010 年由美国司法部和联邦贸易委员会联合发布的。

2. 联邦证券法

联邦证券法实施的目的在于通过确保有关并购的充分资料可以公开获得，保护目标公司的股东以及广大的投资公众。有关并购的联邦证券法的核心是 1968 年的《威廉姆士法》（*The Williams Act of 1968*），该法对《证券交易法》（*The Securities Exchange Act of 1934*）作了增补。增补条款强调对上市公司的收购，必须向目标公司及其股东做出充分披露，以保证投资者有足够的时间对并购意向做出恰当反应。

美国的上市公司有 6000 多家，占国内生产总值的比重超过 80%。90% 以上的并购是由上市公司发动的。

3. 州一级的并购法律

上述两部分法律主要从保护消费者利益和投资者利益的角度对并购活动加以规范，而对于目标公司自身的利益、现任管理人员和雇员的权利的保护，通常属于州法律管辖的范围。州并购法律最突出的特点是对敌意并购进行限制或惩罚，主要体现在对目标公司的反并购行为予以法律上的承认或支持；规定对敌意并购行为进行惩罚；或者干脆直接通过立法防止敌对并购行为。

由于州法律与美国推行的自由企业制度不尽相符，联邦最高法院曾于 1982 年取缔这些州法令。但由于州法律常常与目标公司管理人员和雇员的利益是一致的，所以时至今日，州法律仍是并购监管中不容忽视的力量。而且在执法过程中，州一级的法律普遍的倾向是对外国并购公司施以更严历的限制。

从美国联邦的角度来看，执行并购法律的机构主要是联邦贸易委员会和司法部。

（二）并购审查标准

在美国，联邦贸易委员会和司法部对并购的审查是基于相对纯粹的竞争标准，没有任何法律文件涉及产业政策和公共利益的考虑。《克莱顿法》第七部分没有涉及并购的效率问题，在颇罗克特和甘波（Proctor and Gamble）案中，美国最高法院否定了在反竞争性并购中所提出的经济效益的辩护理由。而在一些基层法院的判决中，也有过将效益辩护作为一种理由来考虑的先例，但其地位和范围依然是不清楚的。

在并购审查的执行层面上，司法部和联邦贸易委员会联合签发的 1992 年《并购指南》中表现得极其含糊。他们建议在极个别的场合下，"如果具有异议的并购有获取实质性净效率的合理的必要性，其并购的合法性可以在执法的自由裁量权情况下予以考虑"。而在 1982 年《并购指南》、1984 年《并购指南》中，则明确指出，对于那些期望引导价格提升的并购，效益不能成为证明这种并购正当的理由。

（三）并购审查门槛

根据反托拉斯法的规定，如果一家销售额或资产超过 1 亿美元以上的公司要收购一家销售额或资产超过 1000 万美元以上的公司，欲行并购的公司必须事先通知联邦贸易委员会和司法部。

（四）并购审查程序

并购者如果是通过股票进行并购，则必须在开始其并购要约之前的 30 日内，通知联邦贸易委员会和司法部上述有关机构。如果是现金收购，则必须在并购要约前的 15 日内通知，反托拉斯机构将在这段时间内就并购对有关产品的市场可能产生的冲击进行评估。如果其中任一机构认为，拟进行的并购可能导致垄断，或者可能大大削弱有关产品市场中的竞争，则该机构可以通过请求法院阻止此项并购而谋求联邦法院对交易的禁止。或者，反托拉斯管理机构也可以要求并购者变更其并购条款，以避免产生任何反竞争问题。例如，如果某一并购公司与其标的公司之间的竞争只是限于两个公司生产诸多产品中的某一项产品，则司法部有可能在要求并购公司同意并购后将特定产品的生产部门剥离出去后，允许其并购。

反托拉斯局审查横向并购案时，首先，定义其对市场的经济意义，相关产品的市场份额，评估并购是否会造成明显的市场集中。其次，根据市场的集中程度和市场的其他特征，评估反竞争效应是否存在。正如《并购指南》所述，反托拉斯局寻找反竞争影响的两种可能来源，审查并购是否会使新的并购企业单方面提高产品价格；审查并购是否会产生审谋行为或形成垄断。最后，反托拉斯局还会评估新的进入或产品调整是否会约束价格上升，是否由并购所产生的效率提高超过其反竞争所带来的负面效应。

在反托拉斯局审查纵向并购案时，通常评估这种并购是否会给被并购企业提供一种在下游市场提高价格、减少产量的能力，是否会通过提高价格、树立进入障碍等方式排除或降低有效竞争等，在这方面，效率是评估的一个重要因素。

（五）对跨国并购的特殊限制

1. 国家安全

20 世纪 80 年代以来，美国政府对跨国并购进行限制的一项重要修正案是《埃克森 – 弗罗里奥修正案》（*The Exon – Florio A-mendment*）。该项修正案是布什政府于 1989 年通过的《1988 年综合贸易和竞争法案》附加在《国防生产法》（*Defense Production Act*）之上，现作为《国防生产法》第 721 款。根据该修正案规定，外国公司欲并购的美国公司如果涉及与国家安全相关的产业，该项跨国并购案将受到特殊审查。执行特殊审查任务的机构是美国外国投资委员会（*Committee on Foreign Investment in the United States*，*CFIUS*），该委员会由美国财政部部长担任主席，委员会成员还包括国务卿、国防部部长、商务部部长、司法部部长、管理和预算办公室主任、总统经济顾问委员会主席等。并购当事者向外国投资委员会的申报不是强制性的，即可以自行申报，也可以不申报。如果自行申报，外国投资委员会的审查期限是有限制的；如果不申报，外国投资委员会可以随时审查该并购案，且没有时间限制。

向外国投资委员会申报的并购案材料应包括并购者的基本情况、并购交易概况、拟收购的资产情况以及将来的计划等。外国投资委员会收到申报后的一个月内，决定是否通过该项并购交易，如果认为有必要作进一步的审查，则还可以有 45 天的调查时间。外国投资委员会审查的唯一标准就是并购不会危害国家安全。如果外国投资委员会认为该项并购会威胁到国家安全，委员会就会提请美国总统审查该并购案，总统将在 15 天内做出是否禁止该项并购交易的决定。

该修正案实施至今，外国投资委员会已审查了数百起外国并购美国公司案，但直接由总统出面阻止外国并购的案件只有一起，即 1990 年中国航天航空技术进出口公司收购曼可公司（Mam Co.）。曼可公司是总部设在华盛顿西雅图的一家航空公司，拥有一些密级较高的技术，美国政府认为这家公司在国家安全方面较为敏感，不愿让其为中国政府控制。此外，当时中美关系正值最冷淡时期，该项并购案因此被布什总统否决。

2. 航空

根据美国交通部的规定，外国公司对美国航空公司的收购不得超过 25% 的股份，航空公司的董事会成员中美国籍的董事比例不得低于 2/3。外国公司对美国航空公司的收购申请由美国交通部审批。

3. 通信

根据《美国联邦通信法》的规定，如果外国籍公民、外国公司或外国政府控制美国通信公司的 1/5 的股份，或者在该公司拥有 1/4 以上的外国籍董事，美国政府将拒绝向该公司签发在美国营业的许可证。

4. 海运

在美国沿海和内河航运的船公司，外国个人、公司或政府在该美国船公司的股份不得超过 25%，否则就取消沿海、内河航运权。美国船公司如果未经联邦运输部长的批准将在美国注册的船舶出售给外国公司，属于违法行为，将受到美国法律的追究。

5. 原子能

根据《美国联邦原子能法》（*Atomic Energy Act*）的规定，原子能委员会将拒绝向有外国人、外国公司或外国政府参与的公司签发原子能生产许可证。对于水力发电领域，要求公司经营者必须是美国籍公民，至于公司是否受外国控制则不予限制。

6. 金融

金融对外国资本的开放受联邦和州两级法律的调整，由于各种法律规定不一，显得较为复杂。总的来说，根据联邦《国际银行法》（*International Banking Act of 1978*）和各州法律，外国公司通过并购方式进入该领域会受到严格控制。

二　英国对外资并购及行业准入的监管

（一）并购审查法律和执行机构

英国基本上属于一个投资完全自由化的国家，除了如运输、船舶、广播等一些特殊产业外，允许外国投资者在英国境内自由投资。所以，英国没有特殊性的外资政策和外资法律对跨国并购活动进行控制，跨国并购活动与国内并购活动一样，受英国并购法律的调整。

英国于1973年建立并购控制体制，通过了《公平交易法》（*Fair Trading Act 1973*）。该法不仅适用于对国内并购活动的管理，也同样适用于外国公司在英国境内的并购活动。根据《公平交易法》的规定，授权公平交易局总局长（*Director General of Fair Trading*）审查所有并购交易当事人提交的并购申请案。公平交易局进行初审后，向负责贸易和工业的国务大臣（*Secretary of State for Trade and Industry*）提出处理建议，然后由国务大臣决定是认可这些并购的合法性，还是将那些可能对英国公共利益构成严重威胁的案件提交英国垄断与并购委员会（Monopolies & Mergers Commission）作进一步审查。

公平交易局是一个非政府部长级机构，但根据法律授权，具有主要的英国竞争管理职能，其目标是维护和促进英国消费者的经济利益，实施英国的竞争政策。垄断与并购委员会是一个专司调查与报告职责的机构，它根据国务大臣关于对某一并购案作进一步调查的决定，就该并购案是否有损英国公共利益进行调查，并将调查结果报告给国务大臣（同时拷贝一份给公平交易局）。

（二）并购审查标准

1973 年，有关公共利益的实质性标准得到明确。审查并购案件是否符合英国的公共利益，主要看其是否妨碍有效竞争，是否影响就业率、效率和支付的平衡。有关非竞争的因素，如并购者的声誉、外国所有者身份或者对就业的不利影响等，也可以成为否决一件并购案的合法理由。

垄断与并购委员会在审查一件并购案是否符合公共利益时，有 5 条具体的评判标准：

①是否有利于保持和促进英国市场的竞争局面；

②是否有利于提高消费者利益；

③是否通过竞争促进了新产品的开发和成本的降低；

④是否有利于产业和就业的平衡分布；

⑤是否有利于保持和促进英国企业在海外市场的竞争实力。

（三）并购审查门槛

根据《公平交易法》的规定，如果被并购的企业在世界范围内的总资产超过 7000 万英镑，或者并购双方或多方在并购后所能提供的产品和服务在英国同类市场上占据 25% 以上份额时，就踏进了并购审查门槛。对于并购案件是否符合审查门槛，公平交易局总局长和国务大臣只是考虑是否可能存在审查的必要，至于该并购案实际上是否符合审查门槛标准，则由垄断与并购委员会确认。

（四）并购审查程序

在英国，法律没有要求所有的并购案均须向竞争管理当局申报。但是任何并购案在可能进入审查门槛时，都将会在并购完成前或并购完成后的 4 个月内被提交垄断与并购委员会接受调查。

通常，有关对并购案件的审查由公平交易局总局长向负责贸易和工业的国务大臣提起，国务大臣收到公平交易局总局长的建议后，决定是否将该案送交垄断与并购委员会进行审查。作为对送交垄断与并购委员会进行审查的一种替代，公平交易局总局长还可以向国务大臣建议，由并购当事者对并购交易进行自我调整，以解决可能会对公共利益造成危害的问题，国务大臣通常也接受这样的安排。

垄断与并购委员会接受国务大臣调查指令后，就特定并购案的调查组成一个调查团，调查团成员一般为 4~6 人，但法律规定不得少于 3 人。调查团主席由委员会主席任命，通常由委员会主席自己或三位副主席中的一位担任调查团主席。同时还确定一个工作小组，协助调查团开展工作，工作小组成员中包括各有关方面的专业人士。

调查团的工作程序通常包括：确认与该并购案直接有关的当事人、消费者和消费者团体，向他们收集有关证据；刊登公告，邀请有利益关系的第三者提出意见；访问与并购案相关的行业部门，了解有关行业市场的背景情况；通过调查表的方式要求并购当事者提供有关并购活动的详细信息；在不同的审查阶段举行各种类型的听证会；要求并购当事者回答有关方面提出的与公共利益有关的问题，有时还根据并购损害公共利益的假设，要求当事者提出可能的补救措施或调整并购方案等。根据法律规定，委员会有权要求有关部门和人士提供相关证据。如果故意提供不真实或虚假证据，会被认为是一种刑事犯罪，将受到刑事追究。

委员会必须将调查结果制作成正式报告，报告内容通常包括调查工作概要、调查结果、建议及其理由。如果调查团成员对报告内容有分歧意见，该报告必须附有不同意见的陈述。如果调查团成员对报告内容的表决呈现对等的情况，调查团主席有第二票表决权。根据《公平交易法》的规定，2/3 以上的调查团成员认为并购案有不利于公共利益的情况，国务大臣才可以行使对并购案的处置权。

国务大臣根据委员会的调查报告和建议，做出不同的决定：

①停止拟议中的并购；

②要求并购方对有表决权的股份进行重新处置；

③要求并购方将相关资产或附属机构进行剥离以避免对公共利益造成损害；

④通过禁止歧视或维持、降低产品价格的指令控制并购后的企业行为。

三　德国对外资并购及行业准入的监管

（一）并购审查法律和执行机构

德国的《反对限制竞争法》（*Act Against Restraints of Competition*，简称 ARC）于 1958 年 1 月生效。对企业并购的审查属于该法的一个组成部分。该法不仅适用于对国内并购活动的管理，也同样适用于外国公司在德国境内的并购活动。根据该法规定，联邦卡特尔办公室负责该法的实施。联邦卡特尔办公室是一个独立的联邦机构，直接向联邦经济部负责。

（二）并购审查标准

自并购控制成为德国反托拉斯的一个重要组成部分以来，并购控制就一直得到严格的执行。并购控制的基本标准是竞争因素，即一件并购案是否能获准实施，主要看其对市场份额和市场力的控制是否达到影响有效竞争的程度。ARC 规定了市场控制力的结构标准，包括市场份额、财务能力、供销市场的进入、与同行业企业的关系、市场进入的法律和实际障碍、替代产品的供需情况、竞争对手的竞争能力等。

如果联邦卡特尔办公室在审查中发现并购会带来市场集中结果，就会禁止该并购交易，除非并购当事者能提供证据证明并购能改善竞争条件，而这种竞争条件改善的有利因素要胜过市场集中所带来的不利因素。

尽管 ARC 的规定仅限于在联邦德国领域内的保护竞争，但卡特尔办公室面对国际竞争形势，在实施 ARC 时，要开始考虑国际竞争因素和跨国并购因素对德国竞争市场的影响。在评估竞争条件时，国际市场背景、国际竞争者对德国市场的影响、外国厂商在德国市场提供产品和服务所占据的市场份额、潜在的外国竞争因素等，都已成为审查并购案件时应该予以考虑的范围。

（三）并购审查门槛

在德国，根据法律的规定，所有的并购案件均须向联邦卡特尔办公室申报，这种申报根据不同情况分为事前申报、事后申报和事后备案三种。

（1）事前申报：并购的一方年营业额超过 20 亿马克，或并购双方的每一方年营业额超过 10 亿马克的并购案件，必须在并购交易完成前提交联邦卡特尔办公室审查。

（2）事后申报：并购双方或多方合计年营业额在 5 亿马克以上 10 亿马克以下的案件，可以在并购交易完成后报联邦卡特尔审查。

（3）事后备案：并购双方或多方合计年营业额在 5 亿马克以下的案件，可以不进入并购审查程序，但在并购完成后必须向联邦卡特尔备案。

（四）并购审查程序

对于事前申报的并购案件，联邦卡特尔办公室自收到完整的并购申报材料后一个月内，通知申请方该并购案件已进入审查阶段，并购交易必须等到审查完毕（自收到申报材料后 4 个月内）后才能进行。如果当事者在此期间完成并购交易，将被视为无效并购，并且这种行政违法行为将受到处罚，最高罚金达到 100 万马克。

对于事后申报的并购案件，当事者必须在并购交易完成后马上向联邦卡特尔办公室申报，联邦卡特尔办公室在收到完整的申报材料之后一年内做出审查决定。如果并购当事者不履行事后申报的义务，也属于行政违法行为，将受到追究，最高罚金达到 5 万马克。

并购申请被否决后，如果并购当事者不同意卡特尔办公室有关竞争评估，可以向法院起诉，法院可能会改变卡特尔办公室的决定。但是法院判决的根据也是竞争标准。为获得联邦经济部部长对并购的准许，并购当事者可以提供不是基于竞争争辩的理由，在一些特殊场合下，经济部部长根据 ARC 第 24 部分第 3 项的规定，可以允许限制竞争的并购交易，条件是这种并购交易所产生的公共利益远高于对竞争的限制。但是这类例外情况极为少见，在 20 年的并购审查中，提出这种申请的只有 15 件，而经济部部长允许并购交易进行的只有 6 件。

德国并购控制法律与其他国家的一个不同特点是德国经济事务部部长有权否决德国联邦卡特尔办公室做出的决定，根据更为宽泛的国家政治经济需要，允许某些并购交易的实施或禁止某些并购交易的实施。最为典型的事例是卡特尔办公室否决了德国两家主要的石油公司并购申报，但德国经济事务部部长推翻卡特尔办公室做出的决定，允许这两家公司并购，其主要理由是德国需要这样的并购，以保持该产业在世界竞争中的有利地位。

四 法国对外资并购及行业准入的监管

（一）并购审查法律和执行机构

法国于 1977 年确立了并购控制制度，并将并购控制作为其竞争政策的一个重要组成部分。但在相当长的一段时间内，这一制度很少被用来控制并购交易，因为其控制标准较为宽松，在横向并购案中，只有当并购交易的双方在并购后的市场份额达到 40% 以上时（比美国标准几乎高出一倍），才会受到反托拉斯当局的干预。1986 年 12 月，法国修订了原来的并购法律，并明确法国经济部部长负责并购法律的执行。配合经济部部长对并购活动进行审查的部门分别是公平交易、消费者事务和欺诈控制局总局长（Directorate – General for Fair Trading，Consumer Affairs and Fraud Control）和竞争委员会（Competition Council）。

（二）并购审查标准

一桩并购案件是否能获得通过的基本标准是竞争因素，即一件并购案是否能获准实施，主要看其对市场份额和市场力的控制是否达到影响有效竞争的程度。对于并购行为已经影响竞争因素的情况，如果并购当事者能保证对法国的经济和社会进步做出其他方面的贡献以弥补对竞争的限制，这类并购活动通常也能最终获得通过。

（三）并购审查门槛

根据 1986 年并购法令，拟议中的并购交易符合下列条件之一的，进入审查程序：

①并购交易一方或并购交易完成后的企业，其产品或服务所占的市场份额达到 25%，或者占据了该市场的实质性份额；

②并购当事者合计税前的年营业额超过 70 亿法郎，或者其中并购中至少有两个并购当事者税前年营业额超过 20 亿法郎。

（四）并购审查程序

在法国，并购申报并不是强制性的，但申报与不申报的法律后果是不同的。并购当事者如果在并购交易完成前或完成后的三个月内向经济部申请进行并购审查的，可以将审查程序控制在一定的时限内；如果并购当事者不进行并购申报的，经济部部长可以随时做出决定，使该并购交易案件进入审查程序，在这种情况下，审查程序不受时间的限制。

对于并购当事者提出申报的案件，经济部部长在收到完整的申报材料后，授权公平交易、消费者事务和欺诈控制局总局长在两个月内，完成初审，并向经济部部长提出是否将并购案件提交竞争委员会作进一步审查的建议。对于那些与公平交易不抵触或虽有抵触但有担保者保证解决该类问题的案件，就此获得通过，不再进入下一步的审查。

对于提交竞争委员会的并购案件，委员会将根据申报材料和公平交易、消费者事务和欺诈控制局总局长提供的信息作进一步审查，并起草审查报告。并购当事者和政府专员（即公平交易、消费者事务和欺诈控制局总局长）有一个月的时间对报告草案进行评论，然后，委员会召集会议征求意见，并将最终报告提交经济部部长。

经济部部长在收到委员会提交的报告后，根据不同情况分别可以做出无条件同意并购交易；或在并购当事者做出相应保证后同意并购交易。经济部部长也可以与相关经济领域的部长共同签署禁止并购交易或运作并购交易有条件进行的决定。对于后者，并购当事者将保证，或根据部长的决定保证或重新建立有效竞争秩序。

（五）对跨国并购的特殊限制

如果跨国并购涉及法国的卫生保健、公共事务和国家安全等领域，那么不管这种并购交易的规模大小，都必须接受法国政府的审查，审查期为一个月。除此之外，对跨国并购的限制还表现在以下几方面。

（1）农业。对于非欧共体成员国的外国公司，如果要控制法国农业经营公司或收购农用土地，必须得到法国经济部和当地政府的农业主管部门的批准。

（2）航空。法国政府不允许外国航空公司经营法国境内城市间的运输活动，换句话说，法国国内航空公司的控制权如果转移到外国公司手中，那么该公司就无法在法国境内经营。

（3）广播电视。20 世纪 80 年代，法国法律规定，非欧共体成员国的公司不得收购法国广播电视公司超过 20% 的有选举权的股份，除非该国与法国签有互惠条件的国际条约。

（4）金融。法国 1984 年的金融法，授权法国金融管理机构禁止非欧共体成员国公司以并购方式控制法国的银行、证券经纪公司和会计公司。

（5）海运。法国的工业部和经济部不允许存在外国公司收购在法国注册的海运公司超过 50% 的股份的并购活动。

（6）通信。根据欧盟一体化的要求，法国通讯公司的垄断局面于 1998 年 1 月结束，但开放仅限于欧盟成员国。非欧盟成员的公司不得持有法国通讯公司超过 20% 拥有投票权的股份，除非该外国公司所在国与法国签有互惠国际条约。

（7）出版。法国政府不允许外国公司收购法国出版公司超过 20% 的股份，除非该外国公司所在国政府与法国政府签有互惠条件的国际条约。

五　澳大利亚对外资并购及行业准入的监管

（一）并购审查法律和执行机构

澳大利亚对国内并购和跨国并购分别制定了两套不同的法律，并没有不同的审查部门。有关国内并购审查的规定被包含在《澳大利亚交易实践法》（*Australian Trade Practices Act*）中，那些拟议中的并购如果可能与交易实践法相抵触，当事者可以向交易实践委员会提出事先申请，根据对并购所产生的公共利益的考虑，委员会将做出是否允许的决定。

1975 年生效的《外国并购法》（*The Foreign Acquisitions and Takeovers Act 1975*）适用于普通的外国并购，并对不履行者规定了处罚制度。澳大利亚联邦财政部负责实施该项法律，并成立一个外国投资审查委员会为其代理机构，代理财政部审查跨国并购申请并向财政部提出有关咨询和建议，由财政部作最后决定。

外国投资审查委员会的性质是咨询性的，最后批准权属于联邦财政部，通常由财政部部长助理行使审批权。外国投资审查委员会由 5 名成员组成，其中 4 名是兼职的，专职执行成员由财政部的官员担任。

外国投资审查委员会的主要功能包括以下几方面：

①以政府外资政策为背景，对外国投资者投资澳大利亚的申请进行审核，并向政府推荐这些投资申请；

②就外国投资事宜向政府提供一般咨询；

③增强澳大利亚境内外对政府外资政策的了解；

④向外国投资者提供投资指南，以使他们的投资申请符合澳大利亚的外资政策；

⑤监管和保证国家外资政策的执行。

（二）审查标准

澳大利亚外资政策的宗旨是鼓励外国在澳大利亚投资，并保证这种投资和澳大利亚的需要相一致。政府认识到，外国直接投资有利于产业和资源的发展，补充国内储蓄，提高经济增长率和扩大就业机会，也使澳大利亚得到新的技术、管理技能和海外市场。

委员会在审核并购时，将考虑并购当事人提出的广泛的有利于公共利益的辩解，包括对社会有利的经济效益的进步、经济规模的获得或成本的降低等对公众具有实质性利益的内容，甚至这种效率的提供并没有降低消费产品的价格。这种规定显然体现了追求全体福利的意图。

公共利益的概念并没有规定在法律里，但是交易实践执行机构提供了在评估公共利益时应考虑的以下几个因素：

①经济发展；

②增强商业效率；

③产业分布合理化；

④增加就业机会；

⑤提高职工福利；

⑥预防失业；

⑦帮助小企业提高效率；

⑧提高商品和服务质量；

⑨推进公正分配；

⑩降低产业成本；

⑪增加消费者选择余地；

⑫产业协调；

⑬进口替代的发展；

⑭出口市场的扩大；

⑮环境保护；

⑯向消费者提供良好的信息。

根据该指南，评估公共利益时应考虑的因素是十分广泛的，但从交易实践立法的精神来看，其中最主要的是：有利于在相关市场提高竞争力和在经济方面提高效益和有所进步。

（三）审查门槛

外国并购澳大利亚公司，根据不同的产业，要遵循不同的规定。对于一般产业，超过下列标准要事先申请。

①如果外国公司欲并购的澳大利亚目标公司的总资产超过500 万澳元（创建为 1000 万澳元）；

②如果外国公司欲并购它们在澳大利亚的附属公司，而这种附属公司的资产价值超过 2000 万澳元的；或者超过其目标公司全球资产 50% 以上的。

通常，对于目标公司总资产超过审查门槛但低于 5000 万澳元的并购申请，政府一般不会提出异议，只是履行一下通报手续。对于目标公司的资产总额超过 5000 万澳元的外国并购申请，如果没有与澳大利亚的国家利益发生抵触，政府通常也不会提出反对意见。

（四）并购审查程序（所有行业）

外国公司在所有行业的并购申请都要递交给外国投资审查委员会执行成员。根据外国并购法的规定，对于跨国并购超过 5000 万澳元的交易，并购双方必须提交有关公司名称、主要营业场所地址、公司主要经营活动、主要附属机构和分支机构、最近一年的财务信息，即总资产、净资产和税前利润，最终并购公司的国籍。并购方式如果为股票收购，则要提供收购股票的数量、股票种类、有表决权股票收购比例等信息；并购方式如果为资产收购，则要提供并购双方签订的并购协议或具有并购详细规定的替代性文件。

审查内容主要包括以下几项：

①并购资金类型，如是股票还是贷款；并购资金来源，如有多少直接来自外国公司，多少来自澳大利亚资本市场等；

②分别来自出售者、目标公司和购买者的并购理由；

③并购者对并购后的计划描述及其资金安排情况。

对于跨国并购低于 5000 万澳元的交易，外国投资审查委员会要求并购双方必须提交有关公司的名称、主要营业场所地址、公司主要经营活动，最终并购公司最近一年的资产负债表。

（五）对跨国并购的特殊限制

外国公司如果要并购特殊行业的澳大利亚公司，其审查的标准和适用的法律也有所不同。

（1）如果外国公司欲收购澳大利亚的银行，则适用澳大利亚《银行法》（*Banking Act 1959*）、《银行股份持有法》（*Banks Shareholdings Act 1972*）和银行政策，包括非常谨慎细致的要求，政府将根据这种并购对国家利益的影响进行个案处理。

（2）允许外国公司收购澳大利亚国内航空公司不超过25%的股份或数家外国公司收购不超过40%的股份。允许外国公司收购澳大利亚国际航空公司不超过25%的股份或数家外国公司收购不超过35%的股份，条件是这种收购没有和国家利益发生抵触。

（3）根据1996年《机场法》（*Airports Act 1996*）的规定，允许外国公司收购澳大利亚机场不超过49%股份。

（4）根据1981年《船舶登记法》（*Ship Registration Act 1981*）的规定，外国公司对在澳大利亚注册的船公司的并购股份不得超过半数。

（5）根据政府外国投资政策，对于媒体行业有价证券投资超过5%的股份的行为，以及所有非有价证券投资的行为，不管其资产规模大小，都必须事先提出收购申请。

（6）根据《广播服务法》（*Broadcasting Services Act 1992*）的规定，外国公司收购澳大利亚商业电视广播公司的股份不得超过 15%，数家收购不得超过 20%。

六 加拿大对外资并购及行业准入的监管

（一）并购审查法律和执行机构

加拿大对国内并购和跨国并购分别制定了两套不同的法律，并设立了不同的审查部门。对国内并购的监管是由 1986 年通过的竞争法对并购控制计划进行调整，授权竞争局（Competition Bureau）的调研局长（Director of Investigation and Research）对并购案件进行调查，通过获得一个由法官和专家组成的竞争庭（Competition Tribunal）作决定，并来组织某些并购交易的进行。

加拿大于 1986 年建立了并购控制制度并要求并购双方事先通知反托拉斯当局并向其申请，该并购控制制度基本上沿袭了美国的制度，事先通知的门槛和评估并购合法性的标准几乎和美国是一样的。

对跨国并购申请的审查是根据《加拿大投资法》（*Investment Canada Act*）来调整的。1985 年 6 月，加拿大废止原来的《外国投资审查法》（*Foreign Investment Review Act*），实施新通过的《加拿大投资法》。

《加拿大投资法》实施的主要目的之一就是鼓励外国公司投资加拿大，以提高经济增长和扩大就业机会。该法授权产业部部长负责《加拿大投资法》的实施。由产业部部长任命一个投资局长（Director of Investment）提供咨询并协助部长实施《加拿大投资法》。

（二）并购审查标准

根据《加拿大投资法》的规定，对跨国并购的审查标准是主要看其是否会对加拿大产生净利益。投资局长在审查跨国并购是否会对加拿大产生净利益时，通常综合考虑如下因素：

①这种并购对加拿大经济活动的投资效应；

②加拿大公司及其所涉及产业的参与程度和作用；

③这种并购对提高加拿大生产率、产业效率、技术发展和产品革新等方面的效应；

④这种并购对加拿大产业竞争的影响；

⑤这种并购对加拿大民族工业、经济、文化和政治的影响；

⑥这种并购对提高加拿大在世界市场上的竞争能力的贡献。

（三）并购审查门槛

审查门槛：根据不同情况，加拿大政府设置了不同的审查标准。

（1）对于外国公司通过直接收购加拿大上市公司具有表决权的股票或非上市公司具有表决权的股份来控制加拿大公司的情况，审查门槛是被并购的加拿大公司的资产总值在500万加元以上。

（2）如果是通过间接方式收购加拿大上市公司具有表决权的股票或非上市公司具有表决权的股份来控制加拿大公司，例如，并购在加拿大注册但所有权由外国公司控制的公司，审查门槛是被并购公司的资产总值在5000万加元以上；如果加拿大投资者在该被并购公司拥有50%以上的所有权并且这种所有权所代表的资产超过 500 万加元的，也符合审查门槛。

（3）如果外国并购者具有北美自由贸易区成员国或者世贸组织成员国身份，则直接并购的审查门槛由 500 万加元提高至 1.72 亿加元（根据经济增长和通胀率逐年调整）。

（4）在间接并购的情况下，如果加拿大投资者在该被并购公司拥有 50% 以上的所有权，这种所有权所代表的资产也从 500 万加元提高至 1.72 亿加元。

（5）如果外国并购涉及加拿大特殊产业的，则不适用上述较高的审查门槛，这种特殊产业包括铀制品、金融服务业、交通运输业和文化事业等。

（四）并购审查程序

外国投资者不管是以并购的方式还是以创建的方式在加拿大投资，都需根据《加拿大投资法》的规定，进入外资审查程序。在跨国并购审查程序方面，根据跨国并购交易额或者并购双方资产额的审查门槛标准，实行两种不同的程序。一种是通报程序，即如果跨国并购交易额或资产额不超过门槛标准，则允许跨国并购者在并购交易前或交易后填写投资局设计的简要信息表格，向投资局长通报并购交易情况即可。另一种是审查程序，即如果跨国并购交易额或资产超过门槛标准，跨国并购者必须填写由投资局设计的跨国并购详细信息的表格，向投资局提出审查申请。审查的标准就是看跨国并购是否会对加拿大产生净利益（Net Benefit to Canada）。

根据法律的规定，在收到完整的申报材料之日起 45 日内，产业部将决定是否允许这类并购交易实施。如果经申请者同意，产业部部长可以将审查期限再延长 30 天。申请者如果在有效审查期限内没有收到任何通知，则视为产业部已批准该项跨国并购交易。

经审查，对于符合对加拿大产生净利益这一标准的跨国并购交易，产业部将同意其完成并购交易。对于不符合这一标准的并购申请，产业部将予以驳回并要求其不得进行并购交易。如果已经进行的，则必须按产业部的要求剥离相关资产以符合标准。对于那些外国公司不执行产业部关于剥离有关资产决定的行为，产业部有权采取各种强制措施保证法律的实施。

七 各国并购审查制度的特点分析

（一）并购审查制度的共同点

（1）并购干预法制化，即通过立法确立并购审查的宗旨、原则、执法机构和执法程序的方式，使政府对跨国并购的干预和审查合法化、透明化。

从上面的介绍可以明显地归纳出美国、英国、德国、法国、澳大利亚、加拿大等国家对跨国并购的审查制度的一个共同特征，即这些国家都是并购法律、法规比较健全的国家。这些国家所有针对跨国并购的立场、政策、审查程序等都在法律中一览无余地体现出来。这种高度法制化和高透明度的审查制度，既有利于东道国政府将跨国并购纳入该国经济发展的正常轨道，达到吸引外资和保护国内有效竞争的双重目的，又有利于跨国公司的投资决策，降低跨国公司对东道国目标公司实施并购的政治风险和法律风险。规范化的审查标准、审查门槛、审查程序、审查期限、投诉方式等，也是跨国并购被否决和禁止比例很低的重要原因之一。对于跨国公司来说，一项跨国并购的决策通常对该公司未来的发展具有非常重要的意义，所以，事前的调查研究是必不可少的步骤。并购制度的法制化为跨国公司的事前调查和最终决策提供了一个国家对跨国并购政策的确定性依据。从世界范围内的跨国并购活跃程度和并购法律的完善程度的相关统计分析中可以得出结论，即跨国并购交易和一个国家并购法律的完善程度成正相关关系。美国和英国是世界上跨国并购最活跃的两个国家，也是公认的两个并购法律最完善的国家。

在这些国家里，跨国并购以不得造成市场份额过度集中形成垄断为前提。如美国专门制定了反托拉斯法、并购指导准则、并购审查制度，并由司法部和联邦贸易委员会负责这些法律法规的实施。英国专门制定了《公平交易法》，由公平交易办公室和垄断与并购委员会负责法律的实施，保护有效竞争，促进有利公共利益的并购活动。德国专门制定《反对限制竞争法》和并购审查制度，并由联邦卡特尔办公室负责该法的实施。由于这些国家有自由化的市场经济、有序的竞争规则、明确的法律规定、透明的审查制度，使跨国公司较易于在跨国创建和跨国并购之间做出自由的选择。

（2）并购干预有限化。跨国并购由于东道国政府干预而被完全禁止或否决的比例都非常低。统计数据表明，全世界每年发生的大型跨国并购案多达数千起，而被东道国政府完全否决或者禁止进行并购交易的不到总数的0.5%。通常而言，审查部门的宗旨是：通过具体的、灵活的、可操作的方法来保证并购的结果不会降低有效竞争，同时也尽可能避免对被并购企业造成不必要的损失，并尽可能减少并购效率的降低。当政府审查部门发现并购交易案件有可能降低有效竞争、导致垄断时，往往通过与并购当事者协商的方式对部分资产进行剥离，以使跨国并购交易顺利过关，并且保证被剥离的资产能在市场上成为有效的竞争者。当然，各国政府在对跨国并购审查和处理方式上体现的灵活性是禁止比例很低的一部分原因，但是该共同特征所反映的更深刻的原因是跨国并购对东道国和世界经济所具有的正面效应。正如本文在前面已经论述的那样，经济学家在他们的研究报告中已经阐明了跨国并购可以促进新技术和管理方法的引入，从而促进经济增长的原理。他们认为，跨国并购者通常都是在其本国最为成功的公司，因而也常常拥有最新的产品、最新的技术和最先进的管理方法。这些新技术和新的管理方法通过跨国并购一起转移到了东道国，从而有利于东道国的经济增长。美国执行跨国并购审查的反托拉斯局也指出："绝大多数并购从竞争角度讲是积极的或者是有利于竞争和消费者的，这是因为并购可以带来协同效应，改进或创造新产品可以降低生产成本。在许多纵向并购案中，经济效益的作用显得更为明显。"

（3）特殊行业禁止或限定非控股比例。在一些特殊行业中禁止或限制跨国并购是主权国家行使经济控制权的重要标志，同时也成了一种国际惯例。即使是美国、英国等一直标榜实行自由企业制度的国家，也对涉及国家安全、航空、通信、海运、原子能、金融等领域的跨国并购予以禁止或对收购的股份予以严格限制，以防外国公司控制这些领域。

（二）并购审查制度的个体特征

（1）归口差异。在美国、英国、德国和法国，无论是国内并购还是跨国并购交易，都由该国的竞争管理当局或授权某一个政府部门履行竞争管理职责进行审核，适用的是同一个法律；而在澳大利亚和加拿大，则对国内并购和跨国并购分别制定了两套不同的法律，并设立了不同的审查部门。有关国内的并购审查由国内的竞争管理当局负责，适用的是国内的竞争法律，而对跨国并购的审查则由外资管理部门负责，适用的是外资管理的法律。

（2）标准差异。美国、德国和法国对跨国并购的审查是基于相对纯粹的竞争标准，有关并购审查的法律没有涉及产业政策和公共利益问题。但在执行的层面上，并购审查机构在审查跨国并购案件时，除了考虑市场的经济意义，相关产品的市场份额以及并购是否会造成明显的市场集中并阻碍有效竞争，也会考虑并购所产生的效率提高超过其阻碍竞争所带来的负面效应问题。英国、澳大利亚和加拿大则在跨国并购审查中采取了综合审查标准——公共利益或净利益。这种公共利益或净利益的审查标准主要包含了竞争政策、产业政策和经济效益的因素。

（3）程序差异。美国、澳大利亚和加拿大对总资产或销售额超过并购审查门槛的跨国并购案件实行事前申报制度；德国则根据不同的门槛标准分别设置了事前申报、事后申报和事后备案制度；英国和法国在法律上对跨国并购的申报没有强制性规定，但自愿申报和不申报的法律后果不同，一旦审查机构决定对不申报的并购案件进行调查，调查程序不受法定期限的约束。

（三）结论分析

从上述各国跨国并购审查制度的介绍和比较中，我们可以引申出以下几点结论。

（1）尽管有关跨国并购的效应问题至今还有很大的争议，但各主要并购国的并购审查实践以及极为少见的跨国并购否决案件的统计数据表明，跨国并购对这些国家经济发展有着积极的推动作用，对促进国内市场的有效竞争具有积极作用。

（2）完善的跨国并购审查法律体系有助于东道国政府充分利用跨国并购给国内带来的资金、技术、管理等所有权优势，保留或创造就业机会，以及促进国内同行业提高经济效益等积极效应，克服跨国并购可能给东道国带来的遏制民族工业、垄断国内市场等负面效应。

（3）一个国家对跨国并购的开放程度、审查门槛、审查标准的确定应与其在世界竞争中的经济地位相适应。如果一个国家的企业在世界市场上具有极强的竞争能力，那么它对跨国并购的开放程度就可以大一些，审查门槛可以高一些，审查标准上对产业政策的考虑可以少一些，竞争标准可以纯一些；如果一个国家的企业在世界市场上的竞争能力较弱，那么如何掌握适度的跨国并购审查的门槛和审查标准，既能通过跨国并购的方式引进资金、技术和管理等跨国公司的所有权优势，又能防止跨国公司在国内市场上形成垄断，同时又应该促进国内相关产业的有效竞争并防止保护落后，就是一个十分重要的课题。

第三节　跨国并购的国际法律管制

随着跨国公司在全球范围内并购活动的加剧，人们逐渐认识到跨国公司并购由于常常涉及数个国家的法律，而这些国家的法律又往往因历史传统、经济制度以及法律传统等诸多因素的影响而规定的各不相同，仅凭单个国家或区域性国家组织还难以对其进行有效监管，而且各国法律规定的不一致以及国家或区域性国家组织的管辖权域外适用范围的任意扩大，也常常造成对跨国公司并购管制上的混乱。因此，对跨国公司的并购活动实施国际管制是很有必要的。

一　对跨国公司并购进行国际管制的效力根据

众所周知，对公司并购进行法律管制是一国国内法律管辖的范围，是一国主权范围内的事情。国家根据主权原则与国家内政行为不受干预的原则对公司并购活动进行管制不受他国或组织的干涉。然而，具体到跨国公司的并购活动而言，由于其涉及数个国家不同的法律、法规，仅仅依靠国内法或区域性组织制订的法律并不能完成监管之责，因此，在国家间、区域间或者国家、区域二者之间协调管辖冲突、难以保证有效监管在所难免。在实践中，对跨国公司并购进行国际协调以避免管制冲突的效力根据主要是国民待遇原则、内国法域外效力的礼让适用原则以及积极礼让原则三原则。国民待遇原则是指一国给予其境内的外国国民的待遇不低于或等同于其本国国民所享受的权利、待遇。内国法域外效力的礼让原则是指一个主权国家在决定是否对涉及他国亦具有管辖权的跨国公司并购或其他行为的案件进行追究时，慎重考虑到他国的因素，通过国际礼让方式有效地解决问题，以避免发生制度摩擦的一种行为原则。而积极礼让原则则是指在解决因内国法域外效力的礼让适用而导致的冲突之前，以一种不同于传统礼让的方式，即采用积极协助的方式来为解决冲突提供一种合作主动性的框架。积极礼让原则注重国与国之间的积极协助，而不是只是立足于减少冲突的副作用。总之，国民待遇原则、内国法域外效力的礼让适用以及积极礼让原则三原则为有关跨国公司并购的国际管制提供了基本的效力根据，也为世界范围内协调、管制跨国公司并购提供了理论上的支持。

二　对跨国公司并购进行国际管制的法律依据

目前，对跨国公司并购进行国际管制的法律依据主要是国家间或者区域间以及国家、区域两者之间制定的一系列双边或多边国际管制协议和协定。如 1967 年经济合作和发展组织（OECD）提出的"成员国间就影响国际贸易的限制性商业行为进行合作的推荐意见"、1980 年联合国通过的《一套管制限制竞争性商业实践的多边协议的公平原则和规则》，以及美国与德国、澳大利亚与美国、美国与加拿大、德国与法国、美国与欧盟之间缔结的关于限制性商业行为的双边合作协定和反垄断法实施相互合作的行政协定等法律文件。

（1）双边合作管制。

在对跨国公司并购活动进行国际监管的问题上，国家间反垄断机构在管制方面的合作是比较成熟的。以美国为例，美国已与

30多个国家签订了共同法律协助条约。其合作形式主要为：第一，签订双边司法互助条约（Bilateral Mutual Legal Assistance Treaty，BLAT），该条约的缔约方承诺在广泛的刑事领域互相协助，反托拉斯犯罪通常包括在其中。第二，根据美国于1994年通过的国际反托拉斯执行协助法案（The International Antitrust Enforcement Assistance Act），美国司法部和联邦贸易委员会（FTC）与外国反垄断机构间签订了许多双边协定，而这些协定的内容主要集中在反垄断领域。在互惠和严格的保密条件下，协定双方代为收集和互换用于民事或刑事的调查信息。第三，"积极礼让"协议（Positive Comity），根据这类协议，一国的反垄断机构首先对给全国造成不利影响的反竞争行为做出"初步评估"（Preliminary Assessment），再将评估和案件材料送交另一国主管机构，在经过互相协商并在该外国机构做出裁决之后，最终决定是否同意外国机构的裁决或另行做出决定。

在美国与他国签署的众多双边合作协议中，美国与欧盟之间的反垄断合作协议是最为引人注目的。协议第一条即规定，协议的目的是通过建立双方反垄断机构的合作制度，减少双方在管辖权方面的冲突。协议的适用范围除了企业并购控制，还包括其他限制竞争行为。此外，该协议还就双方合作的方式，包括通告、反垄断程序的合作与协商、积极礼让和减少反垄断程序的冲突等等问题作了极为细致的说明。协议与其他类似双边协议的最大不同之处就在于它除了具有类似其他双边协议中将相互通告和协商作为合作和避免冲突的重要措施外，在以下三个方面还有超出一般意义上的合作：第一，双方均有权审理的案件，必要时可联合审理。第二，一方可要求他方制裁损害了本国出口商的利益，同时也违反对方竞争法和损害对方国家消费者利益的限制竞争行为。第三，适用法律时，一方采取的手段和措施须考虑另一方的利益。由于协议在处理美国与欧盟之间协调跨国公司并购方面的积极作用，为适应国际经济环境变化的需要，1998 年美国和欧盟在此协议的基础上，又签订了"1998 年欧共体与美国积极协作协议"（1998EC/US Positive Comity Agreement）。1998 年协议的订立是双边合作管制的又一个重大进展，它表明欧盟和美国双方决心在某些场合下进行反托拉斯法实施上的合作，而非仅仅寻求各自反托拉斯法的域外效力。

　　双边协议，特别是美国与欧盟之间的双边协议，在协调跨国公司并购国际管制方面确实起到了积极的作用，然而，应该注意到，仅以国家间双边协议的方式解决跨国公司并购活动产生的问题，还存在着很大的局限性。由于两国之间法律的冲突，协调并不是一件很容易的事情。2001 年 7 月 3 日，欧盟执行委员会投票反对通用电气以 410 亿美元收购汉尼威尔公司的并购，即欧盟首次对已经获得美国方面同意的两家美国公司之间的并购案说"不"，就已经说明了这一问题。协调双边管制冲突，解决国家间的法律冲突依然任重而道远。

　　（2）多边协调。

　　双边合作管制的困境使得大多数学者对多边协调的方式产生了极大的兴趣。由于多边协调一方面有助于克服双边合作中出现的问题，另一方面又能够促进国际经济贸易合作的发展，因此，随着国际经济一体化进程的加快，对跨国公司并购进行多边协调的趋势日趋明显。北美自由贸易区、亚太经合组织和美洲自由贸易区等在各自区域范围内、在不同的层面上已经开展了反垄断合作。这里要特别提到的是，1967 年经合组织提出了"成员国间就影响国际贸易的限制性商业行为进行合作的推荐意见"。根据此意见，美国等数十个成员国相互之间达成了关于限制性商业行为的双边合作协定。之后不久，经合组织对此协定进行了修改。修改后的"推荐意见"要求，经合组织 29 个成员国在采取任何有域外影响的反垄断措施时应相互协调，在实施各自反垄断法的过程中，应当进行诸如代为取证和互换信息之类的国际合作。

作为长期热衷于在国际反垄断领域发展国际合作的国际组织之一，联合国也一直积极致力于为计划订立或正在起草反垄断法的发展中国家和转型国家提供技术援助。1980 年 12 月，联合国通过了《一套管制限制竞争性商业实践的多边协议的公平原则和规则》（简称《原则和规则》），其目的是根据国家经济和社会发展的目标以及现存的经济结构，通过鼓励和保护竞争、控制资本和经济力的集中以及鼓励革新来扩大国际贸易，特别是要提高发展中国家在贸易和发展方面的利益。《原则和规则》要求成员国按照这个既定原则制定自己的法律，在法律适用中与其他国家合作，并且要求跨国公司重视东道国的竞争法。另外，《原则和规则》还确立了一套管制限制性商业实践的原则，其中包括禁止以兼并、购买等方式取得对企业的支配权，从而不合理地限制竞争。但是，由于《原则和规则》主要反映了发展中国家对限制跨国公司垄断势力和建立国际经济新秩序的要求和愿望，因此，它虽然是联合国大会的正式的法律文件，却没有得到大多数发达国家的批准，从而不具有法律效力。

以上可以看出，多边协调具有双边合作管制无法比拟的优势，但是国际多边协调管制制度工作也不是一蹴而就的，由于许多国家连基本的反垄断法律体系还没有建立，因此跨国公司并购管制制度仍需要艰难的和旷日持久的工作。

三　跨国公司并购国际管制立法的发展趋势

1993 年 7 月，以德国和美国反垄断法专家为首组成的国际反垄断法典工作小组向当今世界贸易组织（WTO）的前身关贸总协定（GATT）提交了一个《国际反垄断法典草案》，希望它能够通过且成为世界贸易组织框架下的一个多边贸易协定。虽然草案出于种种原因没有被世界贸易组织所接受，甚至没有得到被讨论的机会，但是该草案的提出揭开了建立世界贸易组织竞争规则下跨国公司并购管制制度的序幕。

世界贸易组织作为当今最为广泛认可的国际贸易组织有着相当大的影响力，其组织内部已经在相当程度上实现了贸易的自由化。然而，由于国际贸易与国际竞争之间存在着极为密切的关系，贸易自由化和竞争政策的基本目标是一致的，即都是为了增加消费者福利和提高经济效益，因此随着贸易自由化、经济全球化以及国家之间贸易障碍的减少，国际市场上亟须制订一个统一的竞争规则，以便有效地对跨国公司并购进行管制以保障政府间为降低关税和消除非关税壁垒而取得的谈判成果不会被国际贸易中的垄断和限制竞争行为所抵消。同时，也只有在世界贸易组织竞争规则下建立统一的竞争政策，世贸组织的政策目标和法律体系才是完美的、无缺陷的。实践中，成员国之间已经开始就竞争政策等问题进行谈判，就谈判达成世界贸易组织下的协议，并就贸易的竞争政策协议达成共识。1996 年底，根据欧盟委员会的建议，世界贸易组织在新加坡召开的部长会议上成立了一个竞争政策工作小组，专门对贸易政策和竞争政策的关系进行研究。而对并购活动进行管制是否应作为竞争法律制度的一个不可或缺的组成部分的问题已在工作组内进行了深入讨论。由此看来，建立世界贸易组织竞争规则下跨国公司并购管制制度将为期不会太远。

总之，当今国际贸易的发展为在 WTO 竞争规则下建立跨国公司并购管制制度提供了契机，跨国公司并购国际管制立法的今后发展趋势必将是紧紧围绕世界贸易组织竞争规则，建立符合全球经济发展需要的跨国公司并购管制制度。

第四节　跨国并购常见法律问题

一　跨国公司并购我国企业的待遇标准问题

实际上，跨国公司对我国企业进行并购的待遇标准问题就是我国是否对包括跨国公司在内的外国投资者赋予国民待遇的问题。国民待遇，一般是指一国在经济活动和民事权利方面给予其境内的外国国民不低于其给予本国国民享受的待遇。时至今日，给予外国投资者以国民待遇已成为国际投资领域中的一项通行规则和惯例。然而，从我国外资立法实践来看，在与外国签订的双边投资保护协定以及国内制订的各种外资法律、法规中，大多都回避或未提及对这一原则的明确规定，而跨国公司并购这种新的外商投资方式更无明确规定。司法实践中只是简单地将外商投资企业的现行待遇标准照搬到跨国公司并购上，这造成了许多不良后果，突出表现在以下两个方面。

（1）我国自改革开放以来，为吸引外资，给予外国投资者的往往是"超国民待遇"，而不是"国民待遇"。我国很少对国际金融资本进入我国企业加以限制，反而在税收、审批秩序等方面予以减免、简化。这种对内对外待遇不平等的现象，使得内外资在并购时处于不平等地位，同等条件下内资企业难以并购成功。而"超国民待遇"还给外国投机资本专门利用这些优惠措施损害我国利益以可乘之机。

（2）我国许多地方政府为吸引外资发展本地经济，纷纷出台各种特殊政策。这些优惠政策由于缺乏统一的明文规定，造成到不同地区实施并购的投资者享受的待遇不同，而这实际上造成外国投资者之间的不平等待遇。

二　跨国公司并购我国企业的产业政策问题

跨国公司并购我国企业的产业政策问题，换句话说，就是我国外资的行业准入问题，它是直接体现我国宏观调控意图的宏观经济政策。作为外国直接投资的一种方式，跨国公司跨国并购理所当然地要受到我国外资行业准入的限制。再者，由于并购是以直接取得东道国原企业控制权的方式进行投资，因而对其产业投资方向的限制一般要比对新建式外国投资的产业限制更严格。

然而，事实上，由于我国外商投资产业政策立法较为滞后，专门性的外资产业政策立法很长一段时间内处于空白，有关外资行业准入的规定多散见于一系列外商投资企业法中，这导致了外资在某些限制性行业进入太深，尤其是通过间接并购，进入对外资禁止或限制的领域中。1995年6月，经国务院批准，国家计委、国家经贸委、外经贸部联合发布了《指导外商投资方向暂行规定》。之后不久，对外贸易经济合作部又根据此规定制订了《外商投资产业指导目录》。《指导外商投资方向暂行规定》和《外商投资产业指导目录》这两部规章的颁布实施是我国首次以部门规章形式对外公布鼓励、允许、限制、禁止外国投资者在我国投资的产业领域。它们对于促进我国外资产业布局的合理化和外资结构的优化以及保护国家经济安全具有重要意义。但是，我国外资产业政策立法作为我国外资立法的重要组成部分，只是针对新建这种增量投资方式，而不对外资并购，尤其是跨国公司并购这种存量投资方式作明确规定，并不将其纳入调整范围，不足之处显而易见。

三　跨国公司并购引发的垄断问题

跨国公司并购我国企业的目的是为了追求效益，然而追求效益的同时，难免会产生垄断问题。垄断容易造成东道国的幼稚工业受到压制，市场被寡头控制，原有的竞争秩序遭到破坏。因此，制定反垄断法，将"可能损害有效竞争"的并购作为垄断行为在反垄断法中加以严厉禁止是世界各国反对垄断的唯一有效法律途径。然而，在我国至今尚无一部适应市场经济发展的专门的反垄断法来限制垄断，有关这方面的法律大多散见于各种不同层次、级别的法规、指示和条例中。例如1986年5月，国务院发布的《关于认真解决商品搭售问题的通知》；1987年9月，国务院发布的《中华人民共和国价格管理条例》等。1993年9月公布的《反不正当竞争法》仅仅在第6条和第7条中原则性地规定了反对经营者的垄断行为和反对行政性的垄断行为。由于立法的滞后，外资进行垄断性并购，在国内某些行业已经或正在形成外资企业的垄断，甚至出现了全行业、全地区的国有企业被并购的情况，如上文所述的"中策事件"。跨国公司并购所造成的市场垄断妨碍了公平竞争，对我国民族经济形成强烈冲击，恶化了行业内大多数企业的生存环境，妨碍了我国经济的健康发展。

四　跨国公司并购我国企业的审批制度问题

通常，发达国家和发展中国家都对跨国公司并购实行严格的审批制度，使投资符合本国经济发展的要求，以尽可能减少跨国公司对本国企业的并购所带来的危害。在我国，由于跨国公司并购是近几年才出现的新鲜事物，我国还未建立一套专门的跨国公司并购审批制度。仅有的专门涉及审批问题的规定也太过原则，相当零乱，无法操作，而且存在审批权限过于下放、审批权行使混乱、审批环节过多、程序烦琐、效率低下等弊端。譬如，1989 年《关于企业兼并的暂行办法》规定，全民所有制被兼并，由各级国有资产管理部门负责审批。而 1994 年国务院办公厅发布的《关于加强国有企业产权交易管理的通知》中指出：地方管理的国有企业产权转让要经地级以上人民政府审批；中央管理的国有企业产权转让由国务院有关部门报国务院审批。这种不系统、不统一的法制状况不利于企业产权规范化、合理化流动。实践中，我国外资审批制度的基本模式还带有浓厚的计划经济色彩。我国现行的逐一复合制审批，即外资的引进不论项目、投资额大小，均应经过不同层次、级别的审批机构审批，制度效率极为低下，而我国用于指导审批时依据的外资法及其他有关企业兼并和产权交易法规中的有关规定，则又存在着层次较低，以及由"政出多门"而导致的审批要求各不相同甚至冲突的问题。总之，审批制度的不健全，使得我国经常出现地方政府擅自批准出售国有企业、国有资产流失失控等种种不正常现象。

　　跨国公司在对我国企业进行并购的过程中，除存在上述问题外，还有诸如知识产权保护、资产评估、并购相关方的权益保护、外资缴付等问题。而在这些方面，我国现行立法依然没有摆脱过于原则、简单、难以操作的问题。如我国《公司法》中没有资产收购的规定；对被并购方知识产权的保护不足；并购交易主体资格、产权交易市场的运作未有规定；对国有资产的评估作价不规范；并购出资到位率低或先出少量资金取得目标企业的控制权，再到国外"借壳上市"的问题无法律约束；没有并购企业后继责任的规定；至今尚未有向外商转让国家股和法人股的规定；对股权转让价格缺乏有效监管；股份转让和收购进行"暗箱操作"，违背公开原则无法得到解决；证券市场上信息披露制度不健全；关联交易无法律调整；被并购方及其小股东和其他利益相关方的利益不能得到有效保护；恶意并购缺乏合法的反收购手段等。此外，我国立法中规定的某些法律条文，由于缺乏必备的支持，也显得微不足道。如我国《公司法》中规定的"股东转让其股份，必须在依法设立的证券交易所进行"，因我国禁止国家股和法人股在沪、深两交易所上市交易，禁止向外商转让，实际上成为一纸空文，根本无法做到；而《公司法》中对小股东在认为公司并购决议违法的情况下可以行使司法救济权的规定，实践中也难以操作。

五 中国跨国公司并购过程中存在的法律问题

(一) 并购的审批管理问题

与西方发达国家实行较为统一的并购审批管理制度不同的是，我国没有对本国跨国公司并购活动的审批管理进行明确立法，而只是对企业的国内外并购活动采取多部门联合、分级审批的做法。例如，在对境外投资的法律规定中，我国只是原则性地规定了对境外设立的企业实行分级审批制度，即依项目的性质和投资额的大小分别报经国务院计委、对外贸易与经济合作部以及国家外汇管理局或这三个部门下属相当于省一级的主管部门审批。而在对企业国内并购问题上，我国的审批管理制度同样也要经过多个企业主管部门的"联合把关"。事实上，我国这种条块分割、多头管理、分段管理的审批管理体制已经严重阻碍了我国跨国性企业并购活动的发展。此外，我国并购审批管理体制中存在的政策法规立法级别不高、透明度差、诸多法律空白没有填补、法律体系混乱、对投资主体的规定过分单一化、管理体制不合理、项目审批忽视全球经营战略、国家宏观战略管理严重落后、决策审批时间过长、程序烦琐、行动迟缓等诸多问题也使作为我国市场经济主体的跨国公司难以发挥其有效的作用。因此，改革目前的并购投资审查管理制度迫在眉睫。

(二) 并购的外汇管理问题

中国企业境外投资有关外汇事宜的管理机关是国家外汇管理总局及其分局，其主要负责境外投资的投资外汇风险审查和外汇资金来源审查，以及对投资资金的汇出和回收、投资利润和其他外汇收益汇回的监督及管理。另根据有关法律的规定，国家对资本项目实行严格的管理，中国跨国公司在开展跨国并购活动时所需外汇的调出必须经过国家外汇管理总局及其分局的批准。我国国家外汇管理总局及其分局在 1989 年颁布的《境外投资外汇管理办法》中还要求对境外投资汇回利润实行预缴保证金制度，规定境外利润和资产必须限期调回。以上各项制度的建立确实为我国政府加强外汇管理，保障我国国际收支平衡以及国家财政收入，防止国际逃避税的产生起到了其应有的作用。然而，任何制度的建立都有其先天的缺陷，我国有关外汇的管理制度亦不例外。由于我国资本项目没有开放，我国跨国公司跨国并购难免出现筹资、融资等方面的限制和约束。比如，我国跨国公司利用国外贷款进行投资并购活动时常常要受特定外汇额度的限制。这使得我国不少跨国公司的国内母公司对境外项目的支持难以发挥其应有的作用，从而失去一些有利的跨国发展机会。

（三）并购的国有资产管理问题

现阶段，我国跨国公司的并购大多数是以国有资产进行投资的。因此，保障国家行使投资国有资产产权，防止投资中发生国有资产流失，自然成为我国跨国公司投资法律制度中一项重要的内容。然而，我国在改革开放初期颁布的调整境内外国有资产管理的法律法规，例如《国有资产产权登记管理试行办法》、《国有资产评估管理办法》、《国有企业财产监督管理条例》、《境外国有资产产权登记管理试行办法》、《境外国有资产产权登记管理暂行办法》、《关于用国有资产实物向境外投入开办企业的有关规定》等，已经不能适应现今经济发展的要求。我国国有资产管理运营体制中存在的国有资产投资领域过宽和所有者缺位这两个根本性问题完全暴露无遗。国有资产投资分布过宽导致我国企业各项管理费用较高，监督管理费用巨大；所有者缺位又使得国有资产脱离所有者的监督约束而处于无人负责的状态。这些都不得不令人深省。因此，制止当前我国跨国公司并购活动中国有资产的大量流失，尽快改变目前现状也是我国的当务之急。

（四）并购的财务管理问题

财务管理制度是完善公司管理的重要制度之一，是公司领导层做出决策的重要辅助手段。良好的企业财务管理有利于企业的生存和发展，有利于提高投资的经济利益、维护投资者的合法权益，有利于国家财务主管部门对企业财务进行监督管理，亦有利于为我国跨国公司并购活动提供财务管理方面的支持。然而，在我国，由于公司财务管理制度建立的时间并不长，其与发达国家的财务管理制度相比还存在着许多的问题。如国内财务会计制度与西方财务会计制度有很大区别，会计记账、核算方式不尽相同；我国制定的《境外投资财务管理暂行办法》规定过于原则，可操作性差；许多中国跨国公司的境外投资企业财务管理混乱，财务报表失真情况严重；我国至今也没有一部有关公司财务管理制度的立法等。这些情况都严重阻碍了我国跨国公司并购的发展，极其不利于我国跨国性企业向海外发展。

（五）并购的政策法律支持问题

我国在跨国公司并购的政策法律支持方面主要采取税收优

惠、行政奖励、政策扶持等方式。这些方式在保护投资方面存在立法级别不高、人为因素太多的缺点，不利于国家在法律和政策上支持我国跨国公司并购的发展。而我国与他国签订的双边投资保护协定也存在类似的问题。如在已签订的双边投资协定中，有的投资协定并没有保护我国境外投资的规定，只是规定了我国负有保护外国来华投资的义务；有的投资保护协定规定了处理争端适用的法律包括投资东道国的冲突法，但没有对冲突法规范中出现转致和反致情况作何种处理的规定，这就可能导致根据东道国的法律适用第三国法律的情况，而第三国法律是否能很好地保护我国的境外投资并不知道。此外，我国虽然加入了 1965 年《华盛顿公约》和 1988 年《汉城公约》，投资者可以将投资争议交由 "解决投资争端国际中心"（International Center for Settlement of Investment Disputes，简称 ICSID）解决或借助 "多边投资担保机构"（Multilateral Investment Guarantee Agreement，简称 MIGA）解决政治风险问题，但是这两种解决方式的有效性也令人怀疑。而我国至今也没有建立境外投资保证制度。种种情况表明，我国对我跨国公司并购的政策法律支持还是远远不够的，今后我国立法机关在完善此方面法律法规的责任还很重大。

六　发展我国跨国公司并购的立法建议

改革开放 30 多年来，我国虽然在跨国公司的发展上取得了骄人的成绩，但是在为跨国公司营造以并购形式进行投资的法律环境方面还是做得很不够。我国跨国公司的并购实践已经走在了理论的前面，这已经成为不可否认的事实。当前我国跨国公司正面临入世之后前所未有的机遇和挑战，因此，加快我国跨国公司的并购立法显得尤为迫切。笔者认为，我国在加强跨国公司的并购立法方面，应该首先做到以下几个方面。

（1）修改我国跨国公司并购审批管理制度，建立高度权威的综合协调管理机构进行宏观协调和统一规划。

现阶段，我国应该积极立法，提高立法级别，优化境外投资管理制度，简化审批手续，彻底修改我国跨国公司并购审批管理体制，从速制定我国企业海外投资和跨国经营的总体战略规划，并以立法形式扩大我国跨国投资主体的范围。具体而言，在投资管理制度方面，我国应该借鉴国外成熟的立法经验，尽快制定"中国企业海外投资法"，建立一套符合我国国情的投资管理审批程序。在赋予境外投资企业权利方面，我国应加强企业人员派遣和管理方面的自主权，鼓励企业打破部门、地区、所有制界限组建企业集团和跨国公司，提高境外投资企业的竞争实力。在制定中国企业海外投资和跨国经营的总体规划方面，国家应根据我国加入 WTO 后的态势以及国民经济和社会发展的实际状况和要求，在未来的 5～10 年内，及早制定中国企业对外直接投资和跨国经营的总体发展战略。同时，应结合国际经济发展进程，制定出符合我国实际的经营战略、区域战略、行业战略、融资战略、进退战略、生产战略、市场战略等。此外，在各部门管理协调方面，我国还应建立一个高度权威的综合协调管理机构，即国家海外投资委员会来对我国跨国公司的发展进行宏观管理和统一规划。该机构应主要负责制定海外投资发展战略，宏观统一领导、管理、协调全国各部门、各行业和各企业的对外投资活动，研究制定有关海外投资的法律规范和政策，总结我国海外投资和跨国经营的经验和问题等。

（2）完善我国外汇管理制度，放宽外汇汇出的限制。

外汇管理制度的改革作为我国经济体制改革中极为重要的一个环节，由于其直接关系到我国金融体制的稳定，改革一直是慎之又慎。这当然影响了我国跨国公司海外投资的发展，特别是在加入世界贸易组织之后，不完善的外汇管理制度使得我国跨国公司在面临空前激烈的竞争中处于极为不利的地位。因此，为摆脱劣势，适应当前环境发展的需要，我国应加快外汇管理制度的改革，尽快建立完善的外汇管理制度和金融监管体系。我国外汇管理体制改革的最终目标应确立为实现资本项目可兑换，实现人民币完全可兑换。国家为此应锐意改革，完善现行的银行结售汇制度，对外汇供给和需求管理进行调整，从强制结汇向意愿结汇过渡，并放宽对外直接投资的限制。我国还应建立一套高效率的外汇汇出审批管理体制，并专门立法对我国跨国公司并购活动中所需外汇汇出放宽限制，鼓励我国建设、发展一大批具有世界影响力的中国跨国公司，这一方面有助于我国跨国公司发挥所有权优势以并购形式向海外扩张，另一方面也有助于我国跨国公司从国外引进先进的生产技术、设备和知识产权以加速国内产业升级。此外，国家应逐步放开跨国公司的融资渠道，拓宽企业集团财务公司的功能，加大财务公司吸纳资金和融通资金的能力，允许跨国公司通过国外上市发行股票等方式进行融资并购。同时，在银行商业化经营，以及信贷、保险等金融企业发展的今天，为提高我国企业的国际竞争力，我国应鼓励银行等金融企业和生产领域的企业进行各种形式的联姻，组成大型跨国性公司，参与国内外并购活动。

（3）加强国有资产的管理和监督，保障国家作为出资者的利益。

　　为加强我国国有资产的管理，特别是加强我国跨国公司内部国有资产的监督和管理，我国应加紧制定、完善以《境外企业国有资产管理法》、《境外投资公司法》等为核心的一系列法律法规及各项规章制度，理顺我国跨国公司内部产权关系，服务国有资产授权经营，加强我跨国公司产权变动的监管，建立健全产权登记与国有产权变动状况分析报告制度，对产权或有变动事项的登记采取备案、审批、依法否决的方式。我国应结合自己的实际情况，积极研究企业税后利润和国家股权收益的分配方案情况，制定考核国有资产保值增值的指标体系，监督、考核和评价我国跨国公司国有资产的经营状况等。具体来说，在立法上，我国应规定跨国公司有义务定期向国有资产管理部门申报财务报表，详细到每月海外企业资产的变化情况，国家审计部门、政府税务部门也可依照财务报表对跨国公司行使监督的权利。我国还应建立对不负责任、盲目投资造成重大损失的重要人员追究责任制度，对跨国公司国有资产和经营者的责权实行量化管理，从而使企业负责人在日常管理中能够经常检查企业各项经营活动的经济性、合法性，分析评价企业人力、物力、财力在使用上的合理性、实效性，确保资产的保值增值，实现最佳的经济效益。此外，国家还应以立法的形式对跨国公司利用国有资产进行并购投资的分配和重大投入项目提出意见和建议，并对投资效益进行重点跟踪监测。

　　（4）尽快制定财务管理的法律法规，完善并购的财务管理制度。

　　我国立法机关应借鉴西方发达国家完善的财务管理制度，依据现代财务管理制度中财务会计中介化与管理会计企业化的基本原则，加强立法，完善我国企业内部会计控制和外部审计监督，制定《企业财务管理制度条例》等一系列企业财务管理和监督的法律法规，以加快我国企业财务会计制度与世界的接轨，弥补我国企业财务管理制度的缺陷。在法律中，我国应明确企业内部会计人员的责任，加强其会计工作的独立性，促进其职能的拓展与发挥。国家立法机关还应颁布法律，完善企业外部注册会计师和审计师职业制度，强化其责任，对有违反法律法规者，应加大惩罚力度。此外，在完善我国跨国公司并购活动的财务管理法律建设中，我国还应加强事前、事中的监督，定期监控企业的财务管理；强化所有者对企业、母公司对子公司、公司管理层对各资金运动环节的监控；设置监督职能，制定多种监督制度、及时掌握企业财务资金的全面情况，对企业的重大投资形成有效的决策约束机制；及时掌握子公司的财务资金变动情况，减少企业财务的风险，使财务监督更加合理、合法，避免流于形式；提高企业资金的使用效率，加强资金的管理和使用，加速资金周转避免资金沉淀，强化资产质量管理，解决不良资产；规范财务信息披露，控制物流、资金流，加强社会审计，加强政府宏观管理和社会监督的效果；积极推进财务管理信息化、标准化的建设。

（5）建立境外投资保证制度，确定优惠和鼓励措施。

建立我国境外投资保证制度有助于我国完善境外投资保护立法，亦有利于促进我国企业实施"走出去"战略，因此，我国应根据已与他国签署的有关双边投资协定与多边投资条约的规定，借鉴美国等西方发达国家的成功经验，按照我国国情建立相关的境外投资保证制度，以强化对境外投资的优惠和鼓励措施。在该保证制度中，我国须建立专门的"中国境外投资保险公司"来执行承保业务。该机构反映我国政府的对外投资政策，并依照《对外投资保险法》的设立，由《对外投资保险法》明确其主要目的、权利义务。我国境外投资保险公司为国务院政策指导下的一个机构，其组织结构参照《公司法》和《保险法》成立，为股份制形式。在确立承保对象上，境外投资保险制度应尽量扩大范围，不仅包括企业法人，还应包括具有中国国籍的自然人和其他非法人经济组织。我国境外投资保险公司对境外投资担保的签发应进行投保人资格、投资项目和东道国等三个方面的审查。对合格投资者的确认应采用"资本控制论"形式，如可规定，依中国法律设立的法人等经济组织，本国公司或合伙人须持有多数股权，才可取得承保资格等。对投资项目的确定，我国应要求除依照国内法律规定外，还应由投资者获得东道国对该项目的批准。我国对适合东道国这一要求应以签订双边投资保护协定为前提。在争端解决上，我国还应对《对外投资保险法》的解释与适用、合同的解释、索赔以及代位求偿等问题在立法上作严格规定，以保障投资者的合法利益。此外，为促进我国企业对外并购的发展，我国政府还应与更多的对外直接投资的东道国签订避免双重征税的投资协议，以维护我国对外并购者在国民待遇和最惠国待遇以及投资安全、国有化与补偿、资本撤出与利润汇回、争端解决等问题上的利益。

第八章　做好跨国并购的对策和建议

前面的章节，我们分析探讨了中国企业跨国并购的主要风险。从目前来看，对我国企业而言，实施跨国并购还存在很多政策上的障碍和问题。根据有关机构对我国企业跨国并购绩效进行的实证研究结果，发现有 66.67% 的我国企业在并购后的绩效出现了下降。而在全球大型的企业兼并案例中，据麦肯锡公司的研究，在过去 20 年，取得预期效果的比例略低于 50%，较之这一比例，我国企业跨国并购成功比率仍明显偏低。因此，如何规避跨国并购中面临的风险，提高跨国并购的绩效是我们的当务之急，我国的政府和企业都必须以极为审慎、科学的态度来对待跨国并购，采取积极可行的对策措施。

本章我们从政府和企业两个层面提出规避风险、提高绩效的对策建议，希望能为我国政府制定相关的政策法规和企业参与跨国并购实践提供参考。

第一节 政府层面的对策思考

综观跨国并购的国内宏观政策环境，我国企业受多方面的制约，这主要表现在如下几个方面。

首先，缺乏完善的法律法规引导和规范企业跨国并购。现行的法律环境不能为中国企业跨国并购提供有效的服务和支持。一方面，目前我国的跨国并购管理体制，存在审批制度僵硬、审批手续烦琐、环节较多等问题，不利于我国企业迅速捕捉跨国并购的良好机遇；另一方面，政策法规上的不配套、不协调以致干预过多的情况依然存在。目前，我国尚没有一个从宏观层面上负责统一指导和协调对外跨国并购活动的专设机构，由于多头领导常常政令不一，使得企业无所适从，延误并购时机。如 2005 年 6 月，南京汽车集团收购罗孚公司时，因国内的审批手续几度耽误签约良机。此外，我国也没有相应的风险保障机制，保障跨国投资者的利益，在一定程度上阻碍了海外投资发展。

其次，企业融资渠道不畅，现行的融资环境不利于国内企业跨国并购融资。目前，我国的金融信贷体制对企业的筹资、融资方面的限制和约束依然较多，企业贷款要受国内贷款担保额度的限制和外汇贷款额度的限制，境内融资不能对国内企业跨国并购提供强有力的支持。在境外融资方面，有些企业已具备股票境外上市或发行债券的条件，但由于受额度与审批限制，往往会失去并购良机。在西方发达国家，跨国公司主要利用国际资本市场和证券市场来完成跨国并购。一般来说，跨国公司通过母国的外汇汇出来实施跨国并购的资金不到整个跨国并购金额的 1/10，

90%以上的并购资金是通过发行股票或债券、抵押贷款与信用贷款等融资手段筹集，而在我国企业的跨国并购中，主要以现金收购为主，并购活动中的融资效率十分低下。

此外，缺乏跨国并购所需的良好市场环境。跨国并购是一种复杂的投资活动，且并购过程中涉及方方面面的专业知识，仅靠并购企业单枪匹马是难以完成的，它需要许多市场中介提供服务。而目前我国尚无专业性的跨国并购咨询与信息服务机构。在跨国并购活动中，投资银行在企业并购活动中的主要功能是作为中介人为并购企业和被并购企业提供咨询、策划及相应的融资服务，律师事务所则为企业跨国并购提供东道国有关法律、政策等方面的服务。而目前，我国投资银行规模普遍较小，难以为跨国并购提供高质量的服务，而律师事务所缺乏通晓外语、精通外国法律且具备谈判能力的涉外律师，使得我国企业的跨国并购活动难以顺利开展。

针对上述情况，我国政府必须正视企业跨国并购的各种障碍，借鉴国际经验，采取措施解决问题。

一　完善法律法规，加大扶持力度

跨国并购并不是纯粹的企业行为，各级政府的相关职能部门要从战略的高度对待我国企业跨国并购。根据目前跨国并购的现状，通过政策法规、措施等对我国企业的跨国并购活动从宏观上加以引导、协调、监督、管理与扶持，使得跨国并购活动能够顺利、平稳地持续发展。

首先，成立全国统一的跨国并购管理机构，如海外投资管理委员会等机构，统一研究制定对外跨国并购的方针、政策、规划，统一管理和协调各方面的活动。在产业政策上，应颁布有利于优先、重点发展的海外投资项目方面的政策，要使对外投资的流向、结构和国内产业结构的调整与优化升级有机结合起来。

其次，加快跨国并购的立法工作，尽快制定和完善我国跨国并购的法律规范，制定适用的操作方法和程序。一是下放核准权限，商务部仅应保留对少数重大的、涉及多国利益的境外投资，设立境外特殊目的的公司，以及在未建交国、特定国家或者地区的境外投资等核准。地方企业的境外并购由省级部门负责。二是简化核准程序和企业申报材料，缩短核准期限。三是减少征求驻外使领馆经商处室意见的境外投资事项。

再次，提供税收优惠政策。在避免双重征税的前提下，采用多层次差异性税收政策，鼓励企业开展跨国并购，鼓励企业用投资的利润进行再投资。政策方面，在税收政策上，对海外直接投资所带动的出口应给予退税，对资源开发型海外投资项目的产品进口应给予同等或优惠关税待遇，对国际税收入实行阶段性免税，以加强资金积累。在避免双重征税的前提下，采用多层次差异性税收政策，鼓励国内企业开展跨国并购。我国政府应与更多的对外直接投资的东道国签订避免双重征税的投资协议，以维护我国对外并购者在国民待遇和最惠国待遇以及投资安全、国有化与补偿、资本撤出与利润汇回、解决争端机制等问题上的利益。

最后，尝试建立企业海外投资保险制度。企业进行跨国并购会遇到许多意想不到的风险，尤其是国家政局的动荡、战争等会给企业跨国并购后的经营带来不可预测的风险，对这类风险，国家可以尝试建立海外投资保险制度，对因这类风险造成的损失给予一定的补偿。

二 建立信息平台，降低信息成本

成立全国性的跨国并购信息咨询服务机构，建立权威的信息情报中心，为企业进行跨国并购提供信息和咨询服务。由于我国企业进行海外并购的目标之一是获取战略性资产，而符合并购目标的战略性资产是非常有限的，为了及时向国内传递宝贵的并购机会，可以考虑由国家有关部门发起、行业协会牵头集中的并购信息发布平台。

目前，我国企业对并购信息的收集主要依赖企业本身的信息渠道和投资银行、咨询公司等外部资讯机构。由于外部资讯机构的质量良莠不齐，而且不同机构的信息来源很不一样，所以企业很难验证其所获得的信息的准确度，以致做出错误的并购决策。行业协会作为本行业企业的代表，与政府机构保持着紧密的联系，容易从官方渠道得到信息，为企业提供专业化的服务。同时，行业协会便于做好沟通和协调工作，鼓励参与并购的企业加强合作，共同反对同业竞争，增强其整体议价能力，降低并购成本。而国家有关部门应积极发起与构建跨国并购信息的发布平台，使国内企业能够以较低的成本获得准确的并购信息，如商务部 2003 年起实施的国别投资经营障碍报告制度就是很好的举措。

此外，我国应该完善经理人市场，建立经理人评级管理体制。我国企业人力资源市场建设滞后，尤其是高级经理人市场，人才不能自由流动，不能形成自由竞争，这使得公司人才的发现成本大大提高，不利于优胜劣汰。建立经理人评级制度，给经理人提供一个自由竞争的平台，加强人才自由流动，同时有利于监督经理人，减少代理成本，一定程度上防范信息不对称带来的委

托 – 代理风险。

三　优化融资环境，拓宽融资渠道

一是构建与企业跨国并购相适应的资本市场体系。首先应该让国有企业优先入市筹资转向让优质企业竞争入市，允许并鼓励外资和私营企业参与国有股减持，构建结构完整、功能互补的资本市场体系，积极稳妥地推进资本市场的国际化步伐。这个过程并非是一蹴而就的，必须在同时兼顾本国资本市场的发展完善以及平稳运行两大目标的前提下，坚持循序渐进的原则，分阶段实施。我国可以借鉴韩国、印度等国家的经验，以 B 股市场为起点，适时、适度地鼓励并允许外资进入中国证券市场，逐步实现 A 股、B 股的合并，推进中国证券市场的渐进式发展。资本市场与国际接轨可以为中国企业海外并购提供良好的融资平台，引入外资并购中国上市公司可以为中国企业海外并购提供经验借鉴，可以拓宽中国企业跨国并购的融资渠道。

二是鼓励银行和大型企业自由联姻，组成大型跨国企业，参与跨国并购活动。目前，国际上对跨国企业的国际融资在政策上已有较大松动，普遍为跨国并购提供了便利。银行业务的国际化和金融工具的不断创新，也为跨国企业融资提供了极大的机会。中国的银行也可以借鉴国际上一些著名银行的经验，实行银企联合或战略性合作，为企业决策进行咨询，为企业提供并购融资服务，或企业通过新建、收购等方式拥有自己的财务公司、银行等，通过买壳上市等各种金融手段，为企业跨国并购融资开辟通道。要争取我国跨国经营的金融机构在海外分支机构的支持，中国银行、中国进出口银行及其他大商业银行在海外均有不少机构网点，它们不仅可在东道国为我跨国并购企业直接提供资金，还可通过开发当地融资市场或利用当地的业务关系为企业争取当地资金。

三是政府应该适当放松对企业的金融控制和外汇管制，赋予条件适合的并购企业必要的海外融资权，并由国家给予必要的担保，允许其通过发行股票和债券、成立基金等方式在国际金融市场上直接融资，利用国际资本扩大企业的资金实力。给予企业必要的海外融资权，鼓励企业开拓国际化融资渠道。政府应适当放松对企业的金融控制和外汇管制，并提供必要的政府担保。企业则应通过在国际金融市场上发行股票、债券或成立基金等直接筹集国际资本，扩大海外资金来源。

四是设立海外投资基金。并购企业应抓住国内有关部门尝试以产业投资支持国内基础产业与支柱产业的发展、推动投资融资体制改革的时机，创设海外投资基金，吸纳社会资本，交由专业机构经营和管理，以缓解对银行贷款的需求和受制于自由资金规模的压力。

四　发展中介机构，培育涉外人才

大力发展中介机构，尤其要培育我国的大型投资银行，扩大涉外律师队伍。

国家应对已具投资银行雏形的规模较大的证券公司进行重点扶持，从政策上鼓励投资银行业务的开展，进而形成一批集团化的专业投资银行。这些投资银行应在扩大规模、积累经验的基础上不失时机地走出国门，有计划、有选择地在国外设立分支机构，重点开展与我国企业跨国并购有关的业务，真正担负起为企业跨国并购提供全方位、高质量服务的职责。

在涉外律师方面，一方面要在国内加强对熟悉国外相关法律律师的培养及专业律师事务所的组建，另一方面要吸引在国外获得法律学位的留学人员回国组建专门服务机构，提高跨国并购法律服务的质量。

此外，上述中介机构要同信誉卓越的国际市场中介机构建立战略合作关系。实际上，在每一项大规模的跨国并购活动中，几乎全球主要的投资银行、会计师事务所、律师事务所等市场中介都在承担不同的角色，讨价还价的工作许多都是中介机构之间的沟通。由于他们对数字及估值模型的看法及原则相近，因此比较容易成交。我国中介机构应同信誉卓越的国际市场中介机构建立战略合作关系，这样才能更好地防范跨国并购的风险，提高并购绩效。

五　案例分析——境外投资审批有望从"核准制"转向"备案制"

近年来，中国对外直接投资审批制度已经多次简化并实现权限下放。日前有消息称，从权威人士处获悉，国家发改委、商务部等相关部门正积极推进境外投资审批制度改革，研究进一步减少项目核准的范围，下放核准权限，还将探索从现行"核准制"转向"备案制"为主的管理方式。早在 2004 年，国家发改委将原来的项目建议书和可行性研究报告两项审批，改为只核准项目申请报告，标志着境外投资管理从"审批制"改为"核准制"。此后，商务部和发改委分别在 2009 年和 2011 年将大批核准权限下放地方部门。目前，我国企业境外投资需经发改部门对境外投资项目分级核准，商务部门对境外开设企业分级核准，外管局对外汇资金来源和使用外汇核准颁布相关管理办法，目前只有中央管理企业在投资额限额以下的境外投资项目可以自主决策并适用备案制。核准制主要存在的问题有：首先是环节过于烦琐、监管过多、保障机制不完善等。例如，超亿美元的重大投资项目，逐级审批一般需要耗费 4 个月以上的时间。其次，增加了中国企业对外直接投资的不确定性。专家称，被并购企业由于不能确定并购交易是否能得到中国政府的批准，因而会提高报价，这就增加了企业的成本，使其处于不利的竞争地位。最后，为规避核准过程产生的不便，一些企业可能采取资本外逃的形式，不利于我国监控跨境资本流动和掌握真实的对外直接投资行为。为进一步适应我国经济发展和境外投资的需要，对目前境外投资核准制度进行改革势在必行。

第二节　企业层面的对策思考

为了鼓励中国企业的跨国并购，从国家层面上来看，要从完善法律法规、建立信息平台、拓展融资渠道、加强中介机构等方面予以扶持。而从企业自身层面来看，提高内部管理水平、制定科学的并购战略、进行细致的可行性分析、储备国际性人才，都是成功进行跨国并购的重要内容。

一　提高管理水平,增强核心竞争力

并购过程中，成功地达成并购协议只是并购的第一步，将目标企业与主体企业整合在一起，发挥出更大的竞争优势，才是并

购的最终目的。因此并购成功与否很大程度上取决于主体企业是否具备核心竞争力以及相应的管理溢出能力，即能否将这种核心竞争力移植到并购企业中去，同化并购企业，让它们也具有主体企业的竞争优势，为并购活动带来新的增长点。因此，对并购企业来说，培养企业核心竞争力，提高自身管理水平非常重要。而对于我国企业而言，由于并购主体企业多为国有大企业集团，除了加强内部组织管理与技术创新外，更应该从治理结构入手，提高企业核心竞争力。

对于国有企业而言，它们必须按照现代企业制度的要求完善企业的治理结构，摆脱行政机构附属物的地位。国家不再以行政手段，而是以企业所有者的身份进入企业，从法律和事实上使企业集团的终极所有权、法人财产权和经营权发生分离，从而彻底实现政企职责分开。通过进一步明晰产权关系，逐渐建立科学、规范的公司内部组织管理机构和比较合理的内部分配制度，接受广大股东、监事会和独立董事的监督，促进公开与公正的企业决策原则，提高决策的科学性和管理效率，在提高自身管理水平的同时，防范委托－代理风险。

此外，为了提高企业的国际竞争力，在企业发展战略上，可以利用战略联盟形式为跨国并购做准备。跨国战略联盟是两个或两个以上有着共同战略利益和对等经营实力的企业，为达到共同拥有市场、共同使用资源的战略目标，通过各种协议结成的优势互补、风险共担、利益共享的一种合作模式。从本质上讲，战略联盟是一系列迫于全球化市场的竞争压力而出现的特殊安排，它们往往是存在资源共享需要或存在并购的不确定性的结果。通过战略联盟，跨国公司不再简单地扮演有限的资本性资产所有者的角色。通过治理性合同甚至隐含契约，它们处于非股权性关系网络的核心，控制着远远超过自有资产的大量合同性资产，从而增强了企业的竞争实力。目前我国企业国际化程度还很低，绝大多数企业的国际竞争还处于局部市场上的产品竞争这一初级阶段。在经济全球化的浪潮下，缔结跨国战略联盟无疑将是一条现实选择，可以通过建立战略联盟这种国际化经营方式增强我国企业的国际竞争力。

二　制定科学的跨国并购战略

任何企业的并购都必须具有适当而明确的战略目标，跨国并购更是如此，因为它涉及的关系更为复杂、风险更大。没有战略而盲目地进行海外并购或以错误的战略指导海外并购，以及战略意图实现的可行性过低都会给中国企业的发展带来很大影响。因此，企业要有明确而科学的跨国并购战略，将跨国并购纳入企业发展战略规划的框架内，在战略的导向下进行海外并购。

企业在制定中长期战略规划时，在对企业外部环境、内部能力、企业目标与使命充分研究的基础上，设计出海外并购战略，包括并购的方向、原则、条件、时机、可能方式等。在战略的导向下寻找并购行业及目标企业，并进行战略一致性、能力匹配性、优势互补性分析，进而做出并购是否符合企业发展战略的总体判断。战略导向的并购可使并购具有主动性与目的性，减少了非理性因素的干扰，而当前的海外并购往往是机会导向，也就是企业发现了海外并购的机会，然后进行可行性分析，进而制定出并购计划。由机会导向转向战略导向，这是企业规避海外并购风险最重要的一环。具体说来，中国企业在通过跨国并购寻求发展的道路上，需要从参与国际竞争的角度来思考自身的国际化战略定位，找到一条适合自身实际状况的发展道路。现实的选择是，在不断提高竞争能力的基础上，中国企业的跨国并购可以从进入市场和获得战略性资源（技术、品牌）两个方向逐步实施。

在进入市场方面，特别需要考虑现有竞争优势的可移植性，从具有发展潜力的新兴市场入手成功的可能性更大，而针对战略性资源的并购应与企业确定的目标市场相配合，要与企业自身的管理能力相适应。企业跨国并购战略决策的科学性、合理性关系到跨国并购的成败，企业必须明确自己的战略目标。

三　加强沟通与协调，化解政治风险

跨国并购的政治风险是以往始料未及的，对我国的国有企业而言，是需要重点关注的。对西方发达国家的企业并购，尤其是对关乎国计民生或具有比较敏感资源与技术的企业并购，都要充分考虑到该国政治因素的介入，做到未雨绸缪。

西方国家的舆论环境允许多种声音共存，我国企业因此应该采取各种方式加强宣传，让代表我国企业利益的声音能得到广为传播。企业应该加强院外活动能力，事先广泛结交政界人物，联络院外游说团体，加强公关活动，充分利用当地提供的合法政治影响手段，使舆论向有利于自己利益的方向偏转，通过的法案尽可能符合自己的利益。中国企业进入目标公司的所在国之前，对所在国的政治法律环境应该有一个详细了解，做到心中有数，采取多种渠道增强与目标公司及其所在国政府的沟通，防范并购的

政治风险。比如，利用外交渠道、两国的民间友好机构或在目标公司所在国有影响力的政治人物牵线搭桥，取得东道国政府的理解和支持，并尽可能在社会就业方面适应东道国政府的要求，同时争取目标公司的友好合作，使当地政府从工业发展及社会发展出发，给予跨国并购方宽松的政治环境。跨国并购往往会引起很大的经济震动和社会震动，企业可以采取相对灵活的策略。在并购东道国的目标公司时，可以采取渐进的方式，先以合资或合作的方式，树立起良好的企业形象，待该国政治风向偏松时，再考虑并购问题；也可以先不全资并购，而是控股性并购或接近于控股性并购，待条件成熟后再进一步并购；还可以利用目标公司所在国的一家合资企业作为跨国并购的代理者，以避免东道国政府或当地政府的干预。

四　切实做好并购可行性分析

充分调研，分步实施，化解信息风险与目标企业估价风险。一方面做好收购的前期准备工作，广泛地收集被收购企业所在产业和国家的相关信息，充分调研，利用智囊团做好评估论证，客观判断其真实价值，再依据本公司的战略、财务现状，设定并购资金的底线。在调研的过程中，应该采取审慎调查法，在收购操作中并购方对目标企业的资产和负债情况、经营情况、法律关系以及目标企业潜在风险及面临的机会等各方面情况进行一系列的全面、认真、细致调查，从而为决定是否实施收购该企业提供重要的决策参考。一般来讲，审慎调查包括经营业务、财务、税务及法律方面的调查。

另一方面，为了掌握目标企业更多更全面的情况，还应当进行信息系统、人力资源系统和企业文化等诸多方面的审慎调查。实施审慎调查可以帮助并购主体摸清情况，发现交易可能面临的问题。通过事先察觉风险和法律问题的存在，确定项目的投资价值、调整交易的框架，制定解决这些问题的计划，将风险限定在可以控制的范围内。在跨国并购的审慎调查中，涉及东道国的有关政治、法律、经济、文化中的诸多问题，需要大量的宏观信息和目标企业的微观信息，以便对跨国并购的可行性做出准确的判断。因此，企业不仅要与国外咨询机构、驻外机构、银行和其他金融机构、企业往来客户加强联系，扩大信息渠道，而且还要在有关国家和地区设立商务办事机构和窗口，提供直接信息，并注重对目标企业进行现场考察和论证，掌握目标企业的第一手资料，做出全面鉴定和科学评估，最大限度地减少并购风险。并购企业可根据并购的动机、被并购企业所在国的情况和自身的特点选择相应的评估办法，并从多角度评估被并购企业的价值，全面综合利用利率和汇率因素做好可行性研究，降低目标企业的估价风险。

五 着力培养跨国并购的人才

企业在进行海外并购的前期应制定与实施明确的国际化人才战略。缺乏相关优秀人才的努力，海外并购很难取得成功，我国企业必须着力培养跨国并购的专业人才。当前，我国企业的一项紧迫任务就是培育和储备如下两方面的优秀人才，为将来成功的海外并购做好准备。

一是在并购战略制定阶段有计划地引进一批有国际化管理背景的人才，搜寻、网罗和评聘跨国并购的交易谈判人才。事实上，并购对象选择是否合适、并购中付出的代价是否适当、并购交易能否顺利完成，直接取决于企业在这一方面是否有充足人才储备。二是同时在企业内部选拔培养一批熟悉本企业运作、具有较高素质的跨国经营管理人才。并购交易完成后，能否有效整合，能否在并购方和被并购方之间真正形成协同效应，在很大程度上受制于企业是否拥有一批认同本企业文化、了解本企业战略发展思路和行业发展趋势、熟悉国际惯例和当地经营环境、善于与不同国家人员沟通、精力充沛和事业心强的跨国经营管理人才。对上述两方面的人才进行培训、进一步筛选后，纳入并购项目组中，与专业中介机构一起，共同参与并购战略的选择、并购评估与实施。

在整合阶段，与整合管理团队合二为一，形成一支认同本企业文化、了解本企业战略发展思路和行业发展趋势、熟悉国际惯例和当地经营环境、善于同不同国家人员沟通、事业心强的国际化管理团队。通过这种未雨绸缪的人才策略，降低国际化人才缺乏带来的并购风险。

由于所处经营环境和管理环境的特殊性，跨国经营管理人才必须具备以下素质和才能：一是具有必要的跨国经营知识；二是具备制定和实施跨国经营战略的能力；三是具备跨文化管理的能力；四是具有很强的组织设计与管理能力；五是具有在公司内部相互学习和转移知识的能力；六是具备与不同国家管理人员配合工作的能力。我国企业应制定优惠的政策，积极引进和培养具备上述要求的跨国经营人才。在具体途径上，可以在全球范围内整合人才资源，吸引我国的留学人才，或是选派国内优秀人才到海外进修，学习世界先进的技术和管理经验。

六　重视并购后的整合

企业并购并不是两个企业生产要素的简单相加，而必须通过有效地整合形成一个有机的整体。并购整合是并购的关键。为了提高整合效果，企业必须制定一套完善的整合计划并认真加以实施。完善的整合计划包括确定具体的目标、工作方案、时间表，明晰地整合工作范围、涉及单位和人员及层面，以及相应所必须具备的沟通计划等。在制定整合计划后，管理及实施团队及早介入目标企业进行沟通与协调，结合目标企业的实际情况，进行母体核心理念的渗透。

企业在并购前期需要了解本企业与目标企业潜在的文化差异和冲突，明确建立企业共同的愿景。在综合把握合并后企业总体的资源、竞争能力、优势、劣势、机遇以及风险的基础上，树立合并后企业的发展方向并进行沟通，以企业的使命为出发点确定未来希望达成的目标。企业兼并对目标企业的员工会造成很大的影响，兼并后他们对自身的命运和前途都处于一种未知状态。因此，必须要让员工明确兼并后的企业发展目标、战略规划，让他们知道自己在这样一个变革过程中，处于什么样的位置，有什么样的使命，并能获得什么样的利益。这样，在一定程度上能缓解变革过程所带来的动荡状态。只有明确了目标，员工才会朝同一个方向去努力，在实现企业目标和个人目标的过程中，逐渐会形成一种向心力和凝聚力，以此来推动企业新文化的形成和传播。在此基础上，企业才能进行具体的整合实施，包括组织和流程的调整、人员的安排和调配、运营和职能的调整与改进等整合措施。在并购整合过程中，文化整合特别重要，必须做好企业文化的融合工作，求大同存小异，再造本企业与目标企业原有骨干都认同的企业文化。作为并购后整合战略的一部分，中国企业需要吸收被收购企业文化中先进的成分，通过提升和完善自身的企业文化，来促成部分企业文化的同化，创造"文化共同点"，而对那些虽然存在文化差异但对企业未来的发展影响不大的文化因素，我国企业应在保持自身核心文化及尊重对方文化的基础上进行取舍，以达到求同存异、相互补充的目的。

在文化整合过程中企业领导层应起到表率作用。在一个企业中，领导人是企业文化的变革者，并且这种变革必须依靠企业领导人自上而下地进行，否则，企业文化的发展就会势必陷入一种无序的、混乱的状态，新的企业文化就不能形成。

因此，我国企业在跨国并购的文化整合过程中，重组后企业中外籍领导人必须达成共识，彼此认同对方的先进文化，并能加以吸收，使两种文化交汇融合形成一种新的文化。新文化形成后，作为企业的中外籍领导人自然也要成为这种新文化的积极倡导者。企业领导人的个人言行具有示范性和引导性，他们应能言传身教，向自己的员工灌输新的价值体系。

在整合过程中，企业应当聘用具有国际管理经验的管理人才，来对并购后的企业进行管理。在对海外企业并购后整合的过程中，选择符合企业文化整合或变革要求，并且更能够被整个组织，尤其是被并购企业接受的领导人，对整合而言是非常必要的。也就是说中国企业在收购海外企业后，需要有胆识和魄力考虑聘用国外的企业家来管理新的全球化企业，以降低整合的难度。如果中国企业沿袭自己惯常的做法，由中国企业的高层领导来担任企业的关键岗位并负责企业的整合，其结果可能是事倍功半的。在这方面，联想任命原 IBM 的副总裁沃德为新公司的 CEO，可以说是一个非常有益的尝试。

综上所述，不论是从宏观上的制度层面，还是从微观上的企业层面，政府和企业都应从战略的高度认识中国企业跨国并购过程中的不利之处，并采取恰当的应对策略。这样，中国企业在走出国门实施跨国并购的同时，才能够充分认识自身的不足，确立科学的跨国经营决策，在政府的引导与扶持下更好地发挥和利用既有优势，取长补短，确保跨国并购的各项工作顺利进行，提高并购绩效。

第九章　案例分析

第一节　中国石油收购哈萨克斯坦 PK 石油公司

2005 年，为提升国际竞争力，实现国际业务跨越式发展，中国石油以 41.8 亿美元的总价成功收购哈萨克斯坦 PK 石油公司（简称 PK 公司）。这是当时中国企业走出国门的第一大单笔投资项目和第一个大型上市公司整体收购交易，也是 2005 年全球能源业第二大企业收购案。中国石油对 PK 公司的成功收购，在国际能源界引起了强烈的反响。经过几年的整合，新的 PK 公司经营逐步走上正轨，为中国企业跨国兼并收购树立了一个成功的典范。在并购后的整合过程中，中国石油以文化整合为主线，完善管理制度和流程，改善与利益相关者的关系，营造和谐的内外部环境，最后取得了整合成功。这些做法和经验很值得中国其他企业学习。

一　中国石油公司并购整合背景

中国企业跨国并购与国内并购相比，面临着更多的风险。中国企业在跨国并购中比较重视目标企业的价值评估、并购的谈判及东道国的政治、法律风险等，而对于整合管理则重视不够，或被忽略。但实际上，在跨国并购失败的众多原因中，整合不力是最重要的原因。来自麦肯锡、波士顿等知名咨询公司的调查报告及统计数据表明，整合成功是影响跨国并购成功的关键因素。中国石油在收购 PK 公司之初就已经充分认识到整合工作的重要性，认真分析 PK 公司面临的内外环境和经营管理现状，为制订收购后的全面整合计划打下坚实的基础。

（一）PK 公司的特性给整合管理带来巨大挑战

一是公司业务链及法律架构复杂。收购前的 PK 公司是完全由西方管理的独立石油公司，拥有完整的油气工业上中下游业务链、42 个分子公司、192 个银行账号，在五国上市、五地办公。跨国并购后整合如此复杂的上下游一体化石油公司，给中国石油带来了巨大挑战。二是多元民族文化和不同企业文化并存。中国石油进入后，不仅带来了中华民族文化，也带来了不同的企业管理文化。一方面，PK 公司 4100 多名员工来自中国、美国、加拿大、英国、南非、法国、土耳其、俄罗斯、哈萨克斯坦等多个国家，员工间语言、文化、信仰、风俗、生活方式和价值观不尽相同，多元民族文化的差异大大增加了整合的难度；另一方面多元民族文化背景下的 PK 公司与中国石油在价值观、理念、使命、制度、形象等各个层面的企业文化也存在较大差异，PK 公司并购后的整合面临着多元民族文化和企业文化整合的双重挑战。三是员工队伍人心浮动。近年来，哈萨克斯坦经济和石油工业快速发展，石油专业技术及管理人才短缺，加之 PK 公司即将出售的消息传出后，员工队伍不稳，人心浮动，猎头公司及其他石油公司趁机猎取关键人员。并购后迅速整合人力资源、稳定员工队伍成为整合工作的关键。

（二）企业生产经营困难重重

一是天然气排放受限。2005 年初哈萨克斯坦政府严格限制 PK 公司天然气燃放，强制关闭大批生产井，致使原油日产量由 21 万桶下降到接管前的 15 万桶。二是储采比偏低，公司可持续发展的储量基础不牢。到 2005 年底，PK 公司 2P 权益剩余原油可采储量为 4.62 亿桶，储采比仅为 8.7（油公司一般为 10 以上）。三是油田递减加快，含水量上升，地面生产设施能力不足。四是炼厂老化，轻油收益率低。

（三）公共关系紧张，外部环境恶劣

PK 公司被哈萨克斯坦政府列为重点整治对象，以偷税、市场垄断等借口对 PK 公司进行了大规模的检查，给 PK 公司开出了巨额罚单；还以环保天然气排放限制为借口，关闭了 PK 公司大量的生产井。原公司管理层无心继续维持和改善外部环境，导致与政府及合作伙伴的关系急剧恶化。原公司管理层的多名高管（包括在哈萨克斯坦的总裁）被哈萨克斯坦政府刑事起诉，限制入境自由。PK 公司原总裁多年不敢入境哈萨克斯坦，仅靠"遥控"指挥哈萨克斯坦公司业务的经营管理。并购前，PK 公司与政府、合作伙伴、合资公司、前员工的法律纠纷和国际仲裁多达 50 多项，争议金额高达十几亿美元。并购后积极整合与各利益相关者的关系，重新塑造企业形象成为整合工作的重点。

二 中国石油并购后的整合管理内涵与主要做法

在并购过程中，中国石油制定了正确的整合管理基本内涵，主要包括以下几类。

一是以实践"相互欣赏、享受工作"理念的多元文化为主线，制定科学接管方案、实现平稳过渡。

二是按照中国石油海外业务整体发展战略及全球区域业务部署安排，通过战略和管理架构调整，梳理业务流程管理体系，有效整合资产、技术、销售、人力、文化等关键资源。

三是充分利用相关外部资源，积极调整公共关系，改善与当地政府、股东、员工等利益相关者的关系，营造和谐的内外部环境。

（一）调整企业发展战略，确立整合管理目标和原则

1. 重新对 PK 公司进行战略定位

中国石油海外业务的整体发展思路是坚持"讲求效益、注重保障、培育规模、协调统一"的原则，保障国家能源安全。2005 年底，年输送量达 1000 万吨的中哈原油管道建成投产，这是中国历史上第一条跨国原油管道，被称为中国能源安全跨国大动脉。成功收购后，中国石油把 PK 公司定位为中哈原油管道的主要油源供应者，保障国家能源安全成为 PK 公司首要的历史使命。

2. 调整 PK 公司发展战略和规划目标

并购后，中方接管团队提出了 PK 公司新发展战略，即"立足油源保障，提高投资效益，提升企业价值，培育竞争优势"。在企业文化建设上，把中国石油"奉献能源、创造和谐"发展

宗旨引入 PK 公司，创造新的企业文化和价值观念，以"相互欣赏、享受工作、充满激情"的新企业文化理念打造协作、敬业、创新、高效的国际化团队。

3. 明确整合目标和原则

为切实搞好整合工作，中国石油在新 PK 公司发展定位和战略目标的基础上，明确了 PK 公司整合管理的总体目标和基本原则。一是明确了 PK 公司整合工作的总体目标是"提升国际化管理水平，提高国际竞争能力"。二是确立"互利共赢、和谐发展、统一协调、互补创新"的整合原则。

（二）平稳接管，为实施整合管理奠定基础

1. 早期参与并购工作，提前进驻目标公司，为接管和整合做好准备

中国石油聘请花旗银行、普华会计师事务所等国际著名咨询公司，对 PK 公司进行详尽的尽职调查，重点是生产运营、人事政策、财务与税收、保险、法律与诉讼、环保、国家文化、企业文化及公司战略等方面的调查与分析，同时提前组建接管工作组参与并购工作，在正式接管前一个月，派接管工作组提前进驻 PK 公司，对哈萨克斯坦及 PK 公司内外部环境、文化背景等进行深入研究，对公司组织结构、生产经营、技术和管理进行现场摸底和考察，密切跟踪公司的日常运行，保护收购方的利益；对并购后公司的战略框架、业务整合、人事及文化整合、公司治理等进行详细分析，对整个收购和接管过程中可能出现的各种风险和不确定性等进行认真评估，制订初步整合策略、目标和方案计划，提出预防和应对措施，为下一步制订全面系统的整合计划奠定基础。

2. 通过多种渠道做好沟通宣传，减少整合阻力

在整个接管和整合过程中，沟通宣传都占据着非常重要的位置。为了尽可能避免沟通中出现问题，接管工作组采取多种形式建立沟通渠道，通过多种方式做好沟通宣传，保证各类信息在正式渠道中的畅通，让员工清楚整个并购的情况和进展，以减少并购冲击的影响。同时统一对外宣传，积极引导舆论导向，为整合减轻来自外部的阻力。在处理政府和媒体关系方面，统一对外，由公关部门积极与相关政府部门和媒体沟通，统一宣传口径，引导舆论向有利的方向发展。

3. 明确接管策略和实施方案，统一部署实施接管

在 PK 公司股权正式交割之前，接管工作组明确接管策略和具体实施方案。考虑到 PK 公司四面楚歌的外部环境，即与政府关系日益恶化、多名高管人员因被政府起诉而被限制入境及公司形象受损等局面，采取更换高层、重塑形象的"换脑"策略；针对 42 个子公司和 198 个错综复杂的资金账号，采取控制财务与采办的"控制"策略；针对人心不稳的外籍员工和哈萨克斯坦籍员工以及严峻的上下游生产形势，采取稳定基层、稳定哈萨克斯坦籍，稳定上下游业务的"稳定"策略；面对问题重重、效率低下的运销和公共关系，采取改造运销、改善公关关系的"改造"策略；为了使 PK 公司员工及时获得准确信息，避免谣言惑众，采取制定有效的沟通策略等。

（三）调整管理架构，完善管理制度和流程

1. 调整管理架构

与接管同步，中方接管团队对管理链条进行精简优化，对

管理职能进行整合调整。一是将总部转移到阿拉木图，调整加拿大卡尔加里及英国伦敦两地管理职能到阿拉木图，实现靠前管理。二是继续保持卡尔加里外籍雇员的人力资源服务职能，继续稳定和吸引西方外籍雇员，并通过这项人力资源服务串联上下游一体化业务；伦敦及北京办公室在处理完成一些收购善后事宜后暂时休眠。

2. 梳理业务体系，加强业务板块的管理和控制

接管以后，公司延续原有的五个业务板块运行管理体制，即上游板块（Upstream）、下游板块（Downstream）、合资板块（Joint Ventures）、运销板块（Marketing & Transportation）、总部管理（Corporate Services）。在此基础上，梳理并明确各板块的业务职责及分工，建立更加畅通的沟通和协调机制，加强板块之间的分工和协作。同时建立成本控制预警机制，加强总部对各业务板块的管理和控制。

3. 管理制度和流程的优化完善

原PK公司加拿大管理层留下了一套西方的管理模式、制度和工作程序，但由于在收购的前几年，人心涣散、管理混乱，很多制度没有落实，不少流程无人遵守。中国石油接管后，一方面狠抓原有制度的落实执行，另一方面立足PK公司原有管理体系和机制，借鉴中国石油多年海外运营积累的经验，重新建立或调整一些政策和制度。

（四）整合企业资源，发挥协同效应

1. 技术资源的整合

积极发挥中国石油在老油田挖潜及油田精细管理方面的技术

优势，依托中国石油技术资源，成立后方技术支持组，提供靠前技术支持。中国石油海外研究中心在 PK 石油项目并购前期就派出 10 余名技术人员配合接管团队开展尽职调查工作，在交接后，又迅速组织 40 名各专业技术人员成立了 PK 石油项目技术支持组，专门负责为 PK 石油项目提供技术服务，两年来累计向油田现场派出技术支持小组达 100 人次。

2. 销售资源的整合

一是将 PK 公司纳入母公司（中国石油哈萨克斯坦地区公司）统一销售网络，实现销售途径的优化。二是在 PK 公司内部整合销售工作，统一协调下属子公司（PKKR、哈德公司及图尔盖公司）的原油销售，在保障中哈管道油源供应的同时，实现销售价格最优，销售成本最低。

3. 财务管理和融资的整合

一是适应公司架构的改变整合财务管理体制，由原来独立石油公司架构下的集权式财务管理体制转变为母公司掌控下的融合式财务管理体制，母公司总部掌握重大财务决策权，在方向和战略性问题上进行管理，子公司对成本管理、费用控制、运营资金的管理等财务活动进行灵活决策。二是融资管理整合，取消 PK 公司融资权，母公司对其实施融资控制，进而实现对其资本结构的控制。三是投资管理整合，母公司通过资本性支出预算管理对子公司的投资活动进行控制。

4. 人力资源的整合

一是在做好人力资源评估的基础上，分阶段、分层次合理配置人员。二是将原 PK 公司松散的薪酬政策、招聘政策、培训政策进行整合，建立统一集权式的人力资源管理体制，营造公平合理的内部竞争环境，提高组织运行效率。三是做好员工职业生涯设计，关注员工成长。四是建立市场化的薪酬体系，大幅度提高工资待遇，使得员工队伍进一步稳定，对公司的归属感和荣誉感进一步增强。

（五）整合多元文化，构建共同的价值观

文化整合是 PK 公司并购后整合工作的重点，是保证各项整合顺利实施的关键。PK 公司大力倡导"相互欣赏、享受工作"的理念，初步建立了一支中外合璧、和谐敬业的国际化管理团队。这支新管理团队的工作方法、精神面貌都使员工和外界感受耳目一新，得到了广大员工的认可和尊重，也使公司的外部形象得以大幅改善和提升。

一是要充分了解对方的文化，包括民族文化和公司文化。PK 公司的员工来自多个国家，员工间语言、文化、信仰、风俗、生活方式和价值观不尽相同，同时 PK 公司与中国石油在价值观、理念、使命、制度、形象等各个层面的企业文化也存在较大差异，中国石油公司事先做了大量调研，充分掌握了解各个国家员工的民族文化和生活特点，以及对方公司文化特点，有针对性地制定了相应的措施。

二是要充分尊重对方的文化。文化整合最重要的工作就是尊重、包容对方的文化，中国石油入主 PK 公司后，继承和沿用原公司西方管理层留下来的好制度、好机制，结合实际积极引入中国石油的先进管理方式，取长补短，进一步改善管理效率。

三是要整合形成新的公司文化。了解和包容对方的文化后，

就要形成新的公司文化。中国石油在整合过程中，坚持创新原则，积极应对复杂环境和复杂局面，培育共同的价值观，继承、融合、创新企业文化，初步探索出一套科学有效的跨国并购后整合管理的方法和模式，确保了公司整合的成功。

（六）改善公共关系，营造和谐外部环境

一是加强政府公关，建立良好的沟通机制。利用中国石油与哈萨克政府良好的合作关系和互信机制，实时掌握哈萨克斯坦的政策动向，不断开拓新的行政资源，与哈萨克斯坦总统府、能矿部、财政部、外交部、劳动保障部、环保部等都建立了良好的沟通机制，得到政府部门的大力支持。二是积极开展公益事业，树立良好社会形象。与油田、炼厂所在的州签订了合作备忘录，通过奖学金计划资助当地优秀学生、为地方提供特价农用柴油、参与城市天然气管网投资建设等一揽子公益事业方案，把资源集中使用在当地居民直接受益的关键项目上，在哈萨克斯坦树立起PK公司负责任的国际大石油公司形象。三是及时跟踪哈萨克斯坦动态，提出预防和应对措施，规避法律政治风险。四是灵活应对法律诉讼，全力维护公司利益。

三 中国石油并购整合成功经验

中国石油收购接管 PK 公司近两年来，按照计划精心组织实施了全面整合工作，取得了较好效果。与接管前几年相比，公司内外经营环境得到明显改善，原油生产、加工、新增储量均创历史新高，经济效益大幅增长，员工队伍日趋稳定，对公司发展的信心得以增强，初步打造了一支国际化经营团队，企业管理效率

和水平得到提升，成功实现了跨国石油公司的并购整合。在总结中国石油的上述成功做法基础上，我们觉得以下经验值得中国公司学习。

一是高度重视并购整合工作。对于中国公司来说，签署并购合同只是跨国并购的开始，有效整合并购目标公司才是并购工作成功的关键。中国石油在收购 PK 公司之初就已经充分认识到整合工作的重要性，在人力资源、财务资源等方面做了大量精心准备，制定了正确的并购整合内涵和策略，为制定收购后的全面整合计划打下坚实的基础。

二是将文化整合作为工作主线。收购完成后的公司文化整合工作是个漫长的过程，中国石油收购 PK 公司后成功完成文化整合，是公司整合成功的关键。主要启示如下：其一是中国石油为 PK 公司制定了"相互欣赏、享受工作"的文化理念，确保了原 PK 公司员工的迅速融合。其二是中国石油建立了一支国际化经营管理团队，能够了解并理解各个国家员工的民族文化和生活特点，以及对方公司文化，从而做到尊重、包容对方的文化，确保双方建立良好信任关系。其三是及时调整原来的薪酬制度，稳定员工队伍。

三是尽快改善企业内外环境。接管两年来，PK 公司接管前的 50 多个较大的诉讼和仲裁案件及争议金额已下降 98%，接管后未发生新的重大诉讼及仲裁案件。与政府、伙伴关系明显改善，建立了互惠互利、相互信任的长远合作基础。外籍和当地员工建立起对公司新管理层的信任和信心，队伍日趋稳定。经过艰苦努力的工作，PK 公司接管前面临的大部分棘手难题都得到了有效解决，公司内外经营环境得到大幅改善。

四是坚持因地制宜的整合原则。中国石油在整合过程中，在遵守既定的整合策略的前提下，结合当地实际情况，因地制宜，适当创新，积极应对复杂环境和复杂局面，培育共同的价值观，继承、融合、创新企业文化，通过建立一套科学有效的跨国并购后整合管理的方法和模式，确保了公司整合的成功。

第二节　吉利集团并购瑞典沃尔沃公司

一　并购情况

1. 吉利概况

浙江吉利控股集团是中国汽车行业的十强企业。1997年进入轿车领域以来，凭借灵活的经营机制和持续的自主创新，取得了快速发展，连续9年进入中国企业500强，连续7年进入中国汽车行业十强，被评为首批国家"创新型企业"和"国家汽车整车出口基地企业"。

2. 沃尔沃概况

沃尔沃，英文名为Volvo，创立于1927年，是瑞典著名汽车品牌，该品牌汽车是目前世界上最安全的汽车。沃尔沃汽车公司是北欧最大的汽车企业，也是瑞典最大的工业企业集团，世界20大汽车公司之一。截至2009年6月底，共拥有21000名员工，在全世界拥有近2500家销售网点。沃尔沃轿车在被福特收购后销售额过去数年来一直在下滑，自2005年至今更是连续亏损，每年的亏损额均在10亿美元以上，2008年金融危机使沃尔沃亏损加剧。同时，福特汽车也出现巨额亏损，福特自己身处险境还拿着沃尔沃这个"烫手的山芋"，当然急于丢给别人。国际上，金融风暴尚未走远，主要汽车市场近年来都呈萎缩态势，未来即使企稳可期，但是回升乏力，在这样的国际环境中福特确实没必要增加风险继续持有沃尔沃。

二 并购过程

2010 年 3 月 28 日，中国浙江吉利控股集团宣布已与福特汽车签署最终股权收购协议，以 18 亿美元收购沃尔沃汽车公司 100% 的股权。同时吉利还需要投入 9 亿美元，作为后续运营的流动资金。在新的所有权下，沃尔沃汽车将会保留其瑞典总部以及在瑞典和比利时的生产基地，在董事会授权下，管理层将拥有执行商业计划的自主权。而在产品方面，沃尔沃将在现有 9 个系列上发展，继续专注于豪华车型，目前沃尔沃在瑞典和比利时的工厂仍在保留。

2010 年 7 月 29 日，吉利收购沃尔沃公司的交易已经获得中国政府部门的批准。

2010 年 8 月 2 日，吉利并购沃尔沃交割仪式在伦敦进行，吉利已经完成对福特汽车公司沃尔沃业务单元的收购。

此次并购总资金约 18 亿美元，这是迄今为止中国企业对外国汽车企业最大规模的收购项目。

三 并购动因

（一）提升品牌形象

沃尔沃是一家拥有 80 多年历史的豪华汽车品牌，其优秀的安全性能和车身设计享誉全球。而吉利不过是有着 10 年造车史、名不见经传的中国企业。吉利希望通过并购沃尔沃的方式，全面提升其汽车品牌形象，打造吉利汽车旗下的高端品牌。作为国际化的品牌，沃尔沃的知识产权和先进技术是毋庸置疑的，谁收购了沃尔沃谁就会得到一大笔技术财富，它的先进技术和安全性能、节能环保特点正是吉利实现战略转型最需要的。此外，一直以来吉利汽车在价格和品牌上都给人以"草根"的印象，成本和价格一方面为吉利带来丰厚利润，另一方面又使吉利的品牌无法更上一层楼，没有可以打出去的牌子确是个棘手的问题。依目前的形势看，吉利缺乏一锤定音的顶级豪华品牌，这个空缺沃尔沃正好可以补上，有了沃尔沃，吉利在行业内的品牌竞争地位无疑会大大提升。

（二）获取关键性技术和高端人才

吉利造车历史还比较短暂，技术相对欧美企业还很不成熟。如果光靠吉利自主研发需要投入非常大的人力物力，风险较大，并购无疑是其获取关键技术与人才的捷径。并购后吉利可以使用沃尔沃汽车授权的先进技术，并且拥有沃尔沃研发设计及管理的高端人才。

（三）促进吉利国际化战略转型

2007 年 6 月，吉利集团开始进行战略转型，拟计划用 3～5 年时间完成从单纯的低成本战略向高技术、高质量、高效率、国际化的战略转型，让吉利汽车走遍全世界。因此，并购国外企业是吉利推进其国际化进程的必然选择。

四 并购存在的挑战

一是沃尔沃是否具有持续赢利能力。沃尔沃在短期恢复赢利并不困难，但是要具有持续赢利的能力并不容易。因为沃尔沃的销售规模不大，负担也相对较轻，只要有效控制采购成本，提高产能利用率，再加上国际金融危机正逐步走出谷底，短期恢复赢利，并不困难。难就难在如何保证沃尔沃成长为一个具有持续赢利能力的高档车制造商。作为一个豪华汽车制造商，沃尔沃目前的规模太小，奔驰、宝马年销量都早已超越 100 万辆，奥迪 2013 年销量也达到 95 万辆，相比之下，沃尔沃一年只有三四十万辆的销售规模，要实现持续的赢利是不太可能的。

因此使沃尔沃最终达到 60 万辆以上的年销售规模，成为衡量吉利运营下的沃尔沃取得最终成功的一项硬指标。在国际上，主要汽车市场近年来都呈萎缩态势，未来回升余地也不会太大。加之，吉利在国际市场也缺乏运营的经验和能力，因此沃尔沃要具有持续赢利的能力还是有挑战性的。

二是沃尔沃如何确保高端品牌地位。确保高端品牌地位也是吉利在日后经营中所要面临的挑战之一。沃尔沃现在的品牌定位有点尴尬。与奔驰、宝马相比，沃尔沃已经难称是豪华品牌，只能说是高档车品牌。沃尔沃缺乏奔驰 S 级、宝马 7 系这个档次的顶级豪华车型，价位的下调，加上低调的北欧设计风格，销量虽然会有所提升，但是品牌形象确实是有所下降的。牺牲品牌形象去换取销量的提升本身也存在着弊端，因为豪华品牌一旦失去高端定位，直接参与大众市场的竞争，往往会处于更加不利的局面。吉利表示接手沃尔沃之后，可以把平均单车成本压到 15 万元，平均价格压低到 25 万元，单车平均利润仍有 10 万元，这样可以轻松实现赢利。但是这样做，沃尔沃会连高档车都算不上，当沃尔沃与普通大众不相上下时，25 万元的沃尔沃还会具有竞争力吗？

三是如何突破文化鸿沟。一个企业进行海外收购后，跨国文化很难兼容。拥有 80 多年历史的沃尔沃有着一套适应本国的成熟企业文化和管理机制，却也隐藏了许多痼疾；而吉利虽然历史发展比较短，但是其依靠的中国历史文化却更悠久，其依靠的市场更庞大，其具有的创新精神和创业精神仍然虎虎生风，合并之后，是吉利顺从沃尔沃，还是让沃尔沃就范中国文化？其实应该是两种文化相互融合，实现增值，实现创新，实现发展。但是吉利是一个没有合资经历的公司，本身是很本土化、很草根的企业，如果文化上磨合不好，首先可能造成高层人员流失，其次会造成技术人员的流失。因此在并购之后，如何实现文化整合也是让并购成功的关键。

四是双方出于对各自战略发展的需要。福特公司从 2006 年起就连续亏损，到 2008 年底汽车业务债务为 258 亿美元，为了回笼资金它不得不卖掉沃尔沃。福特全球总裁兼 CEO 穆拉利曾表示，福特卖掉沃尔沃并非沃尔沃发展的不好，而是福特要集中资源发展福特品牌所致。对于吉利来说，收购沃尔沃就是要打造中国式最安全最环保的车，让中国汽车走向世界，提升民族品牌，对中国的消费者很有利。当前新能源是世界汽车工业的未来，吉利生产的所有车都是油电混合动力车，仅凭中国的研发技术远远赶不上发达国家，而沃尔沃拥有 82 年的历史，被称作"世界上最安全的汽车"，在汽车的安全和环保方面有独特的技术与专利。因此，对两个企业来说这次收购都是各自战略发展的需要，双方能否实现其战略目标，达到互利双赢，也将面临挑战。

五　给中国企业的启示

一是明确并购目标，抓住并购时机。企业需要在全球范围内确定不同的收购目标，并且有自己明确的中长期发展规划，并依据自己的战略规划目标，合理制定战略举措，尤其是制定通过并购手段来获取跨越式发展的路径。除此之外，还应该具备获取颠覆行业格局的能力。当然，并购也可以从产业链低端开始，逐步递进，积累经验，通过整合全球资源来弥补企业短板，持续观察等待合适并购时机，在时机的选择上应注意避免在企业所处大环境非常好的时候进行并购，而不选择目标企业资金短缺或行业不景气的时候进行并购。

二是准确判断对方的出售意图。准确判断出对方的出售意图可以避免并购中出现的风险。对方的出售意图无非是三种，一是战略性出售，如福特出售沃尔沃。二是财务性出售，如中铝并购力拓。三是管理性并购，如米塔尔并购阿塞洛。企业只有准确判断出对方是战略性出售时，才可以进行收购。而财务性出售则应谨慎或者提高出售方的违约成本，否则就会造成并购失败。因此在并购前期，应充分调研，全面研究，了解对方的出售意图，避免财务风险。

三是选择专业并购团队。海外收购相当复杂，选择一个专业并购团队对并购成功起着关键性的作用。中国企业应着手培养从事并购的专业人才，在法律、财务、并购、公关、行业运作等多个方面选择国际化的并购专业合作团队，作尽职调查、并购要约制定、政府公关、并购谈判等工作。加强对细节的关注，避免引起公众、政府与工会的对立情绪，尤其是关注竞争对手，特别是潜在竞争对手的研究，避免被竞争对手打个措手不及。

四是合理制定后期整合方案。并购的最终目的是获取海外资源来充实企业的关键竞争要素，没有强有力的整合方案，并购将拖累母公司的发展，如 TCL 在并购汤姆逊后，整合失败将导致母公司陷入巨额亏损。而吉利正是对并购后的运营方案有着详尽的计划，才获得了福特的青睐。这种整合涉及运作具体的人财物、产供销，更重要的是理念上的整合、文化上的整合、模式上的整合。文化整合更为困难，因此企业在海外收购中更应该重视这种整合。如果并购后在文化与管理上不能融合，冲突严重，那么企业肯定会倒闭破产。中国式的管理与外国的技术相结合才能实现最大的互补，获得双赢。

五是要充分利用宏观环境和政府支持。国家出台的《汽车产业调整和振兴规划》明确指出："以结构调整为主线，推进汽车企业兼并重组。"这一大好政策支持我国企业利用国际金融危机带来的机遇并购海外的汽车企业。要充分抓住国际金融危机带来的市场机会。全球性的经济危机导致欧美汽车市场的销售额急剧下滑，许多企业更是连连亏损，沃尔沃也不例外，同样亏损严重。与此同时，其母公司福特汽车在全球范围的销量也下滑厉害，国际汽车市场可谓风雨飘摇，世界汽车巨头纷纷变卖资产换取现金。因而许多外国企业的资产价值被严重低估，相比之下中国市场虽然也受金融风暴影响，但销售额仍缓慢增长，这正是中国企业出手的好时候。此时通过海外并购，可以用较低的成本，获取梦寐以求的汽车国际品牌、核心技术和国际营销渠道，这是中国汽车产业实现技术跨越的一个捷径。

第三节 三一重工并购普茨迈斯特公司

一 并购情况

2012年1月30日晚三一重工发布公告，通过了《关于收购德国普茨迈斯特公司的议案》。根据公告，三一重工控股子公司三一德国有限公司联合中信产业投资基金（香港）顾问有限公司于2012年1月20日共同收购普茨迈斯特100%的股权，其中三一德国出资3.24亿欧元收购90%的股份，中信基金收购10%的股份。

对三一重工来说，经过近十年的快速发展，已经成为国内最大的工程机械行业公司。报告期内，公司实现营业收入317.6亿元，同比上升4.6%，归属上市公司股东的净利润为51.60亿元，同比下降13.12%，加权平均净资产收益率为23.33%。尽管受国家经济景气度和行业需求下降的影响，公司经营业绩依然优于大市优于行业，主要产品的市场竞争力稳步提升。混凝土机械销售收入171.4亿元，同比增长8.21%，依然保持世界上最大混凝土机械制造商的龙头地位；挖掘机销售收入66.2亿元，超过10000台，成为市场占有率提升幅度最大的品牌，继续稳居国内市场第一；汽车起重机销售收入24.4亿元，同比增长10.30%，中大吨位产品销量持续上扬，50吨以上的产品市场份额提升至30%，一举跻身国内销售排名第二。报告期内，国际

权威媒体 *International Construction*（《国际建设》杂志）发布 2012 年度 Yellow Table 排行榜，公司以 78.61 亿美元的规模领衔中国军团，名列全球工程机械行业第六名，并蝉联入选榜单的中国企业第一名。

对于德国普茨迈斯特来说，作为全球最知名的工程机械制造商之一、全球混凝土机械第一品牌，一直创造并保持着液压柱塞泵领域的众多世界纪录。普茨迈斯特在混凝土泵车制造领域的全球市场占有率长期居于世界首位，高达 40% 左右，且 90% 以上的销售收入来自海外，遍布全球 110 多个国家和地区。该公司具有高品牌、高价格、单个产品高毛利特征，其品质与技术领先于世界上大多数企业。同时，被称为"大象"的普茨迈斯特在全球约 200 项相关专利技术专利。"大象"在中国之外的三大新兴市场（即土耳其、沙特、印度）市场占有率排名第一。

二　并购过程

根据协议，三一重工将联合中信产业基金，以现金对价 3.6 亿欧元（折合人民币 26.54 亿元）共同收购普茨迈斯特 100% 的股权。其中三一重工出资 90%，中信产业基金出资 10%。并购事件后期整合过程的整合内容包括：一是尽快吸收"大象"的核心技术，促进国内三一重工的技术升级，共享技术和研发力量。二是进入普茨迈斯特的供应链体系，成为其合格的零部件供应商，以大幅降低其生产成本，促进其赢利能力提升。完善普茨迈斯特的产品线，在钢材、汽车零部件上替代普茨迈斯特的原有采购，解决采购成本高的问题。三是品牌分工方面，进行差异化经营，在国际上维持普茨迈斯特的高端品牌，三一重工仍将专注于开拓中国国内中低端市场。四是不解雇员工，邀请普茨迈斯特方面的人员出任三一重工的高管，以完善三一重工的国际化团队。五是充分考虑两个国家在文化、宗教信仰、生活习惯、法律等各方面的差别，双方尽快完成磨合。

4 月 17 日，三一重工与德国"大象"正式宣布收购完成交割。整合成功后，将显著提升三一重工的技术水平、丰富公司的产品组合，"大象"50 多年建立起来的全球销售网络，将加快三一重工的国际化进程；再加上此前三一重工前瞻性大力布局的海外销售网络，2014 年必将成为三一重工国际化进程中的分水岭。

三　并购动因

一是获取战略机会。三一重工收购普茨迈斯特后，将无可争议地成为国际混凝土机械行业的全球第一制造商，将大大加快国际化进程。收购普茨迈斯特，三一重工获得了普茨迈斯特公司的一切资源，获取了时间优势，避免了工厂建设延误的时间；同时，减少了一个强有力的竞争对手，并且获得了普茨迈斯特在德国的行业地位。三一重工的此次收购普茨迈斯特，奠定了其市场地位，有利于其引导行业标准的进程，对于三一重工的发展有着十分重要的战略意义。

二是发挥协同效应。三一重工收购普茨迈斯特，将获得对方先进的技术和国际销售网络，而普茨迈斯特将获得三一重工的资金支持，有利于保持其技术和品牌领先的优势。三一重工拥有优秀的成本控制优势以及中国市场的销售网络，而普茨迈斯特则拥有先进的研发、制造工艺以及国际销售网络，而中信产业基金则拥有先进的投资管理经验。此次的收购，让此三者的优势发挥了一个有效的协同作用，达到了"1+1+1＞3"的效果。

三是扩大生产经营规模，降低成本费用。通过此次并购，三一重工规模得到扩大，能够形成有效的规模效应。规模效应能够带来资源的充分利用，资源的充分整合，降低管理、原料、生产等各个环节的成本，从而降低总成本。

四是提高市场份额，提升行业战略地位。收购普茨迈斯特，三一重工生产力得到有效的提高，销售网络得到扩展延伸，市场份额将会有量和质上的提高，从而确立三一重工在行业中的领导地位。

五是实施品牌经营战略，提高企业的知名度。品牌是价值的动力，同样的产品，甚至是同样的质量，名牌产品的价值远远高于普通产品。收购德国普茨迈斯特能够有效提高三一重工的品牌知名度，使得三一重工由国内知名品牌上升为国际知名品牌，提高了企业产品的附加值，可以使产品获得更多的利润。

四　并购给中国企业的启示

首先，三一重工的这次并购就是一次符合自身转型升级战略方向的精细化并购。在"4万亿"的对基础设施的刺激政策下，三一重工所在的工程机械行业迎来了行业几乎是爆炸式的成长，这也是三一集团的董事长梁稳根能够成为中国首富的主要原因之一，也造就了三一重工2011的年净利润同比增长50%～60%达到84亿～90亿元这么一个历史高位。但随着国内固定资产投资增速下滑，尤其是房地产进入严厉调控周期，三一重工要想继续保持之前的那种跨越式发展难度加大。这逼迫三一重工需要进行新的一种转型升级，进一步提升自己的核心竞争力，也就是需要在品牌、管理、技术方面利用好国际国内两个市场。并购德国普茨迈斯特这个混凝土泵车的隐形冠军，无疑可以整合技术、管理、国际市场、品牌等方面的优势，从而实现"1＋1＞2"的并购效果，有利于三一重工在全球工程机械行业的排名继续往前走。

其次，三一重工这次并购在路径选择上趋向于精细化。之前就在德国成立了三一重工德国公司，通过其作为主体去并购，在一定程度上减少了并购上的一些障碍，尤其有了前期在德国的一些"耕耘"有利于消除当前中国企业海外并购因为文化融合不够，从而导致的种种"水土不服"的问题。同时联合中信产业这样的基金一起来参与，既有利于拓宽未来发展上筹资的空间，也利于壮大投资者的信心。同时在并购完成后，在斯图加特设立一个三一重工新的总部，保持住普茨迈斯特相对独立的运营、管理团队的稳定，凸显了目前中国企业走出去在精细化思维下的务实。

再次，三一重工这次并购的时机选择得比较精细化。普茨迈斯特在业内有着"大象"之称，是全球最知名的工程机械制造商之一，之前在混凝土泵车制造领域，该企业市场占有率长期居于世界首位。但随着其成本的高企、价格的高位，其不仅在发达国家，而且在新兴经济体的销售方面下滑明显。其2010年全年实现销售收入5.5亿欧元，只实现净利润150万欧元，而2011年全年实现销售收入5.6亿欧元，几乎没有增长，和历史高位相比下降幅度不小。也就是在这种经营状况不佳的情况下，普茨迈斯特这个带有浓厚家族企业性质的德国行业巨头才有了出售的可能性。在其发展并不顺利的状况下，三一重工这次并购的出资额才出现了大幅度低于外界估计 5 亿欧元的额度。这种时机的把握，也凸显出中国企业走出去的精细化程度在提升。

最后是三一重工在此次并购中很好地规避了法律条文。在三一重工接洽普茨迈斯特之前，其同城对手中联重科已经拿到了发改委批准其并购普茨迈斯特的"路条"，根据有关法规规定，同一行业的国内企业针对同一家海外公司进行并购时，只有一家公司能够获得发改委的批文。那么三一重工此次并购是否违规？其实是没有违规的。因为此次收购的参与者是"三一德国"，其是三一重工在德国的控股子公司，具有独立的法人地位，所以此次收购本质上是德国公司收购德国公司，并不违反国家相关法律。

第四节　大连万达并购美国 AMC 影院公司

一　并购情况

2012 年 5 月 21 日，大连万达与全球第二大院线集团——美国 AMC 影院，正式签署了并购协议，万达集团将购买 AMC100% 的股权，并承担 AMC 的相关债务。万达集团为此次并购交易共支付了 31 亿美元（约合人民币 196 亿元，包括并购的总交易金额 26 亿美元及并购后投入 AMC 的不超过 5 亿美元的营运资金）。2012 年 9 月 4 日，万达集团在美国洛杉矶正式宣布完成对美国 AMC 的并购，万达集团因此将成为全球规模最大的影院运营商。根据双方的并购协议，万达集团在并购后将接管美国 AMC 旗下 338 家影院的 4865 块银幕（包括 2171 块的 3D 银幕和 124 块的 IMAX 巨幕），并将美国 AMC 作为其旗下的全资子公司进行运营。并购后，AMC 原有的 1.7 万名员工将继续留下来工作，而 AMC 还将继续按照其原有的规划来制作电影节目，其在美国堪萨斯城的公司总部也将保留。万达集团的此桩"震惊世界"的跨国并购不仅是我国民营企业在美投资的最大一起企业并购，也是我国文化产业中最大的一笔海外并购活动。

二　并购过程

2010 年上半年开始，万达集团与 AMC 公司股东及管理层洽谈并购事宜。2012 年 3 月，该项目信息报告取得国家发改委的确认。双方签约之后，万达集团将完成中国政府有关部委的相应审批，同时，该交易在取得美国政府相关机构审批后正式交割。

美国 AMC 影院目前拥有者为一个投资集团，包括 Apollo 投资基金、摩根大通合伙人、贝恩资本投资者、卡莱尔集团和其他等。大连万达目前主要在与 Apollo 投资基金及摩根大通合伙人进行谈判。AMC 估值大约为 15 亿美元。

最终，收购 AMC100% 的股权并承担该公司债务，万达集团支付了 26 亿美元，这比之前的市场预估值溢价 73%。对于最终溢价收购，万达方面并未做出解读。王长田称，按照收购惯例，100% 的全额收购本身就会溢价。王长田称，通过对王健林过去多年的观察，他绝对不会做亏本的生意。

美国 AMC 影院公司为世界排名第二的院线集团，2011 年收入约 25 亿美元，观影人数约 2 亿人，员工总数 2 万人左右。AMC 公司旗下拥有 346 家影院，共计 5028 块屏幕。

拥有如此规模的美国 AMC 影院，却长期处在亏损状态中，2011 年亏损 8270 万美元。美国 AMC 影院公司相关人士对此解读称，公司此前一直是高负债运营，因此，过去数年，公司的收益大多是用以填补债务窟窿。

万达集团方面表示，万达集团和 AMC 公司管理团队达成了长期雇佣协议，AMC 公司管理团队将进行长期稳定的工作。并购后，万达集团只会派驻一两个代表，具体经营由 AMC 原管理团队负责。

王健林称，我们对 AMC 评估后认为，其亏损并非因 AMC 管理层能力或者运营水平有问题，主要是负债率太高，AMC 2013年1~4 月已经出现赢利。

三　并购启示

第一，企业必须有明确的符合企业发展战略的跨国并购目标，谨慎对待海外并购。大连万达将美国 AMC 作为并购对象，与其欲做文化产业领导者的战略目标是一致的。亚洲排名第一的万达院线并购世界排名第二的 AMC 院线（最近几年处于亏损状态，且负债累累），可以实现万达规模扩张，更重要的是可以极大地提升万达院线的品牌知名度与国际影响力，为其在电影发行与制作上提供更多机会，还能借机获得与好莱坞合作的机会，步入国际化经营行列。同时，万达依托房地产所构建的强大经营实力成为其并购成功的经济基础，但并不是每个企业都有这样的实力。因此，企业在跨国并购前，必须谨慎考虑自身有没有能力与必要性实施跨国并购，跨国并购的目标是否吻合企业发展战略目标，并购目标是为了规模还是竞争力，是销售额还是利润，是品牌还是学习，切记简单模仿。谨慎选择并购目标对象，必须本着与企业发展战略目标与竞争优势一致的原则，开展跨国并购，切记盲目跟风。

第二，企业必须做好充分的跨国并购准备，才能确保成功并购。跨国并购是一项长期的系统工程，需要企业长远规划，精心打造。并购前万达进行了长期的战略规划与充分的准备，且符合政策导向。万达自 2010 年开始就在筹划海外并购，就此还制定了 10 年的战略规划，2010 年上半年就开始与 AMC 的股东和管理层沟通洽谈并购事宜，历时近两年的时间。万达跨国并购着手早，准备充分，精心选择投资对象及目标国的做法，值得借鉴。一般来说，跨国并购要经历锁定并购目标→谈判→竞购→交割→整合→运营获利的过程，参与主体是具有不同法律、文化背景的国家与企业，其过程复杂易变，沟通协调实施的难度较大。目前全球跨国并购成功率并不高，从锁定目标到交易成功的概率约是 50%，从交割到整合顺利且运营获利的概率是 50%，整体成功率为 25%。我国海外并购失败的案例也很多，多半是政治、法律、文化及管理整合问题所致。因此，若企业跨国并购前缺乏科学的战略目标与战略规划，很难确保跨国并购成功，因此企业必须理清投资目标国政治、法律及文化差异，长远规划，精心打造，才能最终并购成功。

第三，企业必须精心选择恰当的跨国并购时机，及时促成跨国并购。万达并购 AMC 的时机非常恰当，主要有三个方面的原因：首先，此次并购吻合"十二五"规划关于鼓励文化企业进行海外投资与跨国经营的要求，因此能很快获得政府批准；其次，AMC 近年来的连续亏损，负债累累，并购相对容易；最后，万达院线正在申请 IPO 上市，此次并购可以大大加速其上市进程，减少时间成本，且若其 IPO 上市成功将能提升发行定价。同时，从中兴、华为在美国投资遇阻事件可以看出，跨国并购时机的选择非常重要。众所周知，针对华为与中兴进行新一轮安全调查是美国在大选之前的一系列战略之一，显然，中兴和华为的美国投资战略应推到美国大选后再进行，其时机要恰当得多。因此，企业必须精心选择恰当的跨国并购时机，及时促成并购活动。

第四，企业在跨国并购过程中要善于公关，巧妙规避国际贸易壁垒。据资料显示，万达此次并购的巨额资金主要来源于银行贷款，其中一部分为人民币并购贷款，另一部分是通过"内保外贷"获得美元贷款。"内保外贷"方式可以有效地规避"并购贷款最多占并购资金50%"的监管规定，是境内企业向境内分行申请开立担保函，由境内分行出具融资性的担保函给境外分行，再由境外分行向境外企业发放贷款。万达此次的海外并购与投资，得到了政府的鼓励和支持，因此能获得低成本的贷款，说明了万达集团的政府公关做得很好。另外，近来欧美国家表现出非常强硬的贸易保护主义倾向，如欧洲对中国光伏企业的"双反"调查，中国三一集团、华为及中兴在美国投资受阻。因此，中国企业跨国并购应善于进行政府公关，首先取得政府的信赖与支持，充分了解国际贸易规则，巧妙规避国际贸易壁垒。

第五，企业在跨国并购过程中应理解并尊重多重企业文化，兼修并蓄。万达对 AMC 的并购采取了保留策略，充分考虑到多重企业文化的长处，兼修并蓄。并购后 AMC 仅仅是老板变了，其他都未变（原有经营战略、管理层和经营团队都不变），万达表示将尊重美国市场准则与公司治理规则，尊重 AMC 的管理团队与企业文化，实施更加有效的激励制度，提高赢利能力，致力于为 AMC 的客户与股东创造更大价值。这与以往国内跨国并购采取的资源与文化重新整合不同，而是以不变应万变，平稳完成跨国并购的过渡。

第五节　双汇收购史密斯菲尔德

一　并购情况

5 月 29 日，双汇国际宣布收购全球规模最大的生猪生产商及猪肉供应商史密斯菲尔德（Smith Field FooDS，SFD. NYSE）的全部股份，中国最大的肉类加工企业以出价现金 47 亿美元收购史密斯菲尔德食品，并承担后者债务，收购总额约为 71 亿美元（约合人民币 437 亿元），将是中国对美国企业最大的一笔收购。

二　并购过程

在交易完成时，史密斯菲尔德的普通股将停止公开交易。届时，史密斯菲尔德将成为双汇国际的全资独立子公司，以"史密斯菲尔德食品"名称经营。Pope 先生将继续担任史密斯菲尔德总裁兼 CEO，史密斯菲尔德独立运营公司的原管理团队和职工队伍将继续保留原位。

双汇将履行史密斯菲尔德代表员工以及非代表员工的现有工资和福利待遇等劳资谈判合同。根据交易协议，交易完成后将不会关闭任何史密斯菲尔德原有工厂，史密斯菲尔德现任管理团队继续保留。

双汇理解保存史密斯菲尔德"遗产"、价值观以及与美国社会联系的重要性，双汇承诺将维持史密斯菲尔德总部的选址，即弗吉尼亚州的史密斯菲尔德，并延续史密斯菲尔德对社区慈善事业的投资和支持。

经过 2011 年"瘦肉精"事件的洗礼，双汇集团在成功走出危机的同时又加深了对品牌声誉的认识。一年以后，双汇业绩基本恢复元气，而此次收购史密斯菲尔德的顺利实现，意味着不仅将走出"瘦肉精"事件的阴霾，还能一跃成为世界最大的肉制品企业。

5 月 30 日，国内外财经媒体均热炒"双汇收购美国最大生猪生产商"消息，认为史密斯菲尔德的技术与品牌均对双汇有益。

双汇国际主席、双汇集团董事长万隆说："这是中美两个世界最大经济体内最大的猪肉企业的结合，集中了最先进的科技、资源、技术和人才，优势互补，将形成世界最大的猪肉企业，为全世界提供优质、安全的肉类蛋白。"

三　并购启示

史密斯菲尔德是全球规模最大的生猪生产商及猪肉供应商、美国最大的猪肉制品供应商，具有优质的资产、健全的管理制度、专业的管理团队和完善的食品安全控制体系。双汇国际的发展则是中国最大的肉类加工企业，是中国肉类品牌的开创者，创造了巨大的经济效益和社会效益。史密斯菲尔德首席执行官拉瑞·珀普（Larry Pope）评论称："史密斯菲尔德是世界领先及最可信赖的垂直一体化生猪养殖和加工企业，我们十分高兴双汇国际认同我们完善的管理机制、卓越的食品安全运营体系和4.6万名辛勤工作的员工。我们将共享彼此的专长，以及在中美两个世界最重要的猪肉消费市场的领导地位，作为双汇的一部分，我们期待加速全球扩张战略。"显然，双汇收购史密斯菲尔德是一次强强联合，对其在国际市场上的竞争将产生重大影响。

一是提升品牌形象。借助此次收购之机，双汇又向世人发表宣言，要在战略上实现三个转变：①产品由高中低档向中高档转变；②由过去速度效益型向安全规模型转变；③把双汇集团做成国际化大公司，努力使双汇早日进入国际肉类行业前三强，把双汇打造成为具有国际竞争力的国际大双汇。今后，双汇将不遗余力地推动三个转变的实现。借助美国市场监管体系影响，双汇在企业管理诸多环节上的提升，或许将为其品牌声誉添加更多有益元素。

二是提高市场占比。纵观世界肉类工业的发展史，产业大整合是必然趋势。目前占据全球前四位的美国泰森公司、史密斯菲尔德等几家企业生猪屠宰量，占美国生猪屠宰总量的50%；牛屠宰量占79%、禽类占49%；丹麦的皇冠公司生猪屠宰量占丹麦生猪屠宰总量的80%。

业内人士评论说，欧美先进国家要比我们提前10年进行本国产业的整合和国际化经营。因此，未来的中国必将造就像美国史密斯菲尔德、泰森、丹麦皇冠这样的大公司。双汇此举，让它在全球化背景下的扩张抢占了先机。

三是引进先进技术。东方艾格畜牧饲料行业分析师王晓悦告诉《每日经济新闻》记者，中国的猪肉进入美国市场难度很大，无论是品牌还是合作，双汇此次收购动机可能还是为了国内市场。史密斯菲尔德有很多优势经验可供双汇借鉴。其环保处理、肉类加工技术，及高端肉类方面的优势，可以为双汇在中国未来的发展提升产业集中度。

四是解决食品安全问题。中投顾问食品行业研究员向健军分析称，短期来看，双汇的付出和当前美国市场的价格相比或有些过高。但从长远来说，双汇作为国内冷鲜肉和肉制品行业老大，收购史密斯菲尔德将进一步扩大企业规模。对上游生猪养殖的控制，有利于保障产品质量；全产业链条经营也有助于企业平滑利润。

图书在版编目（CIP）数据

机遇与挑战：中国企业的跨国并购 / 张祥，张健著.
—北京：社会科学文献出版社，2014.3
ISBN 978 - 7 - 5097 - 5551 - 8

Ⅰ. ①机… Ⅱ. ①张…②张… Ⅲ. ①企业 - 跨国
兼并 - 研究 - 中国 Ⅳ. ①F279. 247

中国版本图书馆 CIP 数据核字（2014）第 002044 号

机遇与挑战：中国企业的跨国并购

著　　者 / 张　祥　张　健

出 版 人 / 谢寿光
出 版 者 / 社会科学文献出版社
地　　址 / 北京市西城区北三环中路甲 29 号院 3 号楼华龙大厦
邮政编码 / 100029

责任部门 / 皮书出版分社 (010)59367127　　　责任编辑 / 张丽丽　王　颉
电子信箱 / pishubu@ ssap. cn　　　　　　　　责任校对 / 岳中宝
项目统筹 / 张丽丽　　　　　　　　　　　　　责任印制 / 岳　阳
经　　销 / 社会科学文献出版社市场营销中心　(010) 59367081　59367089
读者服务 / 读者服务中心 (010) 59367028

印　　装 / 三河市尚艺印装有限公司
开　　本 / 787mm × 1092mm　1/16　　　　印　　张 / 21.75
版　　次 / 2014 年 3 月第 1 版　　　　　　字　　数 / 253 千字
印　　次 / 2014 年 3 月第 1 次印刷
书　　号 / ISBN 978 - 7 - 5097 - 5551 - 8
定　　价 / 69.00 元